“犯罪停顿形态论”中的疑难问题研究

陆诗忠　著

Research on Difficult Problems in "The Theory of Criminal Pause Form"

法律出版社
LAW PRESS · CHINA
北京

图书在版编目(CIP)数据

"犯罪停顿形态论"中的疑难问题研究 / 陆诗忠著
. -- 北京 : 法律出版社, 2021
ISBN 978 - 7 - 5197 - 5999 - 5

Ⅰ. ①犯… Ⅱ. ①陆… Ⅲ. ①犯罪学 - 研究 - 中国
Ⅳ. ①D924.114

中国版本图书馆 CIP 数据核字(2021)第 200588 号

"犯罪停顿形态论"中的疑难问题研究
"FANZUI TINGDUN XINGTAILUN" ZHONG DE YI'NAN WENTI YANJIU

陆诗忠 著

策划编辑 许 睿
责任编辑 许 睿
装帧设计 李 瞻

出版发行 法律出版社
编辑统筹 司法实务出版分社
责任校对 朱铁佳
责任印制 胡晓雅
经 销 新华书店

开本 710 毫米 × 1000 毫米 1/16
印张 14 字数 236 千
版本 2021 年 11 月第 1 版
印次 2021 年 11 月第 1 次印刷
印刷 唐山玺诚印务有限公司

地址:北京市丰台区莲花池西里 7 号(100073)
网址:www.lawpress.com.cn
投稿邮箱:info@lawpress.com.cn
举报盗版邮箱:jbwq@lawpress.com.cn

销售电话:010 - 83938349
客服电话:010 - 83938350
咨询电话:010 - 63939796

书号:ISBN 978 - 7 - 5197 - 5999 - 5
定价:85.00 元
凡购买本社图书,如有印装错误,我社负责退换。电话:010 - 83938349

内 容 提 要

犯罪停顿形态是犯罪过程中停止下来的行为状态,可以大体划分为完成形态与未完成形态。对其进行研究而形成的犯罪停顿形态理论是我国刑法理论中的重要组成部分。由于犯罪停顿形态问题并不是一个孤立的问题,与刑法理论中的其他内容存在诸多密切的联系,以至于在“犯罪停顿形态论”中出现了许多疑难问题。基于此,本书围绕着我国“犯罪停顿形态论”中一些争议问题,进行了较为深入的探讨,唯愿能够对我国理论的进一步发展有所裨益。本研究成果总共有十一章内容:

第一章　犯罪既遂理论研究中的前置问题研究。我国的罪刑规范模式究竟是什么？这是我国既遂理论研究中的前置性问题,它具有基础性地位。然而,这在刑法学界存在“犯罪既遂模式说”与“犯罪成立模式说”的尖锐对立,成为一个悬而未决的问题。事实上,上述任何一种学说都无法对罪刑规范模式作出全面、合理的解读。在本研究成果看来,“罪的规范”规定的是各种行为形态成立犯罪的基本条件或者说共同条件,并非对各种犯罪形态的共同规定,而且预备形态无法纳入其中。“刑的规范”规定的是犯罪既遂形态的刑事责任,并非各种犯罪形态所共用的刑罚。

第二章　我国预备犯理论中的争议问题研究。我国《刑法》第 22 条规定:“为了犯罪,准备工具、制造条件的,是犯罪预备。对于预备犯,可以比照既遂犯从轻、减轻处罚或者免除处罚。”此规定明确了预备犯的概念和对预备犯的一般处罚原则。但是,刑法学界对此规定的科学性、合理性存在不少异议。这主要集中在以下三个方面:一是总则性“预备犯”立法是否有存在的必要？二是“预备犯”中的预备行为究竟应该怎么去把握、认定？三是我国《刑法》现有的“预备犯”的立法模式是否科学？

在第一个问题上。本研究成果认为,综观对预备犯的刑事可罚性持否定立场的论述,概括起来其理由主要涉及六个方面。但这六个方面的依据似是而非。

在第二个问题上。本研究成果认为，首先，可罚预备行为应仅仅是为犯罪的实行而实施的预备行为，其旨在便利于实行行为的实施，而不能包括为犯罪的预备而实施的预备行为。其次，可罚预备行为固然应当包括准备犯罪工具的行为，但这里的“犯罪工具”应当限定为我国《刑法》禁止公民个人所拥有、支配的某些特定物品。最后，可罚预备行为中的“制造条件”应当理解为与实行行为存在紧密关联的行为。具体包括：筹划犯罪手段的预备行为、筹划犯罪时间的预备行为、筹划犯罪地点的预备行为、筹划犯罪对象的预备行为、勾结其他行为者的预备行为。

在第三个问题上。本研究成果认为，我国《刑法》“预备犯”的立法模式是科学的。采用个别化的立法模式将会存在这样的问题：对刑法法益构成抽象危险的行为将无法全面进行惩治。值得注意的是，有论者认为，我国《刑法》分则已经设置了为数不少的预备型犯罪，这足以惩治犯罪预备行为，也就没有必要在刑法总则中设置预备犯的概念及其处罚规定了。然而，论者所及的犯罪不宜被理解为预备犯。因为，预备犯是为自己实行犯罪准备工具、制造条件。而上述犯罪行为虽然具有准备犯罪工具、制造犯罪条件的某些属性，但其并非为自己实行犯罪创造条件而是为他人实行犯罪创造条件。换言之，上述犯罪行为的存在，恰恰是为了弥补我国《刑法》总则中设置预备犯的不足。

第三章　犯罪既遂标准问题研究。作为传统犯罪既遂标准的“构成要件齐备说”存在重大缺陷。某些论者为“构成要件齐备说”所进行的辩护难以奏效。新近出现的“类型化标准说”提倡不同的犯罪类型适用不同的既遂标准，其旨在增强犯罪既遂标准理论的实践功效。可是，该学说不仅未跳出“构成要件齐备说”的藩篱，而且又制造了一些新的“麻烦”。“犯罪客体侵害说”作为犯罪既遂的判断标准是基本可行的。这是因为它能充分体现立法者的意志，符合犯罪客体在犯罪构成体系中的合理定位，具有较强的可操作性。不过，“犯罪客体侵害说”还应进一步优化为“犯罪对象侵害说”。

第四章　对我国“犯罪既遂形态论”的反思。我国传统刑法理论视野下的“阴谋犯”“举动犯”“行为犯”“危险犯”不应成为犯罪既遂形态。我国《刑法》中的犯罪既遂形态没有刑法理论描述得那样精细，只有两类，即“实害结果犯”“形式结果犯”。两者共同构成我国犯罪既遂形态的理论体系。其中，“实害结果犯”是以现实的生活利益遭到直接侵害作为既遂标准的犯罪形态，“形式结果犯”则是以非现实的生活利益遭到直接侵害作为既遂标准的犯罪形态。

第五章　特殊犯罪形态之既遂问题研究。这几种特殊犯罪形态分别是：结果加重犯、数额犯、复行为犯、共同正犯。

我国刑法学界对结果加重犯既遂的研究涉及两个基本方面:一是结果加重犯有无既遂与未遂之分;二是结果加重犯的既遂标准是什么。在第一个问题上,学界有"全面否定说"与"部分否定说"的对立;在第二个问题上,则有"加重结果发生说"与"基本犯罪结果发生说"的对峙。"全面否定说""部分否定说"均应予以批判。"严重结果发生说"值得商榷。"基本犯罪结果发生说"则是合理可行的,应予倡导。

"数额犯"被理解为以一定的数额或者数量作为构成要素的犯罪形态,是我国《刑法》中重要的犯罪形态之一,为我国广大刑法研究者所关注。其中,数额犯的既遂、未遂问题尤为值得重视。"数额犯"是否存在犯罪的既遂、未遂形态问题,学界分歧较大。"否定说"否认数额犯存在未遂形态,遭到了学界的普遍批判。然而,该批判并未真正找出该学说的"症结"之所在。"折中说"将《刑法》中的数额犯分为"结果数额犯"与"行为数额犯",然而这并无实质意义而且会给人们带来不必要的困惑。"肯定说"虽有可肯定之处,但仍存在不足之处,主要包括:数额犯应当分为"指向性数额犯"与"损失性数额犯";将"法定数额"的出现作为所有数额犯既遂的唯一标准不尽合理。

对"复行为犯"的既遂、未遂问题的探讨,通常散见于相关个罪研究的附带之中。即便是研究"复行为犯"的学术专著,对此问题也未进行深入的思考。在此问题上,本书认为"双重客体侵害说"应当予以提倡。也就是说,复行为犯既遂的标准不仅取决于"主要客体"是否受到实际侵害,还取决于"次要客体"是否受到实际侵害,二者缺一不可。这是考虑到"次要客体"在复行为犯中的实际应有功能,还考虑到这样能够更好地体现罪刑均衡的原则。

教唆犯的既遂与未遂问题,这在我国刑法理论中同样未得到较为圆满的解决,存有两种截然对立的见解。一种见解认为,教唆犯的既遂与未遂应当以教唆行为是否完成为标准。另一种见解则认为,教唆犯的既遂与未遂应当取决于被教唆者的实行行为是否成立犯罪既遂。分析我国刑法学界对教唆犯既遂认定产生分歧的症结,这无疑是"共犯(教唆犯)独立性"与"共犯(教唆犯)从属性"存在着尖锐的对峙。然而,"共犯(教唆犯)独立性"与"共犯(教唆犯)从属性"虽然在诸多问题上存在着对立,但该对立不应影响到犯罪既遂的认定问题。

共同犯罪中的"部分行为全部责任"归责原则只是要求实施"部分行为"的参与人对整个犯罪结果承担全部责任,但这并不意味着"一人犯罪既遂则全体既遂"。犯罪既遂形态在理论上是一个独立且复杂的问题,不能以"部分行为全部责任”为由，不加分析地去抹煞犯罪既遂形态判断的独立性。“共同（独立）教唆犯”“亲手犯共同正犯”“共同实行过限”“犯罪对象分担”的共同犯罪的既遂判断标准，无法适用“一人犯罪既遂则全体既遂”的原则。在此意义上，对共同犯罪中的“一人犯罪既遂则全体既遂”之原则应当予以重新认识。

第六章 “不能犯”理论研究中的若干误区。“不能犯”与“未遂犯”如何区分，这其实就是未遂犯中的“危险判断”问题。对此我国刑法学界出现了多种见解，比如，“抽象危险说”“具体危险说”“（修正的）客观危险说”。其中，“具体危险说”和“（修正的）客观危险说”具有较大的影响力。然而，上述学说均忽视了自身的缺陷，并不足取。刑法学界应当抛开“具体危险说”“抽象危险说”“客观危险说”之争，转向构成要件上的“定型性”。“不能犯”与“不能犯未遂”的确有相同之处，但是，二者之间还是存在着重大区别。“普通未遂犯”与“不能未遂犯”的界限，则应该以行为后所调查清楚的该行为因果序列中的一切事实为基础，根据犯罪意志以外原因的基本属性予以判断。

第七章 中止犯减免处罚的根据研究。近年来，我国刑法理论对“中止犯减免处罚根据”所进行的探讨大都囿于德日刑法学中的理论认识进行的。然而，由于德日刑法学理论与我国刑法学理论在犯罪构成体系上存在严重抵牾，由此必然会带来一些“水土不服”的问题。即便植根于本土刑法理论所形成的某些探讨也存有不少疑问。在本研究成果看来，对中止犯予以减免处罚与中止行为的“违法性”“有责性”“刑罚目的”“刑事政策”并无多少关联，其根据仅仅在于刑法学上的功利主义，即刑法通过与犯罪分子的“妥协”“让步”来减少“既遂结果”的量乃至避免“既遂结果”的发生。

第八章 中止犯中的“自动性”研究。新近以来，我国刑法理论界在“自动性”研究上，取得了一些新的认识。但这些认识大都是对德日刑法理论中的“规范判断说”的借鉴，其中存在着不少值得商榷之处。相比较而言。“主观说”在认定“自动性”的基本方向上是可取的，它符合刑法文本意义。然而，这并不意味着“主观说”就不存在任何问题。比如，对客观上不能完成犯罪，但行为人自认为能够完成犯罪而停止犯罪的情形，“主观说”认为这不影响“自动性”的成立。但是，如此理解并不符合对中止犯减免处罚的根据。

第九章 “犯罪着手”问题研究。将“犯罪着手”理解为具有急迫现实危险的行为并不可取；将“犯罪着手”仅仅理解为“犯罪实行行为”的一部分，也不可取。“犯罪着手”应当包括两部分内容：介于实行行为与预备行为之间的“犯罪着手”行为、作为犯罪实行行为组成部分的“犯罪着手”行为。换言之，开始实施构成要件的行为固然是“犯罪着手”行为，与构成要件行为紧密相接的行为也应当被理解为“犯罪着手”行为。

关于复行为犯的着手问题。无论何种类型的复行为犯，其犯罪着手的标准都应当是行为人已经开始实施了第一个要素行为。不过，如果行为人实施第一个要素行为就停顿下来，与第二个要素行为的实施在时间、地点上不具有密接性，就不宜被认定为犯罪着手。这是因为，只有数个“要素行为”之间具有密接性，前后衔接，才能结合成一个法律意义上、整体意义上的行为，才能成立复行为犯。

关于原因自由行为的着手问题。“原因设定行为”并不属于实行行为的范畴，也不符合实行行为本质的要求。原因自由行为中的原因设定行为（如醉酒行为）不具有产生危害结果的基本属性。既如此，就不能将“原因设定行为”的开始实施理解为犯罪着手。

关于不作为犯罪的着手问题。刑法理论通常认为，在纯正不作为犯中，其着手开始于作为义务形成之时。但上述认识是存在疑问的。这是因为“作为义务形成之时”并非行为人真正不履行或者说已到该履行而表示不履行之时。对不纯正不作为犯着手的考察应当遵循认定犯罪着手的一般原理予以考察，即根据当时的情形，行为人如果不实施某种积极的行为，就会发生特定的危害结果，就可认定为犯罪已着手。

第十章　中止犯刑事责任的特别情况研究。“在犯罪过程中，自动放弃犯罪或者自动有效地防止犯罪结果发生的，是犯罪中止。对于中止犯，没有造成损害的，应当免除处罚；造成损害的，应当减轻处罚。”根据该规定，“没有造成损害”的中止犯，可能会涉及“A 罪中止犯”与“B 罪未遂犯”的竞合问题，而“造成损害”的中止犯，则可能会涉及“A 罪中止犯”与“B 罪既遂犯”的竞合问题。在解决上述两个问题的同时，我们无疑还应正视中止犯中的“损害”如何理解的问题。上述三个方面的问题直接关系到对“中止犯”追究轻重不同的刑事责任。针对上述问题，本研究成果皆进行了探讨：(1)在“中止犯与未遂犯竞合”的情况下，对行为人应当按照犯罪未遂处理为宜。(2)当行为人已经完成犯罪的预备行为，而基于自动性没有进一步实施犯罪的，这应属于刑法理论上的吸收犯。预备行为后进入实行过程中的，也应当被认定为“吸收犯”。对“犯罪人为了中止犯罪，而实施了某种手段行为，然而该手段行为又构成另一犯罪的既遂犯”这一情形的处理，则应当具体情况具体分析。(3)将中止犯中的“损害”限定于刑法规范禁止的侵害结果是不够全面的。犯罪中止中的“损害”应当理解为可以为刑法所评价的、有形的、可以测量的物质损失。中止犯中的“损害”限于被害人本人。

第十一章　犯罪未完成形态的处罚研究。在预备犯的处罚原则上，世界各国刑法中存在以下三种立法例：(1)“同等主义”，即对预备犯处以与既遂犯相同的刑罚；(2)“必减主义”，即对预备犯比照同一犯罪的既遂犯从轻、减轻或者免除处罚；(3)“得减主义”，即对预备犯可以比照同一犯罪的既遂犯从轻处罚、减轻处罚或者免除处罚。我国刑法理论通说是赞同“得减主义”的。但是，“得减主义”是存在不少疑问的。根据我国《刑法》的规定，对于预备犯，可以比照既遂犯从轻、减轻处罚或者免除处罚。值得探讨的问题是，对预备犯从轻处罚、减轻处罚、免除处罚，其各自的适用条件是什么？对此，学界通常回答是对犯罪预备的整个案件进行综合考察后来决定。很显然，如此回答是非常笼统的，无助于实际问题的解决。依据笔者的理解，决定预备犯的社会危害性大小的基本因素应当有两个：一是预备实施的犯罪性质；二是预备犯罪的情节。这里的“情节”其实是指预备行为的准备情况，表现为是否已经接近于犯罪的实行、犯罪后果的发生。其他非基本因素（如“犯罪人的人身危险”“未能着手实施犯罪的具体原因”等）则是在“从轻处罚”的范围内发挥作用。

未遂犯的处罚原则与预备犯的处罚原则非常相似，即在各国刑法中也存在三种不同的立法例：(1)“同等主义”，即对未遂犯处以与既遂犯相同的刑罚；(2)“必减主义”，即对未遂犯比照同一犯罪的既遂犯从轻、减轻处罚；(3)“得减主义”，即对未遂犯可以比照同一犯罪的既遂犯从轻处罚、减轻处罚。我国刑法理论通说是赞同“得减主义”的。但是，“得减主义”是存在不少疑问的。依据笔者的理解，决定未遂犯社会危害性大小的基本因素应当有两个：一是未遂行为的犯罪性质；二是未遂犯罪的情节。这里的“情节”其实是指未遂行为的实施情况，表现为未遂行为距离犯罪既遂的程度。其他非基本因素（如“犯罪人的人身危险”“犯罪未遂的具体类型”等）则是在“从轻处罚”的范围内发挥作用。

根据我国《刑法》第 24 条的规定，对于造成损害的中止犯，应当减轻处罚。可是，对这里的“减轻处罚”，是比照既遂犯“减轻处罚”，还是比照“未遂犯”“预备犯”减轻处罚？对此学界存在不同的理解。依据笔者的理解，“减轻处罚”的比较对象应当是既遂犯。如此理解，不仅符合我国刑法的相关规定，而且也具有较为充分的法理依据。

目　　录

第一章　犯罪既遂理论研究中的前置问题研究 ………………………… 1
——对我国罪刑规范模式的再追问
一、对"犯罪既遂模式说"的再批判 ………………………… 2
二、对我国罪刑规范模式的再宣示 ………………………… 5
三、对"犯罪成立模式说"进行"批判"的两点回应 ………………………… 16

第二章　我国预备犯理论中的争议问题研究 ………………………… 18
一、总则性"预备犯"立法是否应该取消 ………………………… 18
二、具有刑事可罚性"预备行为"的再界定 ………………………… 26
三、我国预备犯立法模式的抉择 ………………………… 29

第三章　犯罪既遂标准问题研究 ………………………… 33
一、对"犯罪目的实现说""犯罪结果发生说"批判的省思 ………………………… 33
二、对"构成要件齐备说"批判的省思 ………………………… 42
三、犯罪既遂标准的再设定:"犯罪对象侵害说" ………………………… 49

第四章　对我国"犯罪既遂形态论"的反思 ………………………… 56
一、对我国"犯罪既遂形态论"的检讨 ………………………… 56
二、犯罪既遂形态体系的初步构建 ………………………… 68

第五章　特殊犯罪形态之既遂问题研究 ………………………… 71
一、结果加重犯之既遂问题研究 ………………………… 71
二、数额犯之既遂问题研究 ………………………… 80
三、复行为犯之既遂问题研究 ………………………… 92
四、教唆犯之既遂问题研究 ………………………… 102

五、共同正犯之既遂问题研究 …… 119

第六章 “不能犯”理论研究中的若干误区 …… 131
一、误区一:“不能犯”与“未遂犯”之关系 …… 132
二、误区二:“不能犯”与“不能犯未遂”之关系 …… 140
三、误区三:“不能犯未遂”与“普通未遂犯”之关系 …… 144

第七章 中止犯减免处罚的根据研究 …… 147
一、域外学说借鉴的理论窘境:由“综合说”到“刑罚目的说” …… 147
二、“本土化”解释之症结:由单一“刑事政策说”到“社会危害性说” …… 155
三、一种新的尝试:功利主义规则的考察 …… 157

第八章 中止犯中的“自动性”研究 …… 164
一、“规范判断说”之流弊分析 …… 165
二、对“自动性”的再诠释 …… 172
三、几则典型疑难案件中的“自动性”分析 …… 175

第九章 “犯罪着手”问题研究 …… 179
一、“犯罪着手”的判断标准研究 …… 179
二、几种犯罪形态着手的认定 …… 187

第十章 中止犯刑事责任的特别情况研究 …… 194
一、关于“中止犯与既遂犯竞合”的问题 …… 194
二、关于“中止犯与未遂犯竞合”的问题 …… 199
三、关于中止犯中的“损害”问题 …… 201

第十一章 犯罪未完成形态的处罚研究 …… 206
一、预备犯的处罚问题研究 …… 206
二、未遂犯的处罚问题研究 …… 209
三、中止犯的“比照处罚对象”研究 …… 211

后 记 …… 213

第一章　犯罪既遂理论研究中的前置问题研究

——对我国罪刑规范模式的再追问

罪刑规范,是规定具体犯罪及其刑罚的规范。由于这样的规范规定在刑法分则之中,故而罪刑规范往往又被称为分则性规范。[①] 它通常采取“犯……处……”的形式来规定犯罪与刑罚的关系。前半部分为法律要件,后半部分则是法律效果。罪刑规范的模式涉及刑法分则对具体犯罪及其刑罚是如何规定的问题:它规定的是具体犯罪既遂的构成条件及其刑罚抑或是具体犯罪成立的条件及其刑罚。

我国罪刑规范的模式究竟为何?这在我国刑法理论上一直存在“犯罪成立模式说”与“犯罪既遂模式说”的尖锐对立。该问题的不同见解将直接导致犯罪既遂认定的分歧。如认为,我国罪刑规范的模式是“犯罪成立”,它规定的只是犯罪成立的基本条件或者要素,那么犯罪既遂的认定就必须到罪刑规范之外去探寻。反之,对犯罪既遂的认定只需做到“构成要件齐备说”即可。是故,罪刑规范模式是什么,这直接关乎“构成要件齐备说”这一犯罪既遂标准主流观点的真伪,也就成为研究犯罪既遂的前置问题。不仅如此,罪刑规范模式还是刑法学最为基础的问题。它既牵涉到刑法总则与刑法分则的关系,也关系到对我国犯罪构成基本理论的解释。正如学者所认识的那样,对罪刑规范模式的认识不仅是解释论的问题,而且还是价值观、方法论以及定罪量刑的实践问题。[②] 因而,学界对其的研究从未间断过。

需要指出的是,尽管刑法学界对罪刑规范模式的探讨开始于20世纪八九十年代,至今已有些时日,但人们看到的只是不同观点的激烈交锋,并未形成统一的结论。但相关论者已无心恋战,转向其他战场,以致该问题的研究变为“烂尾工程”。但愿本书的撰写能够为该“烂尾工程”的“竣工”作出自己的贡献。

---

① 参见陈兴良主编:《刑法各罪通论》,内蒙古人民出版社1995年版,第85页。

② 参见张波:《刑法学的若干基本理论探讨》,载《现代法学》2004年第6期。

一、对“犯罪既遂模式说”的再批判

“犯罪既遂模式说”的基本立场是,我国刑法分则对具体犯罪的规定是针对犯罪既遂这一形态的,刑法分则中具体犯罪的刑罚是针对既遂犯的。“犯罪既遂模式说”为我国多数刑法学者所倡导,居于通说地位。诸如“刑法分则规定的各种犯罪构成及其刑事责任,都是以犯罪既遂为标本的”①。“刑法分则的条文的规定就是以既遂为标本的。”②“犯罪既遂是犯罪的一般形态,可以直接按照刑法分则条文定罪处刑,因而在刑法总则中未予专门规定。而犯罪的预备、未遂和中止则是犯罪的特殊形态,因而刑法总则有必要加以规定,刑法总论有必要加以研究。”③

在较早的一段时期,“犯罪既遂模式”的科学性、合理性遭到一些学者的大胆质疑,面临着严重挑战。④ 然而,这些质疑似乎并未撼动其通说地位。近年来,“犯罪既遂模式说”反为一些青年学者所推崇,大有“卷土重来”之势。如此,“犯罪既遂模式说”所遭受的质疑或者说挑战究竟是一种“历史的误读”还是“无的放矢”?

(一)对“犯罪既遂模式说”的传统批判与反思

学界对“犯罪既遂模式”所进行的批判,主要是围绕着以下几个方面予以展开:

1.“犯罪既遂模式说”不符合我国《刑法》规定。有论者认为,与大陆法系刑法不同,我国刑法总则并没有规定对未遂犯等处罚以分则有特别规定为限,而是原则上处罚犯罪预备、未遂与犯罪中止,作为犯罪处理的既然包括犯罪既遂、未遂、预备、中止等形态,因此,规定具体犯罪的分则条文,不仅包含了犯罪既遂,也包含了其他可能出现的形态,认为我国刑法分则规定的犯罪是以既遂为模式没有法律依据。⑤ 在论者看来,既然我国刑法总则规定是要处罚未完成形态的,那么罪刑规范自应属于犯罪成立模式。

---

① 高铭暄主编:《刑法学》,法律出版社 1984 年版,第 172 页。

② 何秉松:《犯罪构成系统论》,中国法制出版社 1995 年版,第 333 页。

③ 陈兴良:《本体刑法学》,商务印书馆 2001 年版,第 473 页。

④ 参见张明楷:《犯罪论原理》,武汉大学出版社 1991 年版,第 466 ~ 467 页;侯国云:《对传统犯罪既遂定义的异议》,载《法律科学 · 西北政法学院学报》1997 年第 3 期;杨兴培:《犯罪构成原论》,中国检察出版社 2004 年版,第 331 页;刘之雄:《犯罪既遂论》,中国人民公安大学出版社 2003 年版,第 90 页。

⑤ 参见张明楷:《犯罪论原理》,武汉大学出版社 1991 年版,第 467 页。

2."犯罪既遂模式说"会不当扩大刑事处罚的范围。如果认为刑法分则规定的犯罪以既遂为模式,而刑法总则规定原则上要处罚未遂犯,那么刑法分则所规定的任何故意犯罪,都有未遂犯,而且均应处罚,不仅如此对于任何过失犯罪都可以处罚未遂犯。这显然不符合事实,也不符合刑法的精神。①

笔者以为,对"犯罪既遂模式说"所进行的上述批判显然不足以动摇其地位:

其一,刑法总则规定原则上要处罚未完成形态这一独特规定,并非意味着罪刑规范模式的必然转换。首先,从国外立法来看。一方面,即便罪刑规范为犯罪既遂模式,刑法总则也有处罚未完成形态的规定。比如,意大利的罪刑规范为既遂模式,这在其刑法分则规定的基本罪状和法定刑中有着充分的体现。例如,该国《刑法典》第 575 条对杀人罪的规定"造成一人死亡的,处以 21 年以上有期徒刑"。再如,该国第 624 条对盗窃罪的规定"为自己或其他人获取利益的目的,使他人的动产脱离持有人的控制,将其据为己有的,处以 3 年以下有期徒刑和 6 万至 100 万里拉罚金"。罪刑规范为既遂模式在学界也得到了一致的认可。② 然而,该国刑法总则第 56 条依然有对犯罪未遂减轻处罚的规定。另一方面,即便罪刑规范为犯罪成立模式的,刑法总则同样有处罚未完成形态的规定。比如,在法国《刑法》中,其刑罚规定并不严格区分犯罪既遂与未遂,法定刑不仅适用于既遂罪,也同样适用于未遂罪,相应地,分则中的基本罪状并非以既遂为模式,而是着眼于犯罪成立的基本规格。在这样的立法背景下,"法国刑法理论并不认为刑法分则的规定是以既遂罪为模式的,也不以分则规定的构成要件齐备与否界定犯罪既遂与未遂"③。不过,该国刑法总则中同样有关于犯罪未遂等未完成形态的规定,其意义主要在于明确未完成形态的成立条件及处罚原则。其次,如果以刑法处罚犯罪预备和未遂等未完成形态就得出我国罪刑规范是"犯罪成立模式"的结论,那么我们就难免得出我国罪刑规范也是以共同犯罪为模式的这一错误的结论,这是因为我国刑法总则有处罚共同犯罪的规定。

总之,我国刑法总则关于未完成形态的规定,只是规定了未完成形态的成立条件及其处罚原则,这与罪刑规范的模式类型并无必然联系。进言之,不管

---

① 参见张明楷、黎宏、周光权:《刑法新问题探究》,清华大学出版社 2003 年版,第 178 ~ 179 页。

② 参见[意]杜里奥·帕多瓦尼:《意大利刑法学原理》,陈忠林译,法律出版社 1998 年版,第 295 页。

③ [法]卡斯东·斯特法尼等:《法国刑法总论精义》,罗结珍译,中国政法大学出版社 1998 年版,第 228 ~ 232、243 ~ 244 页。

罪刑规范模式为何，都无法排除刑法总则对未完成形态进行刑事处罚的可能。

其二，“犯罪既遂模式说”并非意味着要将所有的未完成形态均纳入刑事惩罚的范围。在笔者看来，某种犯罪的未完成形态是否受到刑事惩罚从根本上取决于其社会危害性大小，是否达到值得应受刑罚惩罚的程度。这既是实质犯罪论的基本要求①，也完全符合我国刑法关于犯罪“但书”的规定。进言之，未完成形态可以在两个意义上使用：一个是在成立犯罪的意义上使用，属于已经构成犯罪但未完成犯罪的情形。另一个是行为未达既遂状态，行为未完成，不构成犯罪，即从行为的发展进程的角度来理解，属于行为未遂。为此，我们有必要建立“未完成行为理论”，使不可罚的未完成行为区别于可罚的犯罪未完成行为。

应该说，对“犯罪既遂模式说”所作的批判，并未取得预期的效果。但这并不意味着“犯罪既遂模式说”是对我国罪刑规范模式的科学解读。

（二）对“犯罪既遂模式说”再批判

尽管“犯罪既遂模式说”遭遇了持续不断的诘难，但其主流地位似乎并未受到撼动。那么，它的“魅力”何在？这样的“魅力”是否有虚伪的成分隐含其中？

长期以来，我国主流刑法理论认为我国刑法分则是以犯罪既遂为模式构建的。这在持该认识的部分论者看来，“似乎是一个不言自明的问题”。然而，随着质疑声音越来越大，已经有不少学者为其进行辩护。

1.“犯罪既遂模式”支持罪刑法定主义。论者指出：“既遂与未遂、中止（实行阶段的中止）在犯罪的主体、客体、罪过、行为等方面均相同，只是在是否完成及未完成的原因上有不同，因而，有了既遂规格，未遂与中止的认定就明确了。若无某罪既遂的具体构成要求，只有总则规定的抽象的规格，有些情况下就不免使分则条文的规定不够具体，难于支持罪刑法定原则。”②据此，论者得出这样的结论：当罪刑规范被设置为“既遂模式”时，罪的规定是明确具体的，该犯罪的其他未完成形态则可以据此得到很好的认定，利于“罪之规定的明确性”，这是对罪刑法定主义的支持。

但在笔者看来，上述说法并不能令人信服。这是因为，当罪刑规范被设置为“犯罪成立模式”时，人们还是能够借助刑法总则所规定的未遂条件、中止条

---

① 对犯罪是进行形式的解释，还是进行实质的解释，这在我国刑法学界是一个极具争议的问题。笔者赞同实质解释。具体论述可参见张明楷：《实质解释论的再提倡》，载《中国法学》2010 年第 4 期。

② 李洁：《犯罪既遂形态研究》，吉林大学出版社 1999 年版，第 69～70 页。

件以及刑法理论所揭示的既遂标准,来确定犯罪未完成形态的成立与否,同样能做到罪之规定的明确性。事实上,即便我国刑法分则规定的是犯罪既遂的条件,我们仍然必须借助刑法总则所规定的未遂条件、中止条件以及刑法理论所揭示的既遂标准,来确定犯罪的未完成形态。简言之,罪之规定的明确性与罪刑规范的模式并无必然的联系。

2.“犯罪既遂模式”可以使具体犯罪的设定标准明确化、固定化。论者指出:“不管情节差异多大,一种犯罪的既遂形态却是固定的,有相对具体的标准。简言之,一种犯罪成立的起始状态无法确定,但其既遂状态却是一致的。”①

在笔者看来,犯罪成立的“起始状态”虽不易确定,但其既遂状态则更难确定。这是因为,犯罪既遂作为犯罪的一种形态,是犯罪的高级形态,是以犯罪的成立为前提的。犯罪的“起始状态”尚未确定,既遂状态又如何能够确定呢?再者,犯罪成立的“起始状态”关系到犯罪的成立,关系到罪与非罪的界限,立法者怎么能回避这一界限作出舍本逐末的选择呢?众所周知,刑法的基本内容是犯罪、刑事责任和刑罚,这也决定了无论是总则规范还是罪刑规范,首要的应是规定犯罪成立的条件,因为它关系着罪与非罪、此罪与彼罪的界限,而不是犯罪形态。毕竟,犯罪形态只关系着犯罪的轻重,关系着量刑问题。

二、对我国罪刑规范模式的再宣示

与“犯罪既遂模式说”相对立的“犯罪成立模式说”认为,我国刑法中的罪刑规范不仅包含着既遂形态的犯罪构成,而且也包含着未完成形态的犯罪构成;与此相适应,刑法分则对具体犯罪所规定的刑罚,也不仅适用于既遂的犯罪形态,还适用于犯罪的未完成形态。②

不难看出,两种学说观点的对立之处表现为以下两点:(1)在罪的规范方面。前者认为,罪的规范规定的是犯罪的既遂条件;后者认为,罪刑规范规定的是所有犯罪形态的成立要件。(2)在刑的规范方面。前者认为,刑的规范规定的仅仅是犯罪既遂这一形态的刑罚;后者认为,刑的规范规定的是包括犯罪预备形态在内的所有犯罪形态的刑罚。

以上观点孰是孰非?在罪的规范方面,笔者的看法是,我国刑法中的罪的规范是对犯罪成立条件的规定,并非对犯罪既遂条件的规定,对此下文有详细的论述,此处不再赘述。但笔者也不同意“犯罪成立模式说”所力主的“罪刑规

---

① 王志祥:《犯罪既遂新论》,北京师范大学出版社2010年版,第55页。

② 参见张明楷:《犯罪论原理》,武汉大学出版社1991年版,第466~467页。

范规定的是所有犯罪形态的成立要件”这一基本观点。在刑的规范方面,笔者倒是赞同“犯罪既遂模式说”的基本观点。下面对以上观点进行必要的展开。

(一)罪的规范:犯罪成立的基本规格

如上文所述,“犯罪成立模式说”对“犯罪既遂模式说”所做的批判是不够成功的。不仅如此,该说在立论的论证上也存有不少值得反思的地方。

1.“犯罪成立模式说”符合刑法总则与分则的关系。“我国刑法总则规定,原则上未完成形态的犯罪均需要处罚,刑法分则是刑法总则的具体化,因此,刑法分则对具体犯罪的规定应当是包括了所有的犯罪停止形态,即是以犯罪成立为模式的。”①

在笔者看来,论者基于“刑法分则是刑法总则的具体化”这一基本原理推导出罪刑规范乃“犯罪成立模式”的结论,是不符合逻辑要求的。《刑法》总则第22~24条所规定的只是未完成形态的成立条件及其处罚原则,并未规定所有的未完成形态都要处罚。实际上,论者提及的“原则上未完成形态的犯罪均需要处罚”也是承认笔者的上述结论的。

2.“犯罪成立模式说”有利于鼓励犯罪人中止犯罪。“如果认为刑法分则中所规定的‘危险状态’是犯罪既遂的标准,则行为人排除危险状态的行为属既遂后的悔罪行为,不利于对行为人采取更宽大的处理。如果认为‘危险状态”是犯罪成立的标准,则行为人造成危险状态后主动排除危险状态的,成立犯罪中止,并且由于没有造成损害,应当免除处罚。”②

在笔者看来,以“鼓励犯罪人中止犯罪”作为“犯罪成立模式说”的佐证是存在疑问的。首先,既然“危险状态”是犯罪成立的标准,那么行为人“主动消除危险状态”后,其行为自不应成立犯罪才是,怎能成立犯罪中止呢?其次,对主动实施“排除危险状态”的行为人不予刑事处罚是不符合刑法规定的。以我国《刑法》第116条为例,对于包括主动排除危险状态在内的致使“尚未造成严重后果”的情形,仍然要在法定刑幅度内处罚。简言之,将主动排除“危险状态”的行为理解为犯罪中止不仅存在理论上的破绽,也不符合我国刑法的具体规定。

3.“犯罪成立模式说”能够比较全面地贯彻落实罪刑法定原则和行为人的行为符合犯罪构成是追究行为人刑事责任的唯一基础的观念。③ 对此,论者是

---

① 李洁:《犯罪既遂形态研究》,吉林大学出版社1999年版,第68页。

② 黎宏:《刑法总论问题思考》,中国人民大学出版社2007年版,第418页。

③ 参见黎宏:《刑法总论问题思考》,中国人民大学出版社2007年版,第424页。

这样解释的:"翻遍我国刑法分则 351 个条文,我们丝毫也看不到有哪一个条文中,已明文规定在怎样的条件下叫作既遂,在怎样的条件下叫作预备、未遂和中止。刑法理论中我们常常无处不见的所谓可以从条文的某种文字表述中得出某种情形为既遂,不过是某些学者们主观臆断。……刑法分则中的故意犯罪的犯罪构成,是所有犯罪预备状态、犯罪未遂状态、犯罪中止状态和犯罪既遂状态共同的犯罪构成"①。

笔者对论者的基本观点是赞同的,但其所做的解释有牵强之嫌。我国刑法分则中固然没有关于"既遂、未遂、预备和中止"的条件规定,但以此作为否定罪刑规范乃犯罪"既遂模式"的理由是值得商榷的。我们须知,我国刑法分则也无"犯罪成立"或者"犯罪构成"的字眼,因此论者所得出的罪刑规范乃"犯罪成立模式"的结论同样成为无法律依据的东西了,这是对罪刑法定原则的背离。

基于以上研究现状,有必要对罪刑规范模式的性质展开必要的论证。需要强调的是,笔者视野下的"犯罪成立模式说"与传统的"犯罪成立模式说"并不完全相同。二者虽然都反对"犯罪既遂模式说"关于"罪的规范是对犯罪既遂条件的规定"这一认识。但它与传统的"犯罪成立模式说"存在不少差异,笔者有以下见解。

1. 罪的规范并不包括对犯罪预备形态的规定,它只是对犯罪实行行为的描述。持传统"犯罪成立模式说"的学者则持不同的认识:"罪刑规范所规定的危害行为,并非仅指实行行为,还应包括预备行为。以故意杀人罪为例,刑法条文中的'杀人'一词,就既包括杀人的实行行为,也包括杀人的预备行为。"②

2. 罪的规范并非对既遂形态犯罪构成与未完成形态犯罪构成的共同规定,它仅仅是对各种形态(不包括预备形态)成立犯罪的最低规格的规定。持传统"犯罪成立模式说"的学者则认为:"我国刑法分则在各个具体犯罪的规定上,没有将预备、未遂和既遂形态分别开来,而是将它们统统规定在同一个条文中,也就是说,在某一具体犯罪的规定中,同时涵盖有犯罪的各种停止形态在内。"③

3. 刑的规范是对既遂形态的刑罚的规定。持传统"犯罪成立模式说"的学者则认为,刑的规范不仅适用于既遂的犯罪形态,而且适用于犯罪的未完成

---

① 杨兴培:《犯罪构成原论》,中国检察出版社 2004 年版,第 331 页。

② 刘明祥:《我国刑法规定的犯罪并非以犯罪既遂为模式》,载《中南政法学院学报》1990 年第 6 期。

③ 黎宏:《刑法总论问题思考》,中国人民大学出版社 2007 年版,第 418 页。

形态。①

下文就对以上观点进行必要的展开。

首先,罪的规范不包括对犯罪预备形态的规定,它是对犯罪实行行为的描述。

该立论可以通过以下几点予以论证:

1. 从我国《刑法》规定来看

我国现行《刑法》第22条第1款规定:“为了犯罪,准备工具、制造条件的,是犯罪预备。”这里的“为了犯罪”应理解为为了“实行犯罪”,它是一种为了实行犯罪而准备工具、创造条件的行为。如果将预备行为的预备行为以犯罪论,就会无限制地扩大刑事惩罚的范围,无穷尽地去追溯预备行为,这与罪刑法定主义所要求的处罚范围具有明确性极其相佐。

2. 从预备行为的非定型性来看

预备行为的本质和作用,是为实行行为的实施和犯罪的完成创造便利条件,为其创造现实的可能性。然而,相对于实行行为而言,预备行为不具有应有的类型性。其内涵无相对确定的行为定型,其外延亦无相对确定的外部边界,而且从其外在形象来看,大多时候完全符合社会规范的要求。这一点亦为部分学者所察觉,“行为人从有不法行为的念头一直到实施不法行为之间,事实上是一个漫长的行为过程。在此一漫长的过程当中,行为人的行为大致上是逐渐有利于整个不法事实的实现,换句话说,都是犯罪的预备行为”②。“预备行为从其行为表现来看,其对法益的侵害不具有现实的侵害危险性,在侵害的表象上并不明了,如对于制造匕首作为犯罪工具的行为,就很难判断出它是对哪种法益的侵害,所以不能将其纳入某一具体罪刑规范中去。”③基于预备行为本身所呈现的非定型性,使得在立法技术上,将预备行为预设在罪刑规范之中已无可能,正如学者所指出:“即使是立法者试图对预备行为进行类型化描述,由预备行为只是为犯罪的实行创造便利条件这一特质所决定,也不可能具有实行行为所应有的明确性、限定性与封闭性。”④“预备行为从其行为表现来看,其对法益的侵害并不具有现实的侵害危险性,在侵害的表象上并不明了,如对于制造匕

① 参见李洁:《犯罪既遂形态研究》,吉林大学出版社1999年版,第70页。

② 黄荣坚:《基础刑法学》(下)(第3版),中国人民大学出版社2009年版,第310页。

③ 张明楷:《外国刑法纲要》,清华大学出版社1999年版,第20页。

④ 梁根林:《预备犯普遍处罚原则的困境与突围——〈刑法〉第22条的解读与重构》,载《中国法学》2011年第2期。

首作为犯罪工具的行为,就很难判断出它是对哪种法益的侵害,所以不能将其纳入某一具体罪刑规范中,进入刑法分则各法条的行为类型只能是着手后的实行行为。"①

其次,罪的规范是对未完成形态、完成形态构成犯罪之基本条件的描述,是具体犯罪得以成立的最低规格。

犯罪成立的最低规格,是成立犯罪的基本条件,该条件是行为着手之后的所有不同行为形态(未完成形态、完成形态)成立犯罪的共同条件。任何一个条件的不具备则意味着犯罪无法成立。就此意义而言,罪的规范是对犯罪成立条件的规定,是对犯罪实行行为"质与量"的描述。笔者的这一结论通过以下几个方面予以求证。

1. 从罪刑规范的功能来看

设置罪刑规范一方面是在禁止或者命令国民不得为或应为一定之行为。就此意义而言,罪刑规范又被称为"行为规范",它能为国民行为的适法性提供立法上的指引。另一方面它为法官发动刑罚提供依据或者说基准,命令或者禁止法官对于违反刑法者应为或不得为如何之裁判。就此意义而言,罪刑规范又被称为"裁判规范"。换言之,罪刑规范对于公民而言,它是"行为规范",对于法官而言,它是"裁判规范"。那么,在"成立模式"与"既遂模式"这两种类型中,罪刑规范被设置为哪一种,更有利于规范功能的实现呢?毫无疑问,只有当罪刑规范被设置为"成立模式",规定的是犯罪成立的最低规格与基本条件之时,国民才能得知自己行为的适法性与犯罪性,才有利于人们认识罪与非罪的界限;法官才能判断国民行为的适法性与犯罪性。当罪刑规范被设置为"既遂模式",规定的是犯罪既遂条件时,则意味着国民以及法官须透过"既遂条件",对其进行"剥离",方能判断某种行为的适法性与犯罪性。质言之,当罪刑规范被设置为"既遂模式"时,国民以及法官只是知道某具体犯罪既遂后的刑罚界限,是无法得知罪与非罪的界限,这很显然会影响到罪刑规范功能的正常发挥。

2. 从刑法的功能来看

刑法素为社会统制之重要手段之一。在现代社会中,刑法具有"规制""保障"两项功能。② 刑法之"规制功能",又被称为"规律功能",是指刑法具有规范国民行动的功能。刑法透过此项功能来实现预防犯罪行为发生的目的,借以保

---

① 范德繁:《犯罪实行行为论》,中国检察出版社 2005 年版,第 40 ~ 41 页。

② 通说理论将刑法功能理解为规制功能、保护功能、保障功能,这是值得商榷的。在笔者看来,规制功能本身就是保护法益不受犯罪侵害。是故,没有必要将"保护功能"理解为刑法功能之一。

护法益。刑法之“保障功能”，是指刑法具有限制国家刑罚权的发动以保障个人自由之功能。

我们不难发现，无论是刑法的“规制机能”还是其“保障机能”，他们都须借助对行为性质的描述来实现。换言之，只要刑法规定了犯罪的成立条件，告诉了人们成立犯罪的基本规格，它就能规范国民的行动，就能保障公民个人的自由，进而成为“善良国民的大宪章”“犯罪人的大宪章”。质言之，将罪刑规范设置为“既遂模式”，对刑法功能的实现来说，实属“画蛇添足”。

3.“犯罪成立模式说”符合模式的基本内涵

尽管“犯罪成立模式说”与“犯罪既遂模式说”在诸多问题上存在重大分歧，但二者在过失犯罪、间接故意犯罪之刑法规定上，都认为是对犯罪成立的条件的描述。由此可见，我们将罪刑规范理解为“犯罪成立模式”，就不存在与过失犯罪、间接故意犯罪的刑法规定相矛盾的问题。这也意味着将罪刑规范理解为“犯罪成立模式说”，有涵括过失犯罪、间接故意犯罪、故意犯罪之刑法规定的可能，完全符合模式所具有的“划一”“整齐”的基本意蕴。如果我们将罪刑规范理解为“犯罪既遂模式”，则面临无法容纳过失犯罪、间接故意犯罪之刑法规定的现实尴尬。

我们注意到了“犯罪既遂模式说”的辩解。他们认为，过失犯罪、间接故意犯罪的成立条件也就是对犯罪既遂条件的规定。将“成立条件”的规定理解为“既遂条件”的规定未尝不可。① 笔者认为，这是对犯罪“成立条件”与“既遂条件”的混淆，并无足够的说服力，给人以捉襟见肘之感。

4.“犯罪成立模式说”能够较好地解释我国刑法中所存在的情节犯

在大陆法系国家，通行的是“立法定性，司法定量”的方法，因此根据行为性质便可区分罪与非罪的界限。然而，我国刑法对犯罪成立条件的设置不同于大陆法系国家，在立法上不仅定性往往还定量，即“在一般犯罪中，具备罪体和罪责这两个主、客观要件，就可以成立犯罪。但刑法规定以情节严重或者数额较大作为犯罪成立要件的情况下，还需要进行罪量的判断。罪量是犯罪构成的选择性要件”②。这样理解我国的犯罪构成是有充分的法律根据的。一方面，从我国在刑法分则的具体规定来看。刑法分则中广泛地规定“情节”作为定罪因素，比如将“情节严重”“数额较大”等作为基本犯的罪状。另一方面，我国《刑法》总则第 13 条有“情节显著轻微危害不大，不认为是犯罪”的规定。

---

① 参见金泽刚：《犯罪既遂的理论与实践》，人民法院出版社 2001 年版，第 205 页。

② 陈兴良：《规范刑法学》（下册）（第 2 版），中国人民大学出版社 2008 年版，第 107 页。

对于这一点,持“犯罪既遂模式说”的论者也是这样认为的,“从我国刑法的规定来看,对于具体犯罪所规定的标准来看,如‘数额较大’‘情节恶劣’等,的确可以认为是犯罪成立的标准”①;可是该论者又同时认为,在这种情形下,“数额较大”“情节恶劣”既是犯罪成立的标准,也是犯罪既遂的标准,二者归于一致,“对于刑法分则的部分犯罪,刑法分则的规定既是以犯罪成立为模式,也是以犯罪既遂为模式,但这种犯罪的成立是犯罪既遂意义上的”②。但令笔者百思不得其解的是,为什么独有此类犯罪的“成立标准”就能转化成“既遂标准”而其他类型的犯罪就不能转化?为什么“成立标准”与“既遂标准”相统一的罪刑规范要归结于“既遂标准”上?为什么此类“犯罪的成立是犯罪既遂意义上而不是犯罪成立意义上的”?我们为什么不可以将“既遂标准”作为犯罪成立的基本条件?

遗憾的是,论者对上述问题并没有给予任何正面的回答。这也许是论者为了自圆其说所作出的一种牵强的、无以论证的结论。但在笔者看来,既然“犯罪成立标准”与“犯罪既遂标准”是两个不同的概念,是对罪刑规范的正反探讨,那么特定罪刑规范的模式就应该是择一的、排他的,二者是无法实现“统一”的。

5.“犯罪成立模式说”能够较好地解释我国刑法中所存在的客观的超过要素

根据学者的研究,我国罪刑规范中存在客观的超过要素,此类要素超出了故意的认识与意志内容,不要求行为人对之具有认识与放任或希望的态度。它被认为存在于刑法分则所规定的具有双重危害结果的故意犯罪之中:(1)犯罪行为既有物质性结果也有非物质结果时,可能只要求行为人认识到其中的一种结果,而另一种结果是超过的客观要素;(2)犯罪行为造成了危险状态,但刑法还要求实害结果时,实害结果可能是客观的超过要素;(3)犯罪行为既存在无具体对象的危害结果,又存在针对具体对象的危害结果时,后者可能是客观的超过要素;(4)犯罪行为存在直接危害结果与间接危害结果时,间接危害结果可能是客观的超过要素。③ 另有论者进一步指出,在“双重危害结果中,侵害主要或次要客体之危害结果不可能成为超过的要素,只有侵害随意客体之危害结果才有可能超出罪过内容,才可能作为客观的超过要素”。“作为客观超过要素的危害结果,在刑法分则条文中的表现形式有多种,归纳起来可以分为以下两类:

① 徐光华:《犯罪既遂问题研究》,中国人民公安大学出版社 2009 年版,第 84 页。
② 徐光华:《犯罪既遂问题研究》,中国人民公安大学出版社 2009 年版,第 88 页。
③ 参见张明楷:《刑法分则的解释原理》,中国人民大学出版社 2004 年版,第 207 ~ 222 页。

1.‘后果严重’‘重大损失’等抽象的结果，例如第142条生产、销售劣药罪，第158条虚报注册资本罪，第188条非法出具金融票证罪，第397条滥用职权罪等；2.‘传染病传播危险’‘毒种扩散’‘足以危害人体健康’‘公私财产重大损失’‘使生产遭受重大损失’等具体的结果，例如第142条生产、销售劣药罪，第330条妨害传染病防治罪，第338条重大环境污染事故罪等。”①

客观超过要素的发现对于人们准确判断具体犯罪的罪过形式具有很好的解释功能，进而获得了学界的普遍接受。然而，与罪刑规范模式紧密相关的另一问题，即上述客观的超过要素是犯罪成立的要素还是既遂的条件，已有的研究成果只是作了简单的结论，并未探寻其中的理由：“‘客观的超过要素’概念本来就是作为犯罪构成客观要件中的要素而提出的，性质上应被视作限制犯罪成立而设定的特殊构成要素。”②如不对此作进一步解释，难免被“犯罪既遂模式说”理解为犯罪既遂的条件或者“犯罪既遂与犯罪成立的统一”。

笔者认为，既然客观的超过要素被规定在罪刑规范之中，它必然会影响到行为的社会危害性。这种危害性便体现为对犯罪随意客体的现实侵害，产生了危害结果。在刑法理论上，犯罪随意客体与主次客体不同，它虽然也是应当受到刑法保护的社会关系，却是在实施某种具体犯罪时不一定受到实际侵害的要素。③由于主要客体是刑法保护的重点，主要客体是否受到现实侵害自然就成为判断犯罪既遂与否的唯一标志。相应地，随意客体受到现实侵害——客观超过要素的出现无法成为犯罪既遂的条件。这样一来，“客观超过要素”规定在罪刑规范之中就只能成为限制犯罪成立的要素，只能理解为对特定危险行为的助势，进而使得某种行为达到应受刑罚惩罚的程度。

鉴于以上分析，“客观的超过要素”的普遍存在，能够使我们更加确信我国罪刑规范是以犯罪成立为模式的。

需要强调说明的是，我国的罪刑规范以“犯罪成立”为模式，并不意味着任何一个罪刑规范所涉的每一个要素都是为犯罪的成立设置条件。事实上，倘若仔细研究我国刑法关于构成要件要素的规定就会发现，刑法明文规定的某些要素并不是为犯罪的成立设定条件，它只是为了区分相关犯罪或者是为了明确轻重不同的刑事责任而存在。我们不妨将这种构成要件要素称为“虚假的构成要件要素”。例如，《刑法》第115条所规定的“造成严重后果”便属于“虚假的构

---

① 康诚、单民：《论作为客观超过要素的危害结果》，载《国家检察官学院学报》2006年第2期。

② 康诚、单民：《论作为客观超过要素的危害结果》，载《国家检察官学院学报》2006年第2期。

③ 参见马克昌：《犯罪通论》，武汉大学出版社2003年版，第98页。

成要件要素”。这是因为根据《刑法》第114条的规定，“尚未造成严重后果”的放火、决水、爆炸等行为同样成立犯罪。再如，《刑法》第270条第2款所规定的“他人遗忘物或者埋藏物”也是“虚假的构成要件要素”。这是因为即便将“他人遗忘物或者埋藏物”之外的“其他物品”占为己有也是犯罪行为，比如有可能构成盗窃、抢劫、诈骗罪，等等。换言之，刑法设置“他人遗忘物或者埋藏物”这一“虚假的构成要件要素”，其意义在于，一方面是为了将其与盗窃罪区分开来；另一方面是也是为了将其与侵占（委托物）罪区分开来。

随之而来的问题是，刑法中为什么会存在“虚假的构成要件要素”呢？在笔者初步看来，这应该是实现罪刑相适应原则的需要。为了避免构成要件的抽象性与概括性，必须尽可能地对犯罪进行分类，否则罪刑规范将无法标明此罪与彼罪之间的界限，从而罪刑相适应原则就不可能很好地得以贯彻。所以，立法者非常重视对犯罪进行分类。立法者对犯罪进行分类，最为常用的立法技术是借助法益的分类以及侵犯法益的方式。然而，对法益及其侵犯方式均相同的犯罪又如何进行分类呢？这是立法者所必须面对的问题。此时，“虚假的构成要件要素”便可派上用场。相应地，我们就不难理解，“虚假的构成要件要素”的设置还具有区分同一性质犯罪之轻重不同的刑事责任的意义。

最后，需要补充的是，笔者所主张的罪刑规范为“犯罪成立模式”，并不意味着任何一个刑法分则条文都是对“犯罪成立”条件的规定。否则，这是对罪刑规范与刑法分则条文关系的误读。在刑法理论上，罪刑规范与刑法分则条文虽然关系密切，但二者并非同一概念。从我国刑法的规定来看，对同一性质的犯罪的规定不少是以多个刑法分则条文为载体的。比如，放火、决水、爆炸、投放危险物质罪就分别规定在《刑法》第114、115条；破坏交通工具罪就分别在规定在《刑法》第116、117条。在这种情形之下，我们就尤须辨明不同刑法条文的作用。只有那些既描述犯罪基本特征又明确其处罚范围的条文，才是罪刑规范。而那些只是规定法定刑升格或者降格条件的分则条文，就不宜被理解为罪刑规范，这里的“法定刑升格或者降格”条件不是“犯罪成立”的条件。

鉴于以上分析，笔者认为，立法者在设定罪刑规范时，考虑的是何种行为，在何种程度上达到了应受刑罚处罚的程度。换言之，立法者是在考虑犯罪成立与否的问题，考虑成立该种犯罪的标准、规格、最低条件是什么。立法者在制定罪刑规范时并不会考虑到他们所制定的罪刑规范要以既遂为模式。当然，罪刑规范以成立为模式，并不绝对排除将“既遂”的出现作为犯罪成立条件之一的特殊情形。

（二）刑的规范：以既遂犯为模式

从逻辑上来看，既然罪的规范为“犯罪成立模式”，那么与之相对应的“刑的规范”就自然是未完成形态与完成形态犯罪共同适用的刑罚。这也是传统“犯罪成立模式说”的基本观点。但问题是，由于未完成形态犯罪与完成形态犯罪在社会危害性上有很大差异，无法确立共同的刑罚，除非将“刑的规范”设置为由犯罪未遂形态、既遂形态所共同组成的具有递进的、衔接属性的刑事责任。然而，由犯罪未遂形态、既遂形态所共同组成的呈现递进的、衔接特色的刑事责任必然会导致法定刑幅度变大，进而增加法律适用的难度，也会使人无从知晓不同犯罪形态的刑罚界限。这显然不符合罪刑法定主义对刑之明确性的要求。为了实现罪刑法定主义，在立法技术上，立法者可采用总分则规定相结合的方式来规定不同犯罪形态的刑罚。即在刑法分则中规定某种犯罪形态的法定刑，在刑法总则中规定其他犯罪形态的刑罚处罚原则。由此可见，立法者理应在刑法分则中将刑的规范设置为既遂犯的刑罚。

立法者之所以将刑的规范设置为既遂犯的刑罚，这是因为，犯罪既遂是最常见的犯罪现象与犯罪形态，正如学者所认识的那样：“以既遂犯为标本规定犯罪构成与法定刑，既便于立法者评估犯罪的社会危害性，也符合人们通常的认识习惯和思维模式。”①

顺便指出的是，将刑的规范理解为各种犯罪形态所共用的刑罚将招致法律适用的难题。持传统“犯罪成立模式”的论者便认为，我国刑法中所规定的法定刑是各种犯罪形态所共用的刑罚。但问题是“如果刑法分则中的具体犯罪是以包括犯罪未完成形态在内的犯罪成立为模式加以规定的，那么对犯罪的未完成形态在刑法总则中作出一般规定的意义在哪里？对于预备犯、未遂犯可以比照既遂犯从宽处罚的规定又该如何落实？”“所谓比照，即对比参照，就是按照已有的标式、标准方法进行处理。同样，也只有在刑法分则条文没有为未遂犯和预备犯设置独立的罪状和法定刑时，未遂犯和预备犯的定罪和量刑才有必要比照既遂犯处理。如果刑法分则已经为未遂犯和预备犯设置了独立的罪状和法定刑，那么，未遂犯和预备犯只需要径直按照该罪状和法定刑适用，比照既遂犯处理的必要性就不复存在。相反，如果认为刑法分则条文规定的犯罪包括犯罪的未完成形态，则会导致我国刑罚的规定难以理解。”②

---

① 金泽刚：《犯罪既遂的理论与实践》，人民法院出版社 2001 年版，第 66 页。

② 王志祥：《危险犯研究》，中国人民公安大学出版社 2004 年版，第 201 页。

面对上述诘难，持传统"犯罪成立模式"的论者作出了如下辩护："我国刑法总则规定了预备犯、未遂犯可以比照既遂犯从轻、减轻处罚，因此分则规定的法定刑都是针对既遂犯的。其实，这是一种误解。对未遂犯的处罚可能有三种情况，一是从轻处罚，二是减轻处罚，三是不从轻也不减轻处罚。这三种情况除第二种情况外，其他两种情况都适用法定刑。这也说明，法定刑不是既遂罪的法定刑。"[①]但问题是，既然论者承认对未遂犯"减轻处罚"是无法适用法定刑的，这就意味着"犯罪既遂模式说"的合理性。如果反对者进一步追问，该论者也将无法解释如何对预备犯"减轻处罚"。由此看来，传统"犯罪成立说"的辩解是存在破绽的，在解释上是捉襟见肘的。

再者，将刑的规范理解为各种犯罪形态所共用的刑罚也不好解释中止犯的处罚问题。传统的"犯罪成立模式"认为刑的规范应当是包括了犯罪中止在内的所有停止形态的刑罚。根据我国《刑法》的规定，对于中止犯，没有造成损害的，应当免除处罚。因此，罪刑规范对于具体犯罪，应当有免除处罚的规定。然而，综观所有罪刑规范，并非如此。仅以故意杀人罪为例。我国《刑法》第 232 条规定："故意杀人的，处死刑、无期徒刑或者十年以上有期徒刑；情节较轻的，处三年以上十年以下有期徒刑。"依照传统的犯罪成立模式的理解，《刑法》第 232 条所规定的刑罚应当是包含了所有的犯罪停止形态的，因此，只要故意杀人罪成立，无论其处于何种犯罪形态，均需处以 3 年以上有期徒刑之刑罚。质言之，即便犯罪人在杀人过程中，自动中止犯罪行为，没有对被害人造成任何的伤害，至少也应当处以 3 年有期徒刑。这样的处罚结果显然与刑法总则关于中止犯的处罚原则是相违背的。

读到这里，人们难免会产生的这样的疑问：本书一方面主张罪的规范是以犯罪成立为模式，规定的是犯罪成立的最低规格；另一方面又主张刑的规范是以既遂罪的刑罚为模式，这是否会导致罪刑规范的脱节？笔者认为，上述理解不会出现这样的问题。根本理由在于，既然罪的规范设置的是成立犯罪既遂形态与未完成形态的共同条件或者说基本条件，那么与之相对应的刑的规范无论是被设定为未完成形态的刑事责任还是被设定为既遂形态的刑事责任，都是合理可行的。质言之，将刑的规范仅仅设置为某种犯罪形态的刑事责任未尝不可。只不过就合理性程度而言，刑的规范应被设置为犯罪既遂的刑事责任，这在前文已有论述。如果立法者将"刑的规范"设置为成立犯罪的基本刑即未完

---

① 苏彩霞：《危险犯及其相关概念之辨析——兼评刑法分则第 116 条与第 119 条第 1 款之关系》，载《法学评论》2001 年第 3 期。

成形态的刑事责任，则刑法总则对既遂犯必然要有对完成形态加重处罚的规定。然而，如何加重处罚，加重处罚的量是多少，这必然会成为立法上的一大难题。简言之，既然罪的规范规定的是构成犯罪既遂形态在内的各种犯罪形态的基本条件，那么与之对应的刑的规范就可以设定为既遂犯罪形态的刑事责任。

三、对“犯罪成立模式说”进行“批判”的两点回应

传统的“犯罪成立模式说”提出后，持“犯罪既遂模式说”的学者进行了全方面的批判。考虑到笔者所主张的“犯罪成立模式说”与传统的“犯罪成立模式说”在某些方面是相同的，具有亲缘性。所以有必要对“犯罪既遂模式说”所作的某些批判进行必要的回应。

1.“犯罪成立模式说”是否会导致犯罪既遂标准的混乱

论者认为：“如果采成立模式，所有的犯罪均应有划一的既遂标志，或者是目的的实现，或者是犯罪结果的出现，或者是行为的完成，或者是其他的什么内容，只有这样，在总则中规定犯罪的既遂规格才是可行的。这样的标志确实很客观，很公平，但有时却难以实现，因为犯罪的情况千差万别，将所有的犯罪划定一个同一的标准是困难的，也未必能够符合立法意图。”①在论者看来，由于不同犯罪的既遂标准是不一样的，所以它无法在刑法总则中进行规定，只能在罪刑规范中予以个别设定。在这里，论者首先犯了先入为主的错误，想当然地认为犯罪既遂的标准是多元的。事实上，“犯罪目的说”“犯罪结果发生说”“构成要件齐备说”对犯罪既遂标准的理论探讨，并非法定既遂标准的多元。更为重要的一点，论者低估了立法能力。实际上，立法者已经借助《刑法》第23条的规定，宣示了犯罪既遂的标准，即“犯罪得逞”。怎能说“将所有的犯罪划定一个同一的标准是困难的”？笔者进一步认为，既然刑法总则明确了犯罪既遂的标准，那么再将罪刑规范理解为“犯罪既遂”模式则更无必要。

2.笔者的“犯罪成立模式说”是否会导致犯罪成立标准的模糊性

持“犯罪既遂模式说”的论者指出，针对“犯罪成立”即意味着“犯罪既遂”的犯罪，比如过失犯罪、间接故意犯罪以及极少数犯罪未完成形态的直接故意犯罪而言，主张罪刑规范为“犯罪成立模式”自无问题，这是因为犯罪成立只有犯罪既遂这种形态。但是对于有完成形态与未完成形态的犯罪而言，“犯罪成立模式说”的缺陷就暴露无遗了：“贯彻‘犯罪成立模式说’就意味着犯罪既遂

① 李洁：《犯罪既遂形态研究》，吉林大学出版社1999年版，第69页。

与犯罪的未完成形态在犯罪构成要件上具有完全的一致性,而不应当具有任何差异。""但它们在犯罪构成要件要素上的差异是不容否定的,否则意味着从根本上抹杀了既遂罪与未完成罪的区分。"①

笔者对上述观点不敢苟同。笔者所持的"犯罪成立模式说"中的罪刑规范是对未完成形态以及完成形态成立犯罪的共同条件、基本条件的规定。此类条件的规定既没有抹杀不同犯罪形态在其他构成要素上的差异,也没有对不同犯罪形态之不同社会危害性视而不见。是故,论者对"犯罪成立模式说"所进行的诘难,是无法适用于笔者所持"犯罪成立模式"的。

① 王志祥:《犯罪既遂新论》,北京师范大学出版社 2010 年版,第 45 页。

第二章　我国预备犯理论中的争议问题研究

我国《刑法》第 22 条规定:“为了犯罪,准备工具、制造条件的,是犯罪预备。对于预备犯,可以比照既遂犯从轻、减轻处罚或者免除处罚。”此规定明确了预备犯的概念和对预备犯的一般处罚原则。但是,刑法学界对此规定的科学性、合理性存在不少异议。这主要集中在以下三个方面:一是总则性“预备犯”立法是否有存在的必要?二是“预备犯”中的预备行为究竟应该怎么去把握?三是我国《刑法》“预备犯”的立法模式是否科学?本书试图围绕上述争点问题进行探讨,希冀对我国预备犯的理论研究有所助益。

一、总则性“预备犯”立法是否应该取消

《刑法》第 22 条所规定的预备行为具有刑事可罚性,这在相当长时间内是不存在多少问题的。我国刑法理论通说为其提供了双维度的理论支撑。在社会危害性维度上,通说指出,预备行为虽然尚未直接侵害犯罪客体,但行为人已经通过其行为展现了主观恶性与客观危害,“它在不同程度上便于犯罪的完成,因而它包含着对社会关系的实际威胁,是具有一定社会危害性的行为”[①]。在犯罪构成维度上,通说指出,行为符合犯罪构成是追究行为人刑事责任的唯一根据,预备犯亦有其犯罪构成:“预备犯既不是具备刑法分则所规定的具体犯罪构成要件的犯罪形态,也不单纯是故意加不是犯罪构成要件的行为,而是一种完全具备构成要件的未完成形态的犯罪。”[②]然而,近年来,刑法通说对“预备行为具有刑事可罚性”的理论阐释受到了严重的挑战。不少学者明确提出,总则性“预备犯”立法应该取消,“在中国刑法理论体系不断地由粗放趋向精致、由平面四要件转向递进阶层式,特别是结果无价值、行为无价值的不法论逐渐取代社会危害性理论的知识转型语境下,一般性地赋予预备犯以刑事可罚性并普遍处

---

① 高铭暄主编:《中国刑法学》,中国人民大学出版社 1989 年版,第 171 页。

② 马克昌主编:《犯罪通论》,武汉大学出版社 1999 年版,第 431 页。

罚预备犯则陷入了严重的正当性危机”[①]。有鉴于此,那么我们究竟如何理性地对待“否定立场”呢? 换言之,总则性“预备犯”立法是否真的存在“正当性危机”? 本部分内容的撰写旨在该问题上做一些努力。

综观对预备犯的刑事可罚性持否定立场的论述,概括起来其理由主要涉及以下几个方面。

(一)对预备犯认定与处罚上存在着司法困境

有论者认为,我国预备犯的立法模式虽然从逻辑上有利于严密刑事法网,但造成了对预备犯认定与处罚上的司法困境。该司法困境主要表现为以下三个方面:

1. 立法与司法实践有脱节。有的论者认为,我国司法实践中之所以对预备行为很少进行刑事处罚,出现立法与司法实践上的“严重脱节”现象,这归因于绝大多数预备行为并不具有刑事可罚性,根源于我国总则性“预备犯”的立法模式。[②] 也有论者认为,“好在司法者总是现实的! 面对不断增大的犯罪控制压力和有限的司法资源的矛盾,理性的司法者只能游弋于对法条的原则性坚守与策略性地放弃之间追求司法效率的最大化和最优化。”[③]

毋庸讳言,在我国司法实践中对预备行为的处罚的确是一种“例外”现象,这似乎与总则性“预备犯”立法模式存在严重“悖逆”之处,进而应该对预备犯的立法模式进行检讨。这是因为,在不少学者看来,根据我国“预备犯”的立法模式,“处罚预备犯是原则,不处罚预备犯才是例外”。但问题是,如此理解是经不住细加推敲的。我们不禁要问,上述理解对预备犯的“立法模式”是否存在误读? 根据我国《刑法》第 22 条规定,为了犯罪,“准备工具、制造条件”的行为,是犯罪预备行为。但是,我们对“预备行为”不能进行泛泛而谈。无论是其“准备工具”的行为,还是其“制造条件”的行为都应具有特定的内涵,应当进行限缩性解释。这其实涉及对“预备行为”实质的理解问题。对此,本章的第二部分将予以阐释,此处不再赘述。在此意义上,我国司法实践中对预备行为通常不进行处罚,恰恰是对我国《刑法》第 22 条的科学理解,是对“预备行为”实质内涵

---

① 梁根林:《预备犯普遍处罚原则的困境与突围——〈刑法〉第 22 条的解读与重构》,载《中国法学》2011 年第 2 期。

② 参见李梁:《预备犯立法模式之研究》,载《法学》2016 年第 3 期。

③ 梁根林:《预备犯普遍处罚原则的困境与突围——〈刑法〉第 22 条的解读与重构》,载《中国法学》2011 年第 2 期。

的科学把握。一言以蔽之,我们并不能以存在所谓“严重脱节”问题,就断然否定我国总则性“预备犯”立法模式的科学性。

需要进一步指出的是,上述“严重脱节”现象的存在应当与我国严格的刑事证明标准存在很大的关联性。根据我国《刑事诉讼法》的相关规定,我国的刑事证明标准是非常严格的。它要求司法机关应当查明案件的客观真实,达到排除一切合理怀疑的程度。根据如此严格的刑事证明标准,司法机关对预备行为的认定将会非常棘手:“根据如此严格的刑事证明标准,即使行为人在实施预备行为的过程中被当场抓获,即使行为人对其预备行为供认不讳,在绝大多数犯罪预备案件中,控方对预备行为、特别是预备行为的主观不法要素,客观上都存在着刑事证明困难,甚至完全不能证明。”①因此,司法者往往会放弃对某些预备行为的追诉,这势必导致司法实践与立法规定存在“严重脱节”现象。

此外,需要指出的是,论者以司法实践与立法规定存在“严重脱节”为由,就在理论上否认我国预备犯立法模式的科学性,这在方法论上也是存在问题的。根据立法与司法关系的一般性原理,司法者无疑应当遵循法律规定进行司法实践。在此意义上,当司法实践与立法规定存在“严重脱节”时,刑法理论应当对法律规范进行科学阐释,以指导司法实践如何避免“严重脱节”的现象,而不是容忍“严重脱节”的存在,更不能轻易地对法律规范“说三道四”。

2. 预备犯的司法判断标准不明确。有论者认为,我国预备犯的立法模式,虽然对预备行为的惩处实现了法网的严密性,但何谓预备行为?相关条文并没有多少说明,这难免导致预备犯中司法判断标准不明。② 更有论者对此作了进一步的阐述,认为预备行为的起点捉摸不定,预备行为的终点难以界定,预备行为不具有类型性和限定性,所有这些都足以否定我国预备犯的立法模式:犯意形成、犯意表示与预备行为之间只存在概念逻辑上泾渭分明的界限,在具体个案的判断中,犯意形成、犯意表示与预备行为的界限,亦即预备行为起点的界定,根本就是一个无解的难题;由于实行“着手”行为难以认定,导致预备行为的终点也难以确定;由于预备行为只是为犯罪的实行创造便利条件,其也不可能具有实行行为所应有的明确性、限定性与封闭性。③

---

① 梁根林:《预备犯普遍处罚原则的困境与突围——〈刑法〉第22条的解读与重构》,载《中国法学》2011年第2期。

② 参见李梁:《预备犯立法模式之研究》,载《法学》2016年第3期。

③ 参见梁根林:《预备犯普遍处罚原则的困境与突围——〈刑法〉第22条的解读与重构》,载《中国法学》2011年第2期。

但在笔者看来,上述认识是存在不少问题的。其一,我国《刑法》第22条对预备行为是有规定的,它包括两类行为:准备犯罪工具、制造犯罪条件。这岂能说对何谓“预备行为”没有规定呢?其二,刑法毕竟不是教科书,其内容是借助文字进行表达的,它以普通用语为基础,这就决定了刑法需要解释。要求刑法规定明确到不允许解释的程度,固然是理想的,但这只是一种幻想。何谓“准备犯罪工具”,何谓“制造条件”恰恰是刑法学解释的对象。我们绝不能以其需要解释为由,就否定刑法规范的意义。其三,预备行为起点、终点的确存在论者所直陈的问题,其“类型性、限定性”也不尽如人意,但这并不足以成为我们否定预备犯立法模式的理由。对预备行为的认定,确确实实在刑法理论上、司法实践中存在不少争议、疑难之处。但我们能否以此就取消对预备行为的惩治?显然是不能的!否则是因噎废食之举。我们正确的做法是对存在的“争议问题、疑难问题”进行深入的理论探讨,以求得较为圆满的解决,这正是刑法理论研究的使命之所在。其实,对预备行为的认定之所以存在难题,在很大程度上就是因为实行行为的界限不够明确,正是因为实行行为起点的模糊性才导致预备行为的终点不够明确。那么,我们能否以“实行行为起点具有模糊性”为由就取消对实行行为的惩治呢?显然也是不能的!

3.致使有罪必罚原则难以落实,这损害了刑法的权威。有论者认为:“我国刑法规定处罚所有犯罪的预备犯,而在司法实践中预备犯极少被处罚。这种情况的存在致使有罪必罚原则在预备犯的处罚上荡然无存,严重损害了刑法的权威,阻碍了刑法对法治环境的塑造,降低了司法的公信力。”①

毋庸置疑,“有罪必罚”是刑法思想中的一项最为重要的法治理念,也是一项重要的法治原则。其理应得到严格遵守,但是这里的“遵守”责任应当是司法机关而不是立法机关。无论如何,我们不能以某项刑法规范没有得到司法机关的严格遵守为由,就否定该刑法规范的合理性。否则,这在逻辑上是行不通的。

(二)我国的预备犯立法模式有悖于罪刑法定原则

有论者认为,我国预备犯的立法模式既有悖于犯罪的法定化,也有悖于刑罚的法定化。

在论者看来,我国预备犯的立法模式之所以有悖于犯罪的法定化,是因为“无行为即无犯罪”。这里的“行为”应当是我国刑法分则所规定的实行行为,

---

① 李梁:《预备犯立法模式之研究》,载《法学》2016年第3期。

然而预备犯中的预备行为并非实行行为，“预备犯本身无分则规定的实行行为，而实行行为和客观要件又是构成要件的核心，亦即我国的预备犯无独立的构成要件”①。该见解无独有偶，“在自身因缺少实行行为性而无法根据构成理论获得处罚理由的情况下，上述预备行为既缺乏处罚的必要性，也缺乏处罚的正当性根据。”②“只有分则条文明文规定的行为类型，始能成为刑法规制的对象，对除此而外的其他即便是极相类似的行为追究刑事责任，也可能导致类推的刑法禁忌。”③

但在笔者看来，上述理解是存在问题的。论者对罪刑法定原则的理解存在着误读。罪刑法定原则规定在我国《刑法》第 3 条规定：“法律明文规定为犯罪行为的，依照法律定罪处刑；法律没有明文规定为犯罪行为的，不得定罪处刑。”从该条的规定来看，这里“法律”并非限定于刑法分则，这里的“犯罪行为”并非限定于“实行行为”。论者怎么能说刑法总则规定对预备行为进行处罚，是对罪刑法定原则的违背呢？按照论者的逻辑，我国刑法总则中规定对教唆行为、帮助行为等“共犯”行为进行处罚，岂不也是违背了罪刑法定原则？其实，不管是预备行为还是教唆行为、帮助行为，它们总是依附于具体实行行为而存在的，总是具体犯罪的预备行为、教唆行为、帮助行为。对此类的“预备行为、教唆行为、帮助行为”进行定罪处罚怎能说是违背罪刑法定原则呢？对此，笔者百思不得其解。

在论者看来，我国预备犯的立法模式之所以有悖于刑罚的法定化，这是因为罪刑法定原则的另一要求是刑罚的明确性，而我国预备犯的立法模式恰恰违背了这一基本要求：其一，“对无任何实行行为要素的预备犯去‘比照’或参照（一定程度上按照）有实行行为的既遂犯处罚，是将行为人根本未实行的行为强行由行为人承担责任，无异于按照鱼的食谱给马配饭”。其二，“它（预备犯的立法规定——笔者注）除了告诉司法者要处罚预备犯外，几乎未在法定刑上给予司法者任何实质性的指导，以罪刑法定原则限制司法权中的量刑权的要求在此完全落空”④。

但在笔者看来，上述指责是存在问题的。首先，对预备犯进行处罚所比照

---

① 高艳东：《规范学视野中预备行为可罚性的反思与重构》，载《现代法学》2005 年第 1 期。

② 梁根林：《预备犯普遍处罚原则的困境与突围——〈刑法〉第 22 条的解读与重构》，载《中国法学》2011 年第 2 期。

③ 李凤梅：《预备犯可罚性的反思与重构：以刑法拟制的视角》，载《北京师范大学学报（社会科学版）》2015 年第 3 期。

④ 高艳东：《规范学视野中预备行为可罚性的反思与重构》，载《现代法学》2005 年第 1 期。

的"既遂犯"并不是随意想象的既遂犯,而是其预备行为向前发展可能形成的既遂犯。其次,根据刑法规定,对于预备犯裁量刑罚时,可以比照既遂犯"从轻、减轻或者免除处罚"。但此处的"从轻、减轻或者免除处罚"并非论者所说的毫无依据可言。众所周知,决定犯罪社会危害性大小的基本因素是犯罪的性质、犯罪的情节。其他因素诸如,犯罪人的人身危险性、犯罪的"次数"则是非基本因素。同样决定预备犯的社会危害性大小的基本因素也是两个:一是预备实施的犯罪性质;二是预备犯罪的情节。这里的情节其实是指预备行为的准备情况,表现为是否已经接近于犯罪的实行、犯罪后果的发生。其他非基本因素(如"犯罪人的人身危险""未能着手实施犯罪的具体原因")则是在"从轻处罚"的范围内发挥作用。基于上述因素的考量,下面拟对预备犯中"从轻、减轻、免除处罚"的具体适用做些比较肤浅的探讨。

1."从轻处罚"的适用。对以下预备犯应当从轻处罚:预备实施的犯罪性质严重,该性质的犯罪是指法定最低刑为3年有期徒刑以上刑罚的犯罪;或者预备行为准备非常充分、周密,已经十分接近于犯罪的实行。

2."减轻处罚"的适用。对以下预备犯应当减轻处罚:预备实施的犯罪性质不够严重,该性质的犯罪是指法定最高刑为3年有期徒刑以下刑罚的犯罪;或者预备行为准备尚不够充分、周密,尚未接近于犯罪的实行。

3."免除处罚"的适用。对以下预备犯应当免除处罚:预备实施的犯罪性质不够严重且预备行为准备尚不够充分、周密,尚未接近于犯罪的实行。

(三)我国预备犯的立法模式与强调客观侧面的现代刑事理念相背离

有论者认为,法律规范的功能应当首先定位于防止滥用立法权不当入侵公民的自由,因而以人的主观恶性为首要的或者单纯的评价对象就应受到严格限制。据此,论者认为,对于预备犯的处罚,则明显存在主观主义之嫌:"构成预备犯的行为是七零八落的无定型的行为,仅仅限于依据该目的确定方向而已。"①

注重"客观侧面"固然是现代刑事理念,刑法固然应当就行为对客观的外部秩序的意义进行评价。对此,笔者是甚为赞同的。然而,我国预备犯的立法模式与此并不相悖。这是因为,在刑法理论上,预备犯与停留在单纯表现犯罪意图或者说体现行为人具有主观恶性的犯意表示并不相同,二者是两个截然不同的概念:预备犯是准备犯罪工具、制造条件,为实行犯罪起促进作用的行为,或

---

① 李凤梅:《预备犯可罚性的反思与重构:以刑法拟制的视角》,载《北京师范大学学报(社会科学版)》2015年第3期。

者说是其实现犯罪故意的行为,因而对刑法所保护的法益构成了威胁;而犯意表示并没有为实行犯罪起促进作用,并非实现犯意的行为,也未对法益构成威胁。

(四)我国的预备犯立法模式没有刑事政策上的必要性

论者认为,对法益进行辅助性保护,这是对现代刑事政策的基本定位。基于此,论者认为,立法者只能是例外地设置预备犯,即只有当预备行为已经对重大法益形成抽象侵害危险时才具备刑事可罚性;普遍处罚预备犯则完全不具有刑事政策上的必要性,这将使得刑罚干预的触须过于前置,刑罚干预的范围不当地扩张,这不仅不能达到有效保护法益的刑事政策初衷,而且必然极大地压制国民自由和人的权利的空间。①

论者将现代刑事政策定位于“对法益进行辅助性保护”,这本身就是值得商榷的。何谓对法益进行“辅助性保护”?难道说,对刑法法益的保护还要借助于其他法律吗?显然不能!笔者进一步认为,刑法固然要采用特殊措施、专门措施保护重大法益,但这绝不意味着刑法对一般性的法益就无须采取特殊措施、专门措施进行保护。实际上,侵犯任何刑法法益的行为,在立法上都应当具有刑事可罚性,只是在惩处的力度上应当体现出差别来,这也是罪责刑相适应原则在立法层面上的应有之意。也就是说,立法者不能对刑法值得保护的法益进行选择性的保护。既如此,对一般性法益构成威胁的预备行为,也就应当以犯罪论处。

在论者看来,普遍处罚预备犯将会极大地压制国民自由和人的权利的空间。然而,这是似是而非的结论。刑法压制国民自由和人的权利的空间只能体现在两个方面:将不侵犯刑法法益的行为规定为犯罪、对侵犯刑法法益的行为配置了不当的刑罚。刑法中的预备行为是对刑法法益构成威胁的行为,是属于犯罪的范畴,自应运用刑法依法予以惩治,这怎么能说其会“压制国民自由和人的权利的空间”呢?

(五)预备行为的主观不法要素难以证明

“为了犯罪”是认定预备犯成立的主观不法要素,“准备工具、制造条件”行为,必须是在“为了犯罪”这一主观目的支配下进行,否则不能成为犯罪预备行

---

① 参见梁根林:《预备犯普遍处罚原则的困境与突围——〈刑法〉第22条的解读与重构》,载《中国法学》2011年第2期。

为。这在学界并不存在不同的认识,是不言自明之事。在我国有学者以"为了犯罪"这一主观不法要素难以证明为由,否定我国预备犯的立法模式,"在绝大多数案件中,控方事实上不可能达到刑事证明法则的要求,确实、充分地证明被告人'为了犯罪、准备工具、制造条件'。而如果严格、机械地适用刑法规定,对于预备犯必欲普遍定罪处罚,在证明'为了(实行)犯罪'这一犯罪目的及其对'准备工具、制造条件'的意志支配时,可能就不得不降低刑事证明标准,或者不惜采取刑讯逼供等手段非法获取口供及其他证据,以便形式上满足刑事证明法则的要求"①。

毋庸讳言,"为了犯罪"作为成立预备犯不可或缺的主观要素在司法认定上的确存在难题。这是因为,正如论者所言,预备行为的外部表现往往并未明显背离正常社会生活规范。但是,我们绝对不能以"难以刑事证明"为由,就否认我国预备犯的立法模式的合理性:其一,一种行为能否被刑法规定为犯罪,最为本质的应当是考察该行为是否具有严重的社会危害性,而不能过多地考虑该行为在诉讼证据取得上的难易程度如何。即便难以取得诉讼证据的行为,但只要其具备刑法意义上的社会危害性,刑法也应当将其规定为犯罪。其二,以论者的逻辑,我国刑法上所规定的主观意图需要证明的其他犯罪都应当被取消。然而,这是极为不现实的。比如,我国刑法所规定的以非法占有为犯罪目的的盗窃罪、诈骗罪、抢劫罪等犯罪都存在主观意图需要运用相关证据予以证明的问题。依照论者的逻辑,上述犯罪都应在取消之列。其三,"并未明显背离正常社会生活规范"的行为并不限于犯罪预备行为,有的犯罪实行行为同样也"并未明显背离正常社会生活规范"。其实,某一行为是否应该被规定为犯罪行为,并不取决于该行为是否"明显背离正常社会生活规范"。最为关键的是考察该行为是否会造成刑法意义上的危害结果。

(六)预备犯构成特征的规范依据不足

在我国刑法理论上,预备犯的构成特征被认为有两个:一是"未能着手实行犯罪";二是"未能着手实行犯罪系因行为人意志以外的原因"。但有论者认为,我国《刑法》第22条仅仅规定的是预备行为的概念与预备犯的处罚原则,而没有完整地规范、表述预备犯的构成特征。如果司法机关仅仅根据刑法理论界定的预备犯的构成特征,就对其进行刑事惩罚,这将违背罪刑法定原则的基本要求。

---

① 梁根林:《预备犯普遍处罚原则的困境与突围——〈刑法〉第22条的解读与重构》,载《中国法学》2011年第2期。

在本书看来,论者的上述看法是值得商榷的。其一,我国《刑法》既然规定了对预备犯的处罚原则,司法机关对预备犯进行处罚就不应被认定为违背了罪刑法定原则。其二,刑法理论对预备犯构成特征的揭示是不存在问题的。上述特征的揭示是运用体系解释法,在比较预备犯与未遂犯、预备犯与中止犯的根本特征的基础上演绎而成的,具有科学性。换言之,只要承认刑法对犯罪未遂、犯罪中止的合理性,那么就应当承认预备犯构成特征的科学性。

二、具有刑事可罚性“预备行为”的再界定

根据我国《刑法》的规定,预备行为就是“准备工具、制造条件”的行为。但据此规定,我们还很难认定什么样的行为属于“准备工具”的行为,什么样的行为属于“制造条件”的行为?我国《刑法》规定的笼统性、模糊性,以至于具有刑事可罚性的“预备行为”的界定在刑法理论上成为一个重大争议问题,成为一个亟须解决的问题。在展开具体论述之前,我们还是先看看我国学者对此问题是怎么认识的。从笔者所掌握的材料来看,学者们对此问题的认识大概有以下几种类型:

1.“具有刑事可罚性的预备行为应当为拟制化的实行行为”。在论者看来,具有刑事可罚性的预备行为,应当是距离着手点较近甚至临界于实行行为而停止下来的行为。换言之,具有刑事可罚性的预备行为必须显示出具有直接推动犯罪向前发展至实行阶段甚至犯罪完成形态的性质。① 其依据是只有这样的预备行为才具有与实行行为相同的构成功能,才能满足刑事政策对具有严重法益侵害威胁行为进行刑事处罚的要求。

该论者试图对预备行为进行限缩性解释,以限定刑法“预备行为”的成立范围,这无疑是值得肯定的,这也是理论研究的共识。但问题是,将具有刑事可罚性的“预备行为”限定为“距离着手点较近的行为”“临界于实行行为的行为”,必然存在这样的问题,即这里的“较近”“临界”如何去理解。换言之,预备行为实施到什么程度才算是“距离着手点较近的行为”“临界于实行行为的行为”?论者并没有给予任何解释。对此,我们不得而知。再者,论者将“距离着手点较近的行为”“临界于实行行为的行为”理解为具有与实行行为相同的构成功能,这也是值得商榷的。其道理在于,无论一个行为如何“临界于实行行为”,如何“距离着手点较近”,它也不是“实行行为”。既如此,怎能说其与实行行为具有

① 参见李凤梅:《预备犯可罚性的反思与重构:以刑法拟制的视角》,载《北京师范大学学报(社会科学版)》2015 年第 3 期。

相同的构成功能呢？又怎能说，上述意义上的预备行为能够“满足刑事政策对具有严重法益侵害威胁行为进行刑事处罚的要求”呢？

2. 将具有刑事可罚性的“预备行为”限定为特别严重犯罪制造条件的行为。论者之所以这样理解，主要是考虑到对特别重要法益的特殊保护和构建一个应急备用式的疏而不漏的法网的需要，从而适度地增加构成要件寻求法益提前保护。[①] 还有论者提出了类似的见解。比如，有论者认为，具有刑事可罚性的预备行为应当限定为特定犯罪类型的预备行为；应当限定为法定刑为10年以上有期徒刑犯罪的预备行为，等等[②]。

但上述理解存在以下三个方面的问题：其一，将具有刑事可罚性的“预备行为”只是限定为对于特定类型犯罪的制造条件的行为，这与《刑法》规定是否契合？从我国《刑法》第22条的规定来看，具有刑事可罚性的“预备行为”是“为了犯罪，准备工具、制造条件的行为”。很明显，这里的“犯罪”并不能局限于“特别严重犯罪”等特定类型的犯罪。其二，论者对“制造条件”的解释，语焉不详。换言之，从论者的论述来看，我们还是无从知道究竟哪些行为是具有刑事可罚性的“预备行为”。其三，论者将预备行为限定为“制造条件的行为”，这与《刑法》第22条的规定严重不符。该条规定的预备行为不仅包括为了犯罪“制造条件”的行为，还应当包括为了犯罪“准备工具”的行为。

3. “二元的结果无价值论”。“二元的结果无价值论”不仅强调不法的基础在于法益侵害或者侵害危险的结果无价值，而且强调造成该结果无价值的行为无价值对于不法的意义。有论者便以此作为可罚预备行为的理论基础，指出：“行为对其预备侵害的重大法益形成抽象危险，同时又明显违反正常社会生活规范，足以表征行为人对规定其预备实施的犯罪构成要件的法规范的敌对意识，才能最终界定其为可罚的预备行为。”[③]

在笔者看来，且不说“二元的结果无价值论”是否具有可行性、科学性。即便其具有可行性、科学性，其上述见解也难免存在以下两个方面的问题：其一，其将可罚的预备行为理解为对重大法益形成抽象危险的行为。可是，什么样的行为具有“抽象危险”的属性？这仍然是一个悬而未决的问题。再者，该见解将可罚的预备行为限定为对“重大法益”有抽象危险的行为，这显然与我国《刑

---

① 参见高艳东：《规范学视野中预备行为可罚性的反思与重构》，载《现代法学》2005年第1期。

② 郑延谱：《预备犯处罚界限论》，载《中国法学》2014年第4期。

③ 梁根林：《预备犯普遍处罚原则的困境与突围——〈刑法〉第22条的解读与重构》，载《中国法学》2011年第2期。

法》规定是明显不够符合的。其二,将可罚的预备行为理解为足以表征行为人对法规范具有敌对意识的行为,也是值得商榷的。这是因为,行为人为了实行犯罪而实施的任何性质的预备行为,其在主观上必然对其预备实施的犯罪构成要件的法规范具有“敌对意识”。换言之,论者将可罚的预备行为作上述限定并没有任何实际意义。

经上分析,笔者认为,当下有关厘定可罚预备行为范围的努力存在着值得商榷的空间,应当对此问题作进一步的探讨。笔者认为,揭示可罚预备行为的范围,应当从以下几个方面入手:

1. 可罚预备行为应仅仅是为犯罪的实行而实施的预备行为,其旨在便利于实行行为的实施,而不能包括为犯罪的预备而实施的预备行为。我国《刑法》第22条,将预备行为界定为“为了犯罪,准备工具、制造条件的行为”。如何理解这里的“为了犯罪”,这将直接关系到可罚预备行为的成立范围。“为了犯罪”从文义上考察,它应当包括两种情形:一是“为了(实行)犯罪”;二是“为了(预备)犯罪”。不过,从刑法总则与分则之间的关系出发,这里的“为了犯罪”应当理解为“为了(实行)犯罪”。这是因为,我国刑法总则对犯罪所进行的规定是一般性的,它并没有规定各种犯罪类型,对各种犯罪类型作出具体规定的是刑法分则,而《刑法》分则在对各种犯罪类型进行规定时,恰恰描述的是“实行行为”的基本特征。

2. 可罚的预备行为应当是准备犯罪工具的行为。这里的“犯罪工具”应当限定为我国《刑法》禁止公民个人所拥有、支配的某些特定物品。比如,“枪支、弹药、爆炸物、管制刀具、危险物质、危险物品”等。上述特定物品都是我国《刑法》所明确禁止个人拥有、支配的。公民一旦拥有、支配,就构成相应的犯罪。以准备实施犯罪的意图,而对这些物品进行拥有支配的,则应当以预备犯论处。如此理解是具有相当合理性的:基于任何意图对特定物品进行支配的,根据《刑法》应当以犯罪论处。既如此,对于基于准备犯罪的意图而对特定物品进行支配的,岂有不以犯罪论处之理?对于准备上述物品以外的物品的行为,比如“菜刀、水果刀、绳索”等日常生活用品,则不宜理解为准备“犯罪工具”的行为,即便行为人有实行犯罪的故意。这是因为,行为人对“枪支、弹药、爆炸物、管制刀具、危险物质、危险物品”以外的物品进行持有、支配,并非我国《刑法》意义上的危害社会的行为。如果我们仅仅根据行为人具有实行犯罪的意图,就对其以犯罪论处,这明显是属于主观归罪。

3. 可罚的预备行为应当是制造犯罪条件的行为。“制造犯罪条件”的行为,是指除准备犯罪工具以外的一切为实行犯罪制造条件的行为。“制造犯罪条件”究竟包括哪些,学界对此并没有多少深入的理论研究,通常是采用列举的方式,认为“制造犯罪条件”有两类:制造实行犯罪的客观条件、制造实行犯罪的主观条件。前者,如调查犯罪场所与被害人的行踪、出发前往犯罪场所或者守候被害人的到来、诱骗被害人前往犯罪场所、排除实行犯罪的障碍等;后者,如商议犯罪的实行计划等。对“制造犯罪条件”的研究驻足于列举式的说明,显然是不尽如人意的,这将无法满足司法实践的需要。

在笔者看来,“制造犯罪条件”的行为既然是为实行犯罪创造条件的行为,那么“制造犯罪条件”的行为就应当理解为与实行行为存在紧密关联的行为。换言之,在具体刑事案件中,如果某行为是实行行为的不可或缺的条件时,或者说在某行为与实行行为之间,存在“没有某行为就无法实施实行行为”这种关系时,那么该行为就应当被理解为犯罪的预备行为,否则就不宜理解为犯罪的预备行为。实行行为的实施是离不开以下几个方面要素的:行为的手段、时间、地点、对象行为者。犯罪的预备行为实质上就是为犯罪的实行准备犯罪手段、时间、地点、对象和行为者的行为。根据这样的理解,犯罪的预备行为应当包括以下几类:准备犯罪手段的预备行为、准备犯罪时间的预备行为、准备犯罪地点的预备行为、准备犯罪对象的预备行为、勾结联络其他行为者的预备行为。具体来说,可罚预备行为应当包括以下几类:

(1)为实行犯罪活动而进行的演习或者接受培训的行为。例如,为实施以技术手段杀人而事先进行的练习,为实施扒窃而事先练习扒窃技术,等等。

(2)为实行犯罪活动对其他共同犯罪人进行勾引、集结的行为。

(3)为实行犯罪活动而进行犯罪预谋的行为。

(4)为实行犯罪接近犯罪对象的行为。

(5)为实行犯罪对犯罪障碍进行排除的行为。

(6)为实行犯罪而准备犯罪场所的行为

(7)为实行犯罪而准备犯罪时间的行为。

三、我国预备犯立法模式的抉择

众所周知,当今世界各国的刑法,对于预备犯有两种立法模式,即个别化的立法模式和一般化的立法模式。个别化立法模式的基本特征是,刑法总则中没有规定预备犯的概念和处罚原则,只是在刑法分则中将某些犯罪的预备行为设置为单独的罪名,并配置相应的法定刑。一般化立法模式的基本特征则为,刑法总则专门规定了预备犯的概念和处罚原则,对所有犯罪的预备犯都要进行处罚。我国《刑法》对预备犯采取的是第二种立法模式。

值得注意的是,近年来在我国,有不少学者对我国《刑法》中预备犯的立法模式提出了质疑。其认为我国《刑法》未来应当抛弃一般化的立法模式,删除刑法总则对犯罪预备的概念和处罚原则的规定,同时在分则中应适当增设预备 型犯罪。[①]"预备犯的刑法规制应实现从普遍处罚到例外处罚、从总则规范到分则规范、从形式预备犯到实质预备犯的模式转换。"[②]他们还指出,采取个别化的立法模式,可以增强刑法立法与司法实践之间的衔接性;可以赋予可罚的预备行为以实行行为应有的类型性、限定性,符合行为刑法原理对刑法客观主义、法益保护主义与罪刑法定原则的要求。[③]

但在笔者看来,我国《刑法》中的预备犯如果采用个别化的立法模式将会存在这样的问题:对刑法法益构成抽象危险的行为将无法全面进行惩治。对刑法法益进行提前保护,这是世界各国刑法发展的趋势。这一点在我国近年来的《刑法》修正中也是有充分体现的,这主要体现在我国刑法经修正后出现了为数不少的抽象危险犯罪类型。比如,危险驾驶罪,生产、销售假药罪,污染环境罪,等等。

从法益保护的角度而言,立法者设置抽象危险犯是具有强烈的目标价值驱动的,它是一种对法益的前置化保护措施。对此我国台湾地区学者、大陆学者均有进一步的解释:"抽象危险犯的构成要件设置是一种对于法益的提前而周延的保护,也可以说是对法益保护的前置化措施。因为刑法规范除了报应思想之外,还承担着预防的作用,且这种预防应该是积极的。如果刑法的犯罪处罚结构坚守在实害犯与具体危险犯的范围内,对于刑法的保护而言,无疑呈现出不力与迟延之态。"[④]"抽象危险犯的可罚性理由在于,立法者处于保护制度性利益的需要而对于破坏制度性利益的行为进行扩张性的风险预防,直接拟制某些特定行为具有破坏制度的危险潜在性,通过刑法规范集中加以提前保护。"[⑤]然而,预备犯的危害性就在于,犯罪的预备行为会对刑法法益构成抽象的危险。

---

① 参见李梁:《预备犯立法模式之研究》,载《法学》2016 年第 3 期。

② 梁根林:《预备犯普遍处罚原则的困境与突围——〈刑法〉第 22 条的解读与重构》,载《中国法学》2011 年第 2 期。

③ 参见李梁:《预备犯立法模式之研究》,载《法学》2016 年第 3 期;梁根林:《预备犯普遍处罚原则的困境与突围——〈刑法〉第 22 条的解读与重构》,载《中国法学》2011 年第 2 期。

④ 王皇玉:《论贩卖毒品罪》,载《政大法学评论》(第 84 卷),第 253 页。

⑤ 高巍:《抽象危险犯的概念及正当性基础》,载《法律科学(西北政法学院学报)》2007 年第 1 期。

《刑法》之所以要处罚预备犯,这其实就是保护刑法法益的前置性手段。一言以蔽之,如果我国《刑法》在预备犯的立法上采用个别化的立法模式,这将不利于对刑法法益的提前保护,也将有悖于我国《刑法》的发展趋势。

需要进一步指出的是,有论者认为我国《刑法》分则已经设置了为数不少的预备型犯罪,这就足以惩治犯罪预备行为,也就没有必要再在刑法总则中设置预备犯的概念及其处罚规定了。[①] 在该论者看来,我国《刑法》所规定的下列犯罪都属于"预备型犯罪"的范畴:非法制造、买卖、运输、邮寄、储存枪支、弹药、爆炸物罪,非法制造、买卖、运输、储存危险物质罪,盗窃、抢夺枪支、弹药、爆炸物、危险物质罪,非法持有、私藏枪支、弹药罪,非法携带枪支、弹药、管制刀具、危险物品危及公共安全罪,虚开增值税专用发票用于骗取出口退税、抵扣税款发票罪,虚开发票罪,伪造、出售伪造的增值税专用发票罪,非法出售增值税专用发票罪,非法购买增值税专用发票、购买伪造的增值税专用发票罪,非法制造、出售非法制造的用于骗取出口退税、抵扣税款发票罪,非法制造、出售非法制造的发票罪,非法出售用于骗取出口退税、抵扣税款发票罪,非法出售发票罪,持有伪造的发票罪,伪造、变造、买卖国家机关公文、证件、印章罪,盗窃、抢夺、毁灭国家机关公文、证件、印章罪,伪造公司、企业、事业单位、人民团体印章罪,伪造、变造居民身份证罪等,都是预备型犯罪。但对此,笔者实不敢苟同,上述犯罪不宜被理解为预备犯。这是因为,预备犯是为自己实行犯罪准备工具、制造条件的行为。而上述犯罪行为虽然具有准备犯罪工具、制造犯罪条件的基本属性,但其并非为自己实行犯罪创造条件而是为他人实行犯罪创造条件。换言之,上述犯罪行为的存在,恰恰是为了弥补我国《刑法》总则中设置预备犯的不足。这是因为,我国《刑法》总则中设置预备犯仅仅是处罚为自己实行犯罪创造条件的行为,并不囊括为他人实行犯罪创造条件的行为。

最后需要指出的是,一般化的立法模式不会存在论者所担心的问题。只要我们借助于刑法教义学对预备犯成立条件的阐释来缩小预备犯的成立范围,就不会过度扩大刑法的惩罚范围。我们注意到,有论者认为,可以通过"宽严相济"的刑事政策、"但书"规定来限缩预备犯的成立范围。[②] 但笔者对此不敢苟同。

---

① 参见梁根林:《预备犯普遍处罚原则的困境与突围——〈刑法〉第 22 条的解读与重构》,载《中国法学》2011 年第 2 期。

② 参见梁根林:《预备犯普遍处罚原则的困境与突围——〈刑法〉第 22 条的解读与重构》,载《中国法学》2011 年第 2 期。

首先，司法实践无法通过“宽严相济”的刑事政策来限缩预备犯的成立范围。这是因为，根据最高人民法院2010年2月8日颁布的《关于贯彻宽严相济刑事政策的若干意见》第14条规定，宽严相济刑事政策中的“从宽”，主要是指对于情节较轻、社会危害性较小的犯罪，或者罪行虽然严重，但具有法定、酌定从宽处罚情节，以及主观恶性相对较小、人身危险性不大的被告人，可以依法从轻、减轻或者免除处罚。根据上述规定，对符合从宽处罚条件的预备行为无法做“无罪”处理。

其次，司法实践也无法通过“但书”规定来限制其成立范围。这是因为，“但书”（我国《刑法》第13条规定的“但情节显著轻微危害不大的，不认为是犯罪”）规定适用范围是特定的，它仅仅适用于我国《刑法》分则所规定的行为，它并不能适用于我国刑法总则所规定的行为。而预备犯恰恰是我国《刑法》总则所规定的行为。

第三章 犯罪既遂标准问题研究

在我国,犯罪已"得逞"是认定犯罪既遂与否的唯一的法定标准。但在如何理解这一法定标准上,我国刑法学界有着较大的分歧,先后提出过诸多观点,比如,"构成要件齐备说""犯罪目的实现说""犯罪结果发生说"。从学术史的发展来看,后二者是基于对"构成要件齐备说"的修正或者说补救而提出的,它与"构成要件齐备说"并非绝对对立。但遭到"犯罪构成要件齐备说"的意外反击,以致"犯罪目的实现说""犯罪结果发生说"逐渐失去了其原有的影响。

近年来,随着我国刑法理论的进一步发展,"犯罪构成要件齐备说"的非合理性又受到了众多学者的关注。基于此,"构成要件齐备说"进行了自身的完善。面对"构成要件齐备说"的反击,"犯罪目的实现说""犯罪结果发生说"进行了积极省思与内部优化。与此同时,学界也出现了与"构成要件齐备说""犯罪目的实现说""犯罪结果发生说"相悖的新学说、新观点。

犯罪既遂之判断标准理论的不断变换,不得不让我们思考这样的问题:"犯罪构成要件齐备说"这一通说观点是否真的存在问题?如果存在,是"推倒重来"?还是"内部改造"?本章将对上述问题进行较为深入的思考,试图为犯罪既遂的判断设定新的标准。

一、对"犯罪目的实现说""犯罪结果发生说"批判的省思

由于众所周知的历史原因,中华人民共和国的刑法理论体系是在割断本土理论发展的基础上诞生的,烙有苏联刑法理论的印记。犯罪既遂判断标准理论也无以独善其身。在苏联,通说认为,犯罪既遂的标准是行为符合构成要件。例如,1952 年出版的《苏维埃刑法总则》写道:"犯罪人所实施的行为如具备这个犯罪的一切要件时,就叫作既遂。"[①]与之非常接近,我国的刑法学在犯罪既遂

---

① [苏]H. A. 别利亚耶夫、[苏]M. M. 科瓦廖夫主编:《苏维埃刑法总论》,群众出版社 1987 年版,第 335 页。

判断标准上提出了"构成要件齐备说":"既遂犯应是指行为人在犯罪意思支配下所实施的犯罪行为,已经具备了刑法分则所规定的某种犯罪构成全部要件的犯罪形态。"①"确认犯罪是否既遂,应以行为人所实施的行为是否具备了刑法分则规定的某一犯罪构成的全部要件为标准。"②

"构成要件齐备说"得到学界的普遍赞同与支持。有学者认为,"构成要件齐备说"获得通说地位并非偶然。这不仅因为它将犯罪构成理论引入犯罪既遂理论之中,进一步奠定了犯罪构成理论在整个犯罪论体系中的基础地位。还因为它转换了评价的视角,由事实评价转换为规范评价。它以法律所规定的"构成要件的具备"作为认定犯罪既遂的标准,该标准无疑具有规范性。③

但随着刑法理论的深入发展,"构成要件齐备说"受到了前所未有的挑战。人们逐渐认识到,犯罪构成只能解决犯罪成立的问题,不能解决犯罪形态问题,要解决犯罪形态问题,必须另外起用犯罪形态的理论,"构成要件齐备说"将"犯罪构成"渗入犯罪停止形态之中是不够科学的。④ 与此同时,人们也认识到"构成要件齐备说"作为规范的认识标准,是形式主义追求的结果,对具体犯罪的既遂判断来说,最多也只具有概念上的指导意义,并不具有任何实质内容:"设想对任一犯罪的犯罪既遂认定都套用'构成要件齐备说',而构成要件是否满足就是对照具体犯罪构成所规定的内容,满足的就是既遂,不满足的就是未遂。可以说,'构成要件齐备说'只是为追求理论的形式统一而炮制出来的概念法学走到极致的产物,对于实在的犯罪既遂和未遂认定毫无意义。"⑤再者,人们也认识到"构成要件齐备说"将既遂的标准设定为符合刑法分则规定的构成要件,不符合"遂"的基本含义。"无论如何,犯罪既遂不能被理解为,犯罪人实施某种犯罪行为是为了追求构成要件的符合或者说齐备。"⑥

基于"构成要件齐备说"的种种不足,"犯罪目的实现说""犯罪结果发生说"各自做出自己的努力。其中,"犯罪目的实现说"将犯罪人主观上追求的"犯罪目的"已经实现作为认定犯罪既遂的标准。"犯罪结果发生说"则将法定的"犯罪结果"的业已发生作为认定犯罪既遂的标准。尽管这两种学说在犯罪

① 马克昌:《犯罪通论》,武汉大学出版社 1999 年版,第 488 ~489 页。

② 高铭暄、马克昌主编:《刑法学》,北京大学出版社、高等教育出版社 2000 年版,第 149 页。

③ 参见李洁:《犯罪既遂形态研究》,吉林大学出版社 1999 年版,第 68 页。

④ 参见刘之雄:《关于故意犯罪既遂标准的再思考》,载《法商研究(中南政法学院学报)》1998 年第 6 期。

⑤ 王纪松:《论类型化的犯罪既遂标准》,载《中国刑事法杂志》2006 年第 1 期。

⑥ 王纪松:《论类型化的犯罪既遂标准》,载《中国刑事法杂志》2006 年第 1 期。

既遂标准的理解上有很大不同,但二者都是在试图克服“构成要件齐备说”的“形式主义”问题,都是为增强“构成要件齐备说”的“可操作性”,揭示“齐备”的具体标志是什么,所进行得非常宝贵的理论探索。

但是,“犯罪目的实现说”“犯罪结果发生说”提出后受到了刑法学界不够公正、不够准确的普遍评判。这样的评判不仅窒息了它们的进一步发展,也阻碍了整个犯罪既遂标准理论的深入发展。是故,对“犯罪目的实现说”“犯罪结果发生说”予以重新认识、重新评价还是非常必要的。

(一)对“犯罪目的实现说”的再认识

“犯罪目的实现说”立足于犯罪人,将其在主观上所设定的犯罪目的是否实现作为区分犯罪既遂与未遂的唯一标准。该说刚一提出就受到了学界的猛烈抨击。择其要者,主要有以下两个方面:

1. 该判断标准呈现浓厚的主观色彩,抹杀既遂判断标准的一般性。论者认为,犯罪目的在内容上个别性、具体性的特点,它与具体的犯罪人相联系,其实现与否只能以犯罪人的观念上所设定的具体行为引起的结果是否发生为准,因而“犯罪目的实现说”“使得犯罪既遂的认定呈现出浓厚的个人化的主观色彩”。[①]

应该说,论者针对早期的“犯罪目的实现说”进行上述批判无疑是成立的。在较早的一个时期,“犯罪目的实现说”将“犯罪目的”简单地理解为行为人的预期目的,这可以通过其对犯罪既遂的定义找到依据,比如他们将犯罪既遂定义为“犯罪人实施了的犯罪行为,引起了他所希望发生的犯罪结果”[②],“实施终了的犯罪行为达到了行为人预期的目的”[③]。但是论者针对业已修正的“犯罪目的实现说”再作上述的批判,就言过其实了。这是因为,“犯罪目的实现说”在发现自身不足后对“犯罪目的”的内涵进行了某种限定,使其成为严格的法律概念。比如,“犯罪目的是受刑法规定的犯罪行为所制约的,是刑法规定的某种犯罪行为本身的目的。”[④]再如,“犯罪目的不仅是犯罪主体的主观因素,而且也是一个法律概念。虽然犯罪主体的犯罪目的具有多样性和个性差异性,但作为法律概念的犯罪目的则具有概然性,是对犯罪主体实施某种犯罪时的具体目的的

---

① 王志祥:《犯罪既遂新论》,北京师范大学出版社2010年版,第94页。
② 陈彦海等:《犯罪既遂定义浅探》,载《西北政法学院学报》1988年第4期。
③ 侯国云:《对传统犯罪既遂定义的异议》,载《法律科学·西北政法学院学报》1997年第3期。
④ 张明楷:《刑法学》(上),法律出版社1997年版,第257页。

抽象与概括。在认定犯罪得逞与否时，所应当的依据就是这种法律观念上的具有概然性的犯罪目的，而不是各个具体主体在犯罪时的具体目的”[①]如此一来，批判者怎么能说“犯罪目的”具有任意性呢？

2.“犯罪目的实现说”在许多场合下无法得到贯彻。论者认为，由于“犯罪目的”并非存在所有直接故意犯罪之中，决定了“犯罪目的实现说”作为判断犯罪既遂的标准是不够现实的。[②] 笔者对此不予苟同。在刑法理论上，“犯罪目的”是犯罪人主观上通过犯罪行为所希望达到的结果，它是以观念形态预先存在于犯罪人大脑中的犯罪行为所预期达到的结果。该种意义上的犯罪目的实际上分为两类：一是指直接故意中的意志因素，即行为人对自己的行为直接造成危害结果的希望。二是指在故意犯罪中，行为人通过实现行为的直接危害结果后，所进一步追求的某种结果，比如“非法占有”“牟利”“营利”等。在上述两类“犯罪目的”中，由于犯罪故意是一切故意犯罪的必备要素，第一类“犯罪目的”即犯罪故意的“意志因素”自然会存在于一切故意犯罪之中。事实上，“犯罪目的实现说”所提及的犯罪目的是就第一类意义而言的，由此看来，在司法实践中贯彻“犯罪目的实现说”并不会出现论者所担心的无法一以贯之的局面。

值得注意的是，学界在普遍批判“犯罪目的实现说”的同时也指出了该说的可行性。一是它与刑事立法保持了一致，最符合立法用语的基本含义。比如有论者认为，“《刑法》第20条规定‘未得逞’的是未遂，其中自然包含着‘得逞’的是既遂的意思。而‘达到了行为人预期的目的’之表述正是得逞的意思”[③]。二是它符合汉语词汇的使用规则。“按照《现代汉语词典》的解释，‘未遂’是‘没有达到目的’‘没有满足愿望’的意思。那么，达到了目的，满足了愿望的，自然应是既遂。”“‘既遂’的含义应当与现代汉语中的‘既遂’含义相一致，不可能因为和‘犯罪’联系在一起就发生根本变化。”[④]

但在笔者看来，这样的评价是值得反思的。首先，将“得逞”简单地理解为犯罪人的“得逞”，理解为犯罪人所追求结果的实现是存在疑问的。仔细想来，犯罪行为对刑法所保护的权益、社会关系进行了现实侵害，同样可以被评价为“得逞”。而这种“得逞”是站在立法者、社会立场上对犯罪行为所进行的评价。

---

① 刘之雄：《论犯罪既遂与未遂的区分标准》，载《法学评论》1989年第3期。

② 参见金泽刚：《犯罪既遂的理论与实践》，人民法院出版社2001年版，第51页。

③ 侯国云：《对传统犯罪既遂定义的异议》，载《法律科学·西北政法学院学报》1997年第3期。

④ 许海波：《还犯罪既遂以本来面目——对犯罪既遂标准通说的质疑》，载《东岳论丛》2004年第5期。

换言之,当犯罪行为对罪刑规范所保护特定利益、社会关系进行了侵害,也是犯罪“得逞”。该“得逞”是对国家意志、立法愿望的违背。其次,将汉语中“遂”理解为“达到目的”“满足愿望”是片面的。在汉语中,“遂”有两种含义:一是指遂愿,具有主观意蕴;二是指完成,具有客观意蕴。因此,即使对既遂之“遂”作出文理解释,也可能会得出两种不同的理解。

由上分析,我们会发现学界对“犯罪目的实现说”的评价是不够准确的。那么,我们应如何认识“犯罪目的实现说”呢?

首先,“犯罪目的实现说”属于“构成要件齐备说”的范畴,与“构成要件齐备说”并不处于对立地位。“犯罪目的实现说”是以法律规定的构成要件即“犯罪目的”的实现作为既遂的标准,它将“犯罪目的”理解为特定的法律概念,将其视为犯罪构成要件要素之一。所以说,“犯罪目的实现说”应是对“构成要件齐备说”的进一步揭示,并非对“构成要件齐备说”的颠覆。从某种意义上来说,“构成要件齐备说”的优势也应为“犯罪目的实现说”所拥有。

其次,“犯罪目的实现说”是为克服“构成要件齐备说”之不足所作出的努力。如前所述,“形式主义”是“构成要件齐备说”的重大缺陷。由于它并未告诉人们当什么要件、要素出现时,才视为“齐备”。所以该说并未真正解决犯罪既遂的标准问题。欲让“构成要件齐备说”在司法实践中真正成为犯罪既遂的判定标准,就必须进一步揭示构成要件的“齐备”标志是什么。“犯罪目的实现说”正是对此所作的反应,即将“犯罪目的”的实现作为“齐备”的标志。就此意义而言,“犯罪目的实现说”是“构成要件齐备说”的内部完善,旨在增强“构成要件齐备说”的可操作性、具体性,最终使得“构成要件齐备说”在判断犯罪既遂的标准上具有了明确且划一的标志。该标志便是“犯罪目的”得以实现。

“犯罪目的实现说”虽然对“构成要件齐备说”的完善作出了努力,但是这些努力尚显不足,带来了不少问题乃至致命的缺陷。

其一,“犯罪目的实现说”犯有立场上的基本错误。只要我们不否认犯罪既遂是法律所设定的犯罪停止形态,不否认立法者设置罪刑规范是用来保护特定利益、特定社会关系的,那么我们就应当得出从立法者的角度来评价犯罪既遂与否的结论。然而,“犯罪目的实现说”从犯罪人的角度来判定犯罪行为是否既遂,这实际上等于说立法者对犯罪既遂标准的设定要受制于犯罪人的主观认识,等于立法者没有任何选择既遂标准的权力。这就使得特定利益、特定社会关系无以得到有力保护,使得立法目的落空。

其二,“犯罪目的实现说”进退维谷,无以保持独自的理论品格。犯罪人所追求的结果在内容上是具体的、不特定的，它是一种“个人目的”，而法律所规定的“目的”或者说“法律目的”是抽象的、划一的，这就决定了两者并非在所有的情况下都是重合的，总会有发生冲突的时候。冲突一旦发生，“犯罪目的实现说”将面临两难选择：选择“个人目的”就会陷入基本立场错误的泥沼之中；选择“法律目的”就会丧失自己的理论品格，混同于“犯罪结果发生说”。

总之，尽管“犯罪目的实现说”使得“构成要件齐备说”摆脱了“形式主义”的缺陷，但其自身所存在的问题尤其是立场上重大缺陷，决定了它必然会被其他学说所代替。由此观之，“构成要件齐备说”的完善仍需进行。

（二）对“犯罪结果发生说”的再认识

“犯罪结果发生说”同样遭到了学界的批判。这些批判主要集中在以下三个方面：

一是“犯罪结果发生说”会导致犯罪既遂的标准处于不确定的状态。有学者明确指出：“同一种犯罪的既遂标准只能有一个，将危害结果的发生作为犯罪既遂的标志，必然要对危害结果作同一理解。但危害结果的含义较广泛，不能保证对各种犯罪既遂要求的结果作统一的理解，势必导致犯罪既遂的标准处于不确定状态。”①有论者也持有类似的见解，他认为：“‘犯罪结果’一词，刑法中在不同的意义上使用。我国刑法也在多处规定了‘结果’，但其含义各不相同，究竟犯罪结果说所指的结果是何种意义上的结果，并不是已经解决了的问题。”②

二是“犯罪结果发生说”没有法律依据。批判者认为，基于“犯罪结果发生说”所提及的“犯罪结果”在法律上并无规定，所以凭借“犯罪结果发生说”是无法判断犯罪既遂与否的，“根据法律的规定确定犯罪结果，但法律的规定在哪里？”③

三是“犯罪结果发生说”不具有普适性。批判者认为，它不能用来认定行为犯的既遂与未遂问题，“就犯罪结果发生说而论，如果它能站得住脚，那就意味着在所有存在犯罪既遂与未遂之分的犯罪中，犯罪结果都起到既遂标志的作用。这一点在实害犯及危险犯中应该是没有问题的，但在行为犯的情况下，则无论如何也不能认为其是以犯罪结果作为既遂条件的犯罪。”④

---

① 刘之雄：《犯罪既遂论》，中国人民公安大学出版社 2003 年版，第 5 ~ 6 页。

② 徐光华：《犯罪既遂问题研究》，中国人民公安大学出版社 2009 年版，第 33 页。

③ 金泽刚：《犯罪既遂的理论与实践》，人民法院出版社 2001 年版，第 39 页。

④ 王志祥：《犯罪既遂新论》，北京师范大学出版社 2010 年版，第 100 页。

笔者认为，上述批判是存在疑问的，是其偏见所致。

首先，“危害结果”或者说“犯罪结果”在“犯罪结果发生说”那里并非没有明确的界定。我们不容否认，“危害结果”在刑法理论上是一个多义的概念，素有“实际损害说”“实际损失和现实危险说”“客体损害说”“危害或可能危害说”“最后状态说”之争[①]。我们也承认，在“犯罪结果发生说”内部对“危害结果”的理解也不尽相同，有的将“危害结果”理解为“具体犯罪构成要件的结果”[②]。有的则将“危害结果”理解为“犯罪客体受到了实际损害”。但它们都各自明确了“危害结果”的内涵，这是毋庸置疑的。所以指责“犯罪结果发生说”“会导致犯罪既遂的标准处于不确定的状态”是不能令人信服的。

其次，“危害结果”是否在法律上有规定或者说“危害结果”是否存在于一切犯罪之中。笔者认为，任何一个犯罪都应存在危害结果，这在立法层面上完全是可能的。首先，我国刑法明文规定根据行为人对危害结果的心理态度认定主观罪过，而主观罪过是一切犯罪的构成要素，这表明所有犯罪在立法层面上是存在危害结果的。再者，危害结果作为构成要件之一的犯罪客体受到侵害的表现形式，就此意义而言，危害结果必然存在于一切犯罪之中。依据笔者的上述理解，既然“危害结果”存在于一切犯罪之中，批判者既无法断言“犯罪结果发生说”没有法律依据，也无法断言“犯罪结果发生说”不具有普适性。

只需明确的是，虽然“犯罪结果发生说”不存在批判者所存在的上述问题，但这绝不意味着“犯罪结果发生说”作为既遂判断标准具有可行性。

我们首先考察“构成要件结果发生说”。该观点认为，犯罪未得逞就是犯罪人的行为没有发生法律明确规定的，作为某种具体构成要件的结果。因为既遂罪的构成必须具备包括犯罪的结果在内的一定的主客观要件，如果故意犯罪的其他构成要件都具备，而法律规定的犯罪结果没有发生，就是犯罪未遂。[③] 该说值得商榷的地方在于：(1)“构成要件结果”在刑法中是否有明确规定？从我国刑法规定来看，对故意犯罪明文规定的犯罪结果仅有两种情形：一是作为量刑情节的危害结果，如虐待罪中的“致使被害人重伤、死亡”，强奸罪中的“致使被害人重伤、死亡或者造成其他严重后果”；二是作为定罪的危害结果，比如高利转贷罪中的“违法所得数额较大”。换言之，“构成要件结果”并未规定在所有犯罪之中。既然“构成要件的结果”并未存在于一切故意犯罪之中，那么它就无

---

① 参见彭文华：《危害结果概念：反思与重构》，载《中国刑事法杂志》2010 年第 8 期。

② 杨春洗等：《刑法总论》，北京大学出版社 1981 年版，第 186 页以下。

③ 参见杨春洗等：《刑法总论》，北京大学出版社 1981 年版，第 186 页以下。

法成为判断犯罪既遂与否的唯一标准。(2)“构成要件结果”是否能够充当认定犯罪既遂的标准？如上所述，我国刑法明确规定的危害结果包括“作为量刑情节的危害结果”与“定罪的危害结果”。事实上，这两类危害结果均无法充当犯罪既遂的认定标准。由于第一类危害结果是量刑意义上的，其不属于作为犯罪既遂标准的原因，这自不待言。第二类危害结果则影响到犯罪的成立。如果将其作为犯罪既遂的标准，势必将犯罪既遂与犯罪构成混为一谈。无论如何，犯罪既遂的认定是在行为具备犯罪构成的基础上进一步确定犯罪是否达到了完成状态。

我们再来考察“犯罪客体受到了实际损害说”。该观点认为，犯罪未遂的含义是未发生标志犯罪完成的结果；已经发生标志犯罪完成的结果，就是犯罪既遂，“而标志犯罪完成的结果，都反映该犯罪客体受到了实际侵害”①。由于犯罪客体是任何一个具体犯罪所必备的，而该说将“危害结果”的发生与其联系在一起，这就在很大程度上克服了“构成要件结果发生说”所存在的重大不足。除此之外，它还有其他方面的合理性。下文将有详细的论述。但该说存在的问题是，将“犯罪客体受到了实际损害”作为判断犯罪既遂的标准，这是否完全符合我国的立法实际？仅以规定在危害公共安全罪中的枪支弹药罪为例。按照“犯罪客体受到了实际损害说”，枪支弹药罪的既遂应当以公共安全受到现实侵害才构成既遂。即只有当犯罪人使用枪支弹药侵害了不特定人的生命、健康和重大公私财产时，其行为才成立犯罪既遂。这样的结论很显然是无法令人接受的。“犯罪客体”并非对某一事实的描述，是一种抽象的存在，将其受到现实侵害作为判断犯罪既遂的标准，是无法为犯罪既遂的认定提供一个明确的标准的。再者，犯罪客体有层次之分，此处的“犯罪客体”受到实际侵害，是指哪一层次的“犯罪客体”受到实际侵害，该说并未作进一步的说明，这为既遂标准的具体性又蒙上了一层阴影。

需要强调说明的是，“犯罪结果发生说”虽然存在这样那样的问题，但是“犯罪结果发生说”在某些方面还是非常值得称道的。首先，“犯罪结果发生说”特别是“犯罪客体受到了实际损害说”实现了评价立场的根本转变，它是站在立法者的角度来研究犯罪既遂的认定标志，从而为犯罪既遂的判断标准确立了一个合理的逻辑起点。这是“犯罪目的实现说”所无法比拟的。其次，“犯罪结果发生说”将“危害结果”的发生作为犯罪既遂的判断标准，增加了判断标准的客观

---

① 伍柳村等:《犯罪未遂存在的范围及“犯罪未得逞”探析》，载《四川大学学报(哲学社会科学版)》1990 年第 4 期。

性，进一步克服了“构成要件齐备说”的形式主义缺陷，这同样是“犯罪目的实现说”所无法抗衡的，这是对“构成要件齐备说”的重大贡献。

（三）晚近犯罪既遂标准观点之述评

继“构成要件齐备说”“犯罪目的实现说”“犯罪结果发生说”之后，犯罪既遂标准理论取得了一些进展，先后出现了“权益侵害说”①与“类型化标准说”②。

1.“权益侵害说”。论者以犯罪的本质为侵犯合法权益，刑法的目的是保护合法权益为逻辑起点，提出犯罪既遂理应以“犯罪行为给刑法所保护的合法权益造成实害”为根本标准。

从其行文中，我们不难看出，论者视野下的“合法权益”就是“犯罪客体”。所以在笔者看来，该说就其本质而言，“权益侵害说”并无实质性的理论贡献，它仍然属于“犯罪结果发生说”的范畴，与“犯罪客体受到了实际损害说”并无二致。鉴于前文对“犯罪结果发生说”已有评价，在此无须对“权益侵害说”之优劣进行评价了。

2.“类型化标准说”。持该说的学者认为，犯罪是复杂的，无法统一犯罪既遂的认定标准，理想的做法是将我国刑法所规定的犯罪分为行为犯、结果犯，从类型化区分的角度来认定犯罪既遂标准，即“结果犯的既遂以犯罪行为所导致的法定犯罪结果的实现为准，行为犯的既遂则以法定犯罪行为的完成或者实施为准”。

“类型化标准说”提倡不同的犯罪类型适用不同的犯罪既遂标准。这样的理论探讨是对“形式主义”既遂标准的不满，其旨在增强犯罪既遂标准理论的实践应用价值。可是，该学说也暴露出了一些问题：

（1）对“构成要件齐备说”的认识不够全面。论者认为，“犯罪目的实现说”、“犯罪结果发生说”和“构成要件齐备说”，都主张犯罪既遂标准判断的统一化。这种认识适用于“犯罪目的实现说”“犯罪结果发生说”是有道理的。但将其扩及“构成要件齐备说”就值得商榷了。仔细想来，“构成要件齐备说”在实质上也主张犯罪既遂标准类型化，即不同的犯罪类型适用不同的既遂标准。否则我们就无法解释通说理论有犯罪既遂形态的划分：结果犯、行为犯、危险犯、举动犯等。所以，我们有理由认为，与论者的“类型化标准说”相比较，“构成要件齐备说”更是一种“类型化标准说”。

---

① 冯亚东等：《犯罪既遂标准新论——以刑法目的为视角的剖析》，载《法学》2002 年第 9 期。

② 王纪松：《论类型化的犯罪既遂标准》，载《中国刑事法杂志》2006 年第 1 期。

(2)对犯罪类型的划分不具有可行性。依据论者的理解,侵犯重要法益的犯罪为行为犯,侵犯相对不重要法益的犯罪为结果犯。可是,在重要法益与相对不重要法益的区别上并无明确标准。此为其一。其二,即便有明确标准,论者的界定也存在问题。比如,强奸罪中的奸淫幼女行为、脱逃罪这样的犯罪被公认为是行为犯,论者也是这样认为的。可是其法益的重要性远不如作为某些结果犯(如故意杀人罪)的法益的重要性。质言之,论者将犯罪分为结果犯与行为犯是存在重大缺陷的。该缺陷的存在使得既遂标准的类型化失去了意义。此谓“皮之不存,毛将焉附”。

(3)对犯罪既遂标准的揭示上缺乏应有的科学性。论者认为,结果犯的既遂以犯罪行为所导致的法定犯罪结果的实现为准,行为犯的既遂则以法定犯罪行为的完成或者实施为准。依据论者的前文界定,这里的“法定犯罪结果”是行为作用于行为客体所产生的客观结果,即“事实结果”。此处难免存在两点疑问。其一,“事实结果”究竟是什么危害结果?虽然论者将“事实结果”理解为犯罪行为对行为客体所造成的危害结果,但是当危害结果是多个时,究竟以哪个结果作为认定犯罪既遂的标准,论者对此语焉不详。以抢劫罪为例,其行为客体所遭受的危害即“事实结果”就不止一个,它就存在以哪个“事实结果”作为认定犯罪既遂标准的问题。其二,当“法定犯罪行为完成”后,“事实结果”有无未出现的可能?依据论者的逻辑,当行为犯的既遂后,即“法定犯罪行为的完成”后,“事实结果”是有未发生之可能的。但此处令笔者困惑不解的是,如果犯罪人已经将“法定的犯罪行为”实施完毕,“事实结果”还未出现,那么立法者设置这样的罪刑规范岂不失去了保护法益的价值?

二、对“构成要件齐备说”批判的省思

如前所述,居于通说地位的“构成要件齐备说”受到了学界的严厉批判与质疑。有论者甚至提出,“其理论大厦可以说已经崩溃”[①]面对部分学者的咄咄逼人之势,“构成要件齐备说”的主张者对其进行了内部修正,为其合理性进行解释。我们不得不思考的问题是,“构成要件齐备说”的真正命运是什么:寿终正寝还是对其进行救治让其“起死回生”?本书带着这样的思考写下此文,以就教于学界同人。

---

① 侯国云:《“构成要件说”作为犯罪既遂判断标准的不合理性——与王志祥博士商榷》,载《河南师范大学学报(哲学社会科学版)》2006 年第 2 期。

（一）对“构成要件齐备说”辩护的批判

1.“构成要件齐备说”是否混淆了犯罪既遂与犯罪构成的界限

“构成要件齐备说”所受到的批评之一，是它混淆了犯罪既遂与犯罪构成的界限。批评者认为，按照通行的犯罪构成理论，某一行为构成犯罪的必要条件是这一行为具备了某个犯罪构成的全部要件，缺少任何一个要件，都不构成犯罪。质言之，犯罪既遂的形态也要求行为具备某个犯罪构成的全部要件。如果缺少任何一个要件，犯罪就未达到既遂。这样使得犯罪成立的标准与犯罪既遂的标准产生重合，造成一个行为要么不构成犯罪、要么就是犯罪既遂的局面，以致犯罪未完成形态无存在的余地。[①]

这样的批评似乎击中了“构成要件齐备说”的要害，以至于其主张者、支持者也不得不承认这一点：“确实，我国通行的关于区分完成罪与未完成罪的‘构成要件齐备说’的表述（以行为具备具体犯罪构成的全部要件作为既遂的标准，以着手实行的犯罪行为是否具备具体犯罪的全部构成要件作为既遂与未遂的标志）容易使人产生疑问……既然说未完成犯罪没有完全齐备犯罪构成的全部要件，那么意味着它们连犯罪构成都不具备，谈何成立犯罪呢？”[②]然而，该论者话锋一转，认为构成要件齐备说是合理的：“反对者指责犯罪构成要件齐备说违背我国犯罪构成理论，实际上是源于对犯罪构成要件齐备说的误解。”“其（构成要件齐备说——笔者注）本意绝非主张犯罪未遂本身不具备犯罪构成的全部要件，而是着眼于犯罪未遂与既遂在构成要件的具体内容方面的不同，强调犯罪未遂不具备犯罪既遂的犯罪构成的全部要件。”[③]论者在此基础上，为“构成要件齐备说”进行了两方面的辩护。

其一，犯罪未完成形态是符合犯罪构成的行为。在通说看来，犯罪构成是主客观要件的有机统一，任何一要件的缺失或者说不齐备就意味着犯罪的无法成立。所以说，将“构成要件的齐备”与否作为认定犯罪既遂与犯罪未完成形态的标志，这难免会得出“犯罪未完成形态不是犯罪或者说不符合犯罪构成”之类的错误结论来。此结论是对我国通行犯罪构成理论大厦的彻底颠覆。面对如

① 参见刘之雄：《论犯罪既遂与未遂的区分标准》，载《法学评论》1989 年第 3 期；张明楷：《刑法学》（上），法律出版社 1997 年版，第 257 页；侯国云：《“构成要件说”作为犯罪既遂判断标准的不合理性——与王志祥博士商榷》，载《河南师范大学学报（哲学社会科学版）》2006 年第 2 期。

② 王志祥：《犯罪既遂新论》，北京师范大学出版社 2010 年版，第 107～108 页。

③ 王志祥：《犯罪既遂新论》，北京师范大学出版社 2010 年版，第 111 页。

此境况,“构成要件齐备说”借鉴了“修正的犯罪构成”理论予以解释:“在某种犯罪存在完成形态与未完成形态之分的情况下,犯罪构成的完整、齐备不会呈现出同一个模式。完整、齐备的犯罪构成只能是相对于一定形态的犯罪而言的。相对于不同形态的犯罪来说,其主客观要件所包含的具体内容是不尽相同的。基本的犯罪构成与修正的犯罪构成对应的是不同形态的犯罪,它们在具体要件的内容上是有所不同的,因此,在衡量修正的犯罪构成的要件是否完整齐备时,不能以基本的犯罪构成的模式作为评价标准,而只能以各种修正的犯罪构成的模式来进行判断。”[①]即在论者看来,犯罪的未完成形态也是符合犯罪构成的行为,只不过,这里的“犯罪构成”是“修正的犯罪构成”。然而,论者将犯罪未完成形态理解为符合“修正的犯罪构成”的行为,这只是形式上的自圆其说。在“自圆其说”的背后,存在着无以克服的问题。

首先,“修正的犯罪构成”违背了刑法总则与分则之关系的基本原理。在论者看来,“修正的犯罪构成”是通过刑法总则对分则所规定的犯罪构成予以修正而来。这种修正包括两个方面:一是“更换”构成要件。这表现为,将刑法分则所规定的某构成要件更换为刑法总则所规定的构成要件。比如,将刑法分则中“实行行为”更换为刑法总则所规定的“预备行为”“教唆行为”等。二是“减少”构成要素。这表现为,将刑法分则所规定的某构成要件的要素进行减少。比如,将刑法分则所规定的客观构成要件中的危害结果这一“构成要素”去掉。可是,论者的如此理解,是对刑法总则与分则相互关系的误解。换言之,刑法总则对刑法分则进行“修正”,是对二者关系的极度背离。

“刑法总则与分则之间相互配合,密不可分,构成一个有机统一的整体”已经成为理论共识、基本原理。这一理论共识、基本原理体现在犯罪构成、犯罪形态上,就是体现在三个方面:一是二者共同地对各种具体犯罪的构成要件进行完整的说明。刑法总则对具体犯罪的共同性构成要件(如刑事责任年龄、刑事责任能力)作出规定,刑法分则对各种具体犯罪的特定构成要件作出规定。这种共同规定可以避免在分则中对共性问题作反复规定,以符合立法技术上的简洁要求。但这样的立法技术绝不是为了修正刑法分则所规定的构成要件。二是刑法总则对刑法分则所规定的犯罪构成要件进行制约。比如,分则条文规定的各种故意犯罪、过失犯罪的认定,要接受刑法总则第14、15条的制约。这种制约其实是一种指导。就此意义而言,刑法总则的规定是“服务”于刑法分则

① 王志祥:《犯罪既遂新论》,北京师范大学出版社2010年版,第111页。

的,刑法总则是不可能对刑法分则所规定的构成要件进行修正的。三是刑法总则与刑法分则对具体犯罪形态进行共同说明。刑法分则对具体犯罪形态的基础性条件进行规定,这是通过具体犯罪的构成要件来实现的。刑法总则是对具体犯罪形态(未完成形态、共犯形态)的专门条件进行共同规定。这种"共同说明"很显然不是刑法总则对刑法分则的修正。

其次,"修正的犯罪构成"违背了"同一犯罪只有一个犯罪构成"的基本原理。在我国,犯罪构成被认为是成立犯罪的规格、标准。行为要成立犯罪,必须符合犯罪构成,行为若不符合犯罪构成,就不可能构成犯罪。这充分说明,在我国,犯罪构成被认为是成立犯罪的"底线",犯罪未遂和犯罪预备、犯罪中止等各种犯罪形态则是在符合犯罪构成、具备犯罪"底线"基础上的不同表现形态而已。所以说,同一个犯罪只有一个犯罪构成,而此处的"犯罪构成"或者说成立犯罪的"底线"就寓于刑法分则之中。由此可见,论者提出的"不同的犯罪形态有不同的犯罪构成,未完成形态符合修正的犯罪构成"将与"同一犯罪只有一个犯罪构成"这一基本原理形成悖论。

需要说明的是,虽然笔者反对将犯罪构成区分为"基本的犯罪构成"与"修正的犯罪构成",但这不意味着各种犯罪形态的认定就可以摆脱"犯罪构成"。事实上,脱离犯罪构成,就不可能对犯罪形态加以正确的认定;各种犯罪形态的认定都必须附着于"犯罪构成"。但犯罪形态之间的差别绝非犯罪成立形态的差别。犯罪形态之间的差别之处,应当在"犯罪构成"之外去寻觅。比如,犯罪未遂与犯罪中止的区别,在于行为人未完成犯罪是否出于"意志以外的原因"。然而是否出于"意志以外的原因"不是的犯罪构成要件,它仅仅是区别犯罪中止与犯罪未遂的一个条件。这说明,犯罪未遂与犯罪中止,并非依据犯罪构成加以区别的。

其二,犯罪既遂是"犯罪构成客观要件要素齐备"。论者在辨明"构成要件"与"构成要素"是"属种关系"的基础上,指出"单纯从构成要件这一层面区分犯罪既遂与未遂,未免失之于概括、笼统。从本源上看,犯罪既遂与未完成形态的犯罪构成之所以有所不同,其原因在于犯罪构成客观方面的要件要素不同。""犯罪既遂的判断标准是实行行为是否具备分则中具体犯罪的全部客观要件要素。"①

应该说,论者的上述见解是颇有见地的。它在坚持犯罪未完成形态符合犯

---

① 王志祥:《犯罪既遂新论》,北京师范大学出版社 2010 年版,第 121 ~ 122 页。

罪构成的基础上，力图从形式上诠释犯罪既遂与犯罪未完成形态的区别之所在。但不无疑问的是，当犯罪未完成形态不具备客观要件的全部要素时，它还算不算具备客观要件？进言之，当构成“要素”残缺不齐时，“犯罪”行为还能否成立犯罪？答案恐怕是否定的。其道理在于，既然“要件”与“要素”之间是“属种关系”，要素是要件的组成部分，那么“要素”一旦缺失就必然意味着“要件”的不完整。换言之，不齐备“要素”的“犯罪”未完成行为是无由成立犯罪的。诚如学者所言：“在法律所规定的犯罪构成因素中，没有‘可有可无’的要素，也没有比较重要的和不太重要的、主要的和次要的要素。对于成立具体犯罪构成来说，必须具备形成该犯罪构成的全部要素。缺少其中的任何一个要素，就会使犯罪构成不能成立。因而，无论哪个环节发生脱节现象，就会使得该犯罪构成不能成立。”①再者，在犯罪构成四要件中，其他要件也往往是由多个要素组成的，比如，犯罪故意就是由认识要素与意志要素组成的。我们依据论者所持观点，构成犯罪只须具备构成要件中的某个或者几个要素即可。很显然这样的结论是无法令人接受的。难道说，构成故意犯罪，在主观方面仅仅要求行为人具备犯罪故意中的认识要素或意志要素吗？也许论者会反驳说，其结论只是适用于客观要件不适用于构成犯罪的其他要件。然而，论者并未阐明为什么独有客观要件就可以分解，不影响犯罪的成立。由此看来，“要素”之于“要件”的不可分解性，决定了论者所提出的犯罪既遂判断标准难逃“竹篮子打水一场空”的结局。

2.“构成要件齐备说”是否有“形式主义”之嫌

有学者认为，“构成要件齐备说”是“形式主义”东西，它没有任何实质内容，无法充当犯罪既遂的实质判断标准。② “构成要件齐备说”的支持者则进行了如下辩护：

首先，“构成要件齐备说”是犯罪既遂的设定标准。支持者认为“构成要件齐备说”犯罪既遂的设定标准，是立法层面的，自应具有“形式主义”的色彩，这有利于保障人的权利。犯罪既遂的判断标准则是司法层面的，应当由司法者结合具体行为根据“设定标准”去把握，并批判反对者将犯罪既遂的设定标准与判断标准混为一谈。③

---

① ［苏］A. H. 特拉伊宁：《犯罪构成的一般学说》，中国人民大学出版社 1958 年版，第 48 页。

② 参见刘之雄：《犯罪既遂论》，中国人民公安大学出版社 2003 年版，第 24～25、34 页；米传勇：《犯罪既遂标准新论——修正的构成要件齐备说之提倡》，载《法律适用》2005 年第 9 期。

③ 参见王志祥：《犯罪既遂新论》，北京师范大学出版社 2010 年版，第 114～115 页。

其次,“构成要件齐备说”在犯罪既遂的判断上是一个很宏观的标准。“它只告诉我们,犯罪既遂的标准是一种立法的规定,而并没有回答立法者是如何规定犯罪既遂标准的,从这一角度看,有关犯罪既遂的标准,还应当在‘构成要件齐备说’之下进一步深化,认清犯罪既遂的具体标准。实际上这部分内容也即犯罪既遂的类型。”[①]

上述辩护令笔者不解的是,论者通篇都在论述“构成要件齐备说”是犯罪既遂的判断标准,怎么为了摆脱其“形式主义”的批判,将其突然更换为犯罪既遂的“设定标准”呢？再者,当立法层面的“设定标准”没有实质内容,司法层面的“判断标准”是否会因此而失去判断的价值呢？更令笔者难以理解的是,被批判的“形式主义”缺陷怎么会有利于“保障人的权利”呢？难道说,法律规定的既遂标准越抽象、笼统,越是利于人的权利保障吗？论者须知,此“形式主义”非彼“形式主义”[②]。

论者认识到“构成要件齐备说”是一个宏观的判断标准,这其实是在承认了它不具有实质的内容,具有“形式主义”的缺陷。可是,论者又提出,“形式主义”缺陷可以通过“进一步深化”来解决。但问题是,“进一步深化”仍然无助于问题的解决。这是因为:

首先,我国刑法分则规范对论者所提及的既遂标准,诸如“结果”、“危险状态”、“举动”或者“行为过程”等往往没有任何规定,遑论“标准”的内涵了。换言之,依据“犯罪构成要件齐备说”的判断依据——分则规范,我们是很难得知某罪是结果犯、行为犯、危险犯、举动犯的。试问论者,犯罪既遂类型尚难确定,其既遂标准怎么能确定呢？事实上,对某罪的既遂类型所引起的理论争议,就根源于分则规范没有规定“既遂的标准”。这也证明了“构成要件齐备说”的形式主义缺陷。

其次,很多具体犯罪的既遂标准是什么,往往会出现聚讼不断的局面。依据“构成要件齐备说”,我们往往无法判断犯罪的既遂类型。即便判断清楚了(往往是根据生活常识),也很难知道某个罪的既遂标准是什么。比如,盗窃罪被公认为是结果犯,可是该罪的既遂标准是什么并未取得一致,存在着接触说、转移说、隐匿说、失控说、控制说、失控加控制说。这样的例子不胜枚举。

总之,“构成要件齐备说”的“形式主义”缺陷是客观存在的。支持者所作

---

① 徐光华:《犯罪既遂问题研究》,中国人民公安大学出版社2009年版,第60页。

② 在刑法理论上,有“形式主义”解释与“实质主义”解释之争。前者坚守刑法的形式正义即罪刑法定主义,后者追求实质正义。此种意义上的“形式主义”一般被认为是有利于保障人的权利的。

出的努力无法取得理想效果。这种缺陷既根源于我国分则规范的设定现状,也根源于犯罪既遂判断标准的具体性。这就要求我们必须在“构成要件齐备说”之外去确定新的犯罪既遂标准理论。

3.“构成要件齐备说”的前提是否真实

批评者认为,“构成要件齐备说”将刑法分则乃“犯罪既遂模式”作为前提,然而该前提是不真实的。对此,“构成要件齐备说”的支持者进行了辩护。笔者认为,这种辩护是无力的。我国罪刑规范是“犯罪成立模式”。具体论述,请参见本书第一章的相关内容。

(三)对“构成要件齐备说”的再认识

尽管“构成要件齐备说”存在着批评者所指出的这样那样的问题,但是该说在以下两点还是非常值得称道的。它能够为我们进一步确立科学的犯罪既遂标准提供有益的启示。

首先,它坚持犯罪停止形态与犯罪构成理论不可脱离的关系。既然各种犯罪形态实质上是犯罪成立后的各种状态,那么离开犯罪构成理论作指导是不可能认定犯罪既遂的。就此而言,那种认为“犯罪构成与犯罪形态是性质不同的两回事”的观点①是应该遭到批判的。

其次,它坚持了“犯罪既遂标准”的法定性。“构成要件齐备说”将犯罪既遂的标准锁定在犯罪的构成要件要素上,将其定位到法律规定上。这就在法治层面上保障了犯罪既遂判定的稳定性,从而可以避免犯罪既遂认定的随意性、主观性。

但我们应当看到,虽然犯罪既遂的认定离不开犯罪构成理论。但这并不意味着仅仅凭借犯罪构成理论就能够完全解决犯罪既遂的判断标准问题,“构成要件齐备说”就是在这方面“栽了跟头”,被指责为犯有“混淆犯罪构成与犯罪既遂之界限”的错误。不限于此,“构成要件齐备说”将犯罪既遂的判断标准归之于构成要件要素上,但我国刑法分则规范并未设定明确、具体的“构成要件要素”是什么,这就使得“构成要件齐备说”的可操作性变得扑朔迷离,“形式主义”的指责就会接踵而至。

至此,我们会发现“构成要件齐备说”的合理性是非常有限的。但它能从反面给我们确立犯罪既遂标准提供一些有益的启示。

---

① 参见侯国云:《“构成要件说”作为犯罪既遂判断标准的不合理性——与王志祥博士商榷》,载《河南师范大学学报(哲学社会科学版)》2006 年第 2 期。

首先,犯罪既遂标准的设定应当具有可操作性。换言之,这个“构成要件要素”应当为刑法分则规范所明文规定。

其次,该“构成要件要素”不应为构成犯罪所必备。换言之,它应非“犯罪构成”的要件,但它能够反映犯罪行为的社会危害程度。

综合以上两个标准,笔者认为,该“构成要件要素”就是“犯罪客体”。详细论证,将在下部分内容进行。

三、犯罪既遂标准的再设定:“犯罪对象侵害说”

在犯罪既遂标准的探讨上,前述“犯罪目的实现说”“犯罪结果发生说”“构成要件齐备说”均不尽如人意,存在这样那样的问题。归结起来,上述三种学说共同存在以下两个方面的问题:

首先,它们均存有立场错误或者说立场不够鲜明的重大缺陷。“犯罪目的实现说”立足于犯罪人的主观意志来判断犯罪行为是否既遂。这明显违背了法是立法者意志之体现这一基本法理,属于立场错误。“犯罪结果发生说”“构成要件齐备说”虽然承认立法者享有选择既遂标准的权力,但如此设定难以符合既遂之“遂”的应有内涵。折射出了其判断的立场不够鲜明。

其次,它们均存有可操作性较差的不足。“构成要件齐备说”在这方面尤为突出,对此前文已有论证,此处不赘述;“犯罪目的实现说”“犯罪结果发生说”没有将犯罪既遂标准奠基于法律规定之上,其可操作性难免先天不足。

基于上述学说的不足,犯罪既遂标准的再设定显得尤为必要。笔者认为,将犯罪既遂的判断标准设定为犯罪客体受到实际侵害,是较为可行的。我们不妨给该既遂标准命名为“犯罪客体侵害说”。

(一)“犯罪客体侵害说”之合理性

1. 体现立法者的意志、刑法目的

在刑法理论上,犯罪客体通常被认为是刑法所保护的为犯罪行为所侵犯的社会主义社会关系。尽管学界对该定义有着不同的看法。① 但都不约而同地认为,每一具体的刑法规范都是通过对特定行为类型的禁止或者要求,以保护某种特定的“利益”为目的,都是在落实保护犯罪客体的任务,都承认保护法益(社会关系)是创制法律的目的。诚如有的学者所概括的那样:“立法对犯罪构成的

---

① 参见童伟华:《犯罪客体研究》,武汉大学出版社 2005 年版,第 29 ~ 34 页。

构筑,实际上是有一个犯罪客体观(以法益侵害观念为指导),在此观念指导下设置构成要件及其要素,这些要件要素力图反映立法者保护利益、惩治犯罪的期望。”①一言以蔽之,立法者设置罪刑规范其目的就在于保护犯罪客体。因此,对于具体犯罪之犯罪既遂标准进行设定时,必须以犯罪客体为考察基点,这应该是一个经得起推敲的结论。唯有如此,才能符合立法目的,体现立法意志。

2. 符合“犯罪客体”的理论定位

犯罪客体是否应当作为犯罪构成要件之一,这是我国刑法理论中争议较大的一个问题。② 笔者无意介入这样的争论之中。只需强调的是,犯罪客体能否成为一个独立的构成要件,关键在于其他要件的性质及其内容。如果其他要件的性质及内容并非中性无色的客观事实,那么犯罪客体就无必要作为单独的构成要件而存在。否则,犯罪客体就应当作为一个单独的构成要件。这是因为,任何一种犯罪成立理论体系都既包含事实要素,又包含规范要素,是事实评价和规范评价的统一。而犯罪客体在我国犯罪构成理论体系中就是规范评价要素,担负着规范评价功能。正如学者所认识的这样:“有无犯罪客体或者有无被侵害的为刑法所保护的社会关系,则类似于德日等大陆法系国家犯罪构成理论中的有无行为的违法性要件。”③“规范评价要素的存在,是犯罪成立中的灵魂,是犯罪成立理论中评价行为的最重要的标准,没有规范评价要素的存在,犯罪成立就会没有标准,就会失去方向。”④“如果没有规范评价要素,犯罪成立理论就成为一门地道的行为学理论而不是规范理论,从而也就失却了刑法作为规范科学的本性。”⑤

即便是对犯罪客体构成要件地位持否定态度的学者,实质上也是赞成犯罪客体具有价值评价功能的。这些学者认为,苏联的犯罪构成理论是从大陆法系犯罪成立理论中借鉴转化过来的,犯罪客体相当于大陆法系犯罪成立理论中的违法性要件,而大陆法系的违法性要件所揭示的是犯罪的实质,即犯罪在实质上必须是侵犯法益的行为,这也是一种规范评价。

下面我们就简单地考察一下,我国通行的刑法理论对其他构成要件的性质及内容是如何把握,如何界定的。就犯罪主体要件而言,它将其定义为具有刑

---

① 肖中华:《犯罪构成及其关系论》,中国人民大学出版社 2000 年版,第 170 页。

② 参见付立庆:《犯罪构成理论:比较研究与路径选择》,法律出版社 2010 年版,第 48 ~ 57 页。

③ 倪培兴:《犯罪客体论》,载陈兴良主编:《刑事法评论》(第 8 卷),中国政法大学出版社 2001 年版,第 53 页。

④ 童伟华:《犯罪客体研究》,武汉大学出版社 2005 年版,第 113 页。

⑤ 童伟华:《犯罪客体研究》,武汉大学出版社 2005 年版,第 113 页。

事责任能力、实施了危害社会行为的人。在犯罪客观方面要件上，刑法通说非常注重其核心要素之行为的“有害属性”，将危害行为定义为刑法所保护的社会关系有实际损害和现实危险的身体动静。[①] 即使对于行为结果，刑法通说也将其视为“危害行为对刑法所保护的社会关系所造成的实际损害和现实危险”[②] 刑法通说则将犯罪主观方面描述为行为人对危害结果所持的主观态度。从刑法通说对其他要件的描述来看，我们可以得出这样的结论：犯罪主体等要件的存在或者说成立虽然不以犯罪客体受到侵害为前提，但它们均以“犯罪客体”为“指向”。没有这样的“指向”，其他构成要件将无法存在，犯罪自然无法成立。换言之，虽然“犯罪客体”作为规范判断、价值判断的重要事实对于犯罪的成立是不可或缺的，但由于它已经被“稀释”到其他构成要件之中，刑法通说就没有必要再将其作为一个单独的构成要件而设置，否则有叠床架屋之嫌疑。需要强调说明的是，犯罪客体虽然没有必要作为单独的构成要件而存在，但这不意味着它在犯罪构成体系中的地位无足轻重。事实上，任何具体犯罪的成立，都必须以“犯罪客体”为指向。这是“犯罪客体”在我国犯罪构成体系中的应有地位。

犯罪客体的上述理论地位决定了“犯罪客体受到侵害”作为犯罪既遂标准的合理性。一方面，犯罪客体的“被指向性”关涉犯罪的成立与否，而犯罪客体的“受侵害性”关系到犯罪既遂与否。质言之，将“犯罪客体侵害说”理解为犯罪既遂的标准能够较好地理清“犯罪成立”与“犯罪既遂”的界限，避免重蹈“构成要件齐备说”之覆辙。另一方面，犯罪客体的“被指向性”，决定了犯罪客体受到侵害必然会影响到犯罪形态与量刑。所以我们将“犯罪客体侵害说”作为犯罪既遂的判断标准符合犯罪停顿形态的立法旨趣。事实上，我国刑法中设立犯罪停顿形态的规定，其根本目的是解决量刑的问题。这可以从我国刑法规定中找到答案：对于预备犯，可以比照既遂犯从轻、减轻或免除处罚；对于未遂犯，可以比照既遂犯从轻或者减轻处罚。对于中止犯，没有造成损害的，应当免除处罚；造成损害的，应当减轻处罚。

3. 具有较强的可操作性

“犯罪客体侵害说”具有较强的可操作性，这取决于犯罪客体具有法定性。根据罪刑法定原则的要求，犯罪客体必须是法定的，否则就会产生两个恶果：一是会导致刑法保护机能的不足。当司法将应当犯罪化的行为当作非犯罪化

① 参见马克昌主编：《犯罪通论》，武汉大学出版社 2001 年版，第 191 页。

② 参见马克昌主编：《犯罪通论》，武汉大学出版社 2001 年版，第 191 页。

处理时,刑法保护机能就丧失了。二是会导致刑法保障机能的弱化。刑法明确地规定“侵害什么犯罪客体”才构成犯罪,实际是从根本上规定了“侵害该犯罪客体之行为”的性质。质言之,犯罪客体的规定,也就是侵害该犯罪客体行为类型之规定。犯罪客体规定的不明确,就等于客观构成要件规定的不明确。客观构成要件规定的不明确的直接后果便是司法的擅断,人的权利得不到保障。进一步考察,我国刑法分则对其所规定的具体犯罪都已设置了明确的犯罪客体。据此,人们就可以凭借具体犯罪隶属的章或者节所规定的犯罪客体,来确定它的犯罪客体是什么。有学者还进一步论述了确定犯罪客体(法益)的具体方法,[①]可资借鉴。

我们注意到,有个别论者否定犯罪客体的“法定性”:“……刑法除了对类罪客体有所标明外,对决定具体行为具体性质的所谓直接客体并没有直接明确规定,大多数犯罪客体是理论概括出来的。对于同一罪名,不同版本教材,不同作者的论文给其确定的客体各不相同,就是这一问题的最好例证。”[②]笔者对此不予苟同。这是因为,对具体犯罪客体的理解所出现的分歧,这是由其抽象属性所决定的。无论如何,我们不能以理解上的分歧为由,就否认解释对象的客观存在性。

尽管犯罪客体具有法定性,但我们还须明确的是“犯罪客体侵害说”只是具有“较强”的可操作性。这是因为,犯罪客体作为刑法所保护的“社会关系”是一种抽象的、无形的理念;它并不是对某一事实的描述;它属于价值世界、当为世界,是对于事物社会意义的评价而不是事物本身。我们也注意到,学者为摆脱犯罪客体的抽象性所作出的努力,提出了“权利说”“利益说”“法益说”。[③] 上述学说将刑法所保护的“社会关系”具体为权利、利益等,这并无什么错误。这是因为刑法所保护的社会关系就是法律关系,而法律关系的内容就是主体之间的权利义务。但由于“权利”“利益”“法益”本身仍然是抽象的,这就决定了它并未从根本上解决欲要解决的问题,犯罪客体的“抽象性”亦然存在,颇有“五十步笑百步”的意味。

最后,需要交代的是,笔者所提及的犯罪客体应当是直接客体。犯罪的直接客体往往是同类客体的有机组成部分。所以,认定犯罪的直接客体并非一件困难的事情。然而,立法者为了保护某一重大客体(同类客体),往往设置“辅助

---

① 参见张明楷:《刑法分则的解释原理》,中国人民大学出版社2004年版,第139~141页。

② 唐世月:《犯罪客体不应作为犯罪构成要件》,载《法学杂志》1998年第6期。

③ 参见童伟华:《犯罪客体研究》,武汉大学出版社2005年版,第29~33页。

客体”。该客体虽然不是“重大客体”本身,难以划入同类客体之中,但对“重大客体”具有屏障的作用,其一旦遭到破坏,“重大客体”将面临现实威胁,此时“辅助客体”就具备了直接客体的性质。比如,立法者为了保护“公共安全”这一重大客体,就设置了“枪支、弹药管理秩序”这一“辅助客体”。所以判断有关枪支、弹药的犯罪是否既遂时,应当以“枪支、弹药管理秩序”这一“辅助客体”是否遭到破坏为准,而不应以同类客体是否遭到破坏为准。

(二)“犯罪客体侵害说”不足之补救

尽管“犯罪客体侵害说”作为犯罪既遂的判断标准具有理论上的可行性,但由于“犯罪客体”的抽象性在很大程度上影响了其现实的可行性、可操作性,这迫使我们应当进一步思考如何来补救其可操作性方面的不足。笔者认为,可以将“犯罪客体侵害说”具体为“犯罪对象侵害说”。

在刑法理论上,尽管犯罪对象的研究仍是一个争议颇多的问题,但是在其与犯罪客体的关系上,达成了共识,认为“犯罪对象是犯罪客体的承担者”①。换言之,犯罪行为对犯罪客体所造成的侵害必然表现为犯罪对象受到侵害或者说发生了某种变化。所以说,将犯罪既遂的标准归结为犯罪对象受到侵害、发生了某种变化是可取的。

但是,将“犯罪对象侵害说”作为犯罪既遂的标志,存在这么几个问题需要解决:

首先,是否所有的犯罪存在着犯罪对象。对此学界的认识并未一致。笔者持肯定的态度。这是因为没有一定的联系环节,关系是不可能存在的。社会关系作为关系的一种,它就必定具有中介性。该中介本身也就具有了社会关系承担者的身份,成为社会关系的具体存在形式,成为人们把握社会关系的事物。正如学者所指出“任何社会关系都是通过一定的事物(哲学意义上的事物而不是日常生活中理解的事物)而建立起来的主体之间的关系,由该事物承担着主体间的该种社会关系,该社会关系与其承担者的统一,构成社会关系的具体存在形态。要使这种社会关系遭到破坏,就必须对其承担者施加影响,即通过影响其表现形式而使社会关系遭到破坏。”②同样,在犯罪中,刑法所保护的社会关系受到侵害,也一定要通过对其承担者的影响才会实现。这一承担者便是犯罪对象。

---

① 张明楷:《犯罪论原理》,武汉大学出版社 1991 年版,第 24~26 页。

② 李洁:《犯罪对象研究》,中国政法大学出版社 1998 年版,第 21 页。

其次,犯罪对象的存在形式。传统理论认为,犯罪对象包括具体的人或者物,具体的人是作为犯罪客体的社会关系的主体或参加者,具体的物是作为犯罪客体的社会关系的物质表现。将犯罪对象限定为具有客观物理属性的具体的人或者物,虽然能够为人们直接感知,利于划清与犯罪客体的界限,但这样的人或者物是难以适应“犯罪客体承担者”这一角色的。例如,同样是破坏火车、汽车、电车、船只、航空器等交通工具的行为,如果是破坏正在使用中的,构成破坏交通工具罪;如果是破坏正在制造或修理、未交付使用的,则构成故意毁坏财物罪。为什么同样是对交通工具进行破坏的行为,会构成不同的犯罪呢?很显然,这不能由交通工具的客观物理属性去说明。应该由犯罪行为所侵犯的犯罪客体的不同去解释,或者由其犯罪客体的承担形式即犯罪对象说明。质言之,只要我们不改变犯罪客体与犯罪对象的关系,我们就不能将犯罪对象的存在形式理解为具体的物或者人,应具体为人的躯体、心理、行为、物的位置、物的形状,等等。鉴于李洁教授已对犯罪对象的存在形式作了比较详细的阐述,此处不再赘述。

再次,犯罪对象与行为对象的关系。在早期的理论研究中,行为对象并未进入人们的视野之中。但近些年来,人们愈加重视犯罪对象与行为对象的区别,强调指出行为对象是犯罪构成客观方面的要素,是行为直接指向的具体人或者物,它对犯罪的界定起着重要的作用,而犯罪对象则是犯罪客体这一社会关系的物质承担者;在某些犯罪中,二者在内容上发生部分重合,在某些犯罪中,二者则是完全分离的。当行为对象具有非法性时不受法律保护,无法体现社会关系的保护内容时,它就不是犯罪对象。例如,受贿罪中的“贿赂”是行为对象而非犯罪对象、伪造货币罪中的“假币”是行为对象而非犯罪对象。笔者对此观点不予认同。既然行为对象对犯罪的界定起着重要作用,那就意味着该行为对象必然与社会关系存在某种联系,就意味着它是将危害传递到犯罪客体的中介,就意味着它的形成或者某种变化后,刑法所保护的社会关系就必然会受到某种侵害。仅以伪造货币罪为例。其犯罪客体是正常的货币秩序。谁也不会否认,假货币的存在将会导致货币秩序的失衡、混乱。换言之,具有非法性的“行为对象”同样可以成为社会关系即犯罪客体的承担者,能够直接体现犯罪客体受到的侵害。由此看来,将具有非法性的“行为对象”排除犯罪对象之外的观点是值得进一步反思的。“犯罪对象作为犯罪客体的承担者”不仅仅体现为犯罪客体的存在形式,而且可以直接体现犯罪客体受到的侵害。体现犯罪客体本身的犯罪对象都是法律允许存在的现象,直接体现犯罪客体所受到危害的犯罪对象都是法律禁止存在的现象。这样理解既符合传统犯罪对象的定义,也会避免概念的丛生。从保持刑法理论体系内在稳定性考虑,对于增加新概念应持谨慎态度。当然,我们需要注意的是,要想让行为对象成为“犯罪客体的承担者”,仍需对其存在形式作进一步分析,不能局限于具有客观物理属性的人或者物。

最后,犯罪对象的变化形式。依据笔者的理解,犯罪既遂是使犯罪对象发生了某种变化。那么,当犯罪对象发生了什么样的变化,才能认定为犯罪既遂呢? 这是一个无法给出具体答案的问题。这是因为犯罪客体是复杂的,作为其承担形式的犯罪对象也必然是多种多样的:有的犯罪客体是以人或者物的属性来承担,有的犯罪客体是以人或者物的状态来承担,有的犯罪则以人或者物的位置来承担,等等。所以,我们在认定犯罪既遂与否,应深入分析该罪之犯罪对象的具体存在形式,在此基础上进一步分析犯罪对象是否发生了具有刑法意义的变化。

第四章　对我国“犯罪既遂形态论”的反思

犯罪既遂形态，是对具体犯罪完成标志所作的分类。由于它直接关系到具体犯罪既遂的认定标准，牵涉到司法实践的运行，学界对此问题的研究颇为关注自在情理之中。然而，由于我国《刑法》分则并没有对个罪的既遂形态予以任何规范，这就在很大程度上导致了学界对犯罪既遂形态的研究出现了众说不一的场景。有鉴于此，依据我国《刑法》实际，合理揭示犯罪的既遂形态及相关问题，便成为撰写本部分内容的宗旨之所在。

一、对我国“犯罪既遂形态论”的检讨

（一）对传统“犯罪既遂形态论”的检讨

众所周知，我国犯罪既遂形态理论中的“行为犯”、“结果犯”与“危险犯”这些概念均来源于以德、日为代表的大陆法系刑法理论。需要作出交代的是，在以德、日为代表的大陆法系刑法理论中，“行为犯”、“结果犯”与“危险犯”是根据不同的分类标准对犯罪进行划分后所形成的犯罪类型，它们之间是一种交叉关系绝非并列关系。其中，“行为犯”“结果犯”是构成要件该当性意义上的犯罪类型，“危险犯”则是违法性意义上的犯罪类型。这一点已由众多学者所证实：“犯罪可以分为构成要件上只要求行为的行为犯和形式意义的结果的结果犯，而危险犯、实害犯的划分通常是以保护客体为基准的。”[①]“依据构成要件，有的犯罪不需要有结果产生而仅把行为当作要素，但大部分罪行，都要以在行为之外产生一定结果作为要素，前者被称为行为犯，后者被称为结果犯；构成要件，一般都是以侵害法益或有侵害法益的危险为内容，其中使法益受到实际侵害的叫作实害犯，只是足发生使法益受到实际侵害危险的叫作危险犯。”[②]然而，这些概念被引入我国后，却被镶嵌在犯罪既遂形态理论之中，成为犯罪既遂的

---

① ［日］野村稔：《刑法总论》，全理其、何力译，法律出版社 2001 年版，第 101 页。

② ［日］福田平、大冢仁编：《日本刑法总论讲义》，李乔等译，辽宁人民出版社 1986 年版，第 50 页。

基本形态。[①] 其中原委，是颇为耐人寻味的。

然而，犯罪既遂形态究竟应当包括哪些，我国刑法理论并未达成一致的意见。代表性的见解通常有以下几种：第一种观点是将犯罪既遂形态分为结果犯、行为犯和危险犯。[②] 第二种观点是将犯罪既遂形态分为阴谋犯、行为犯、危险犯、结果犯。[③] 第三种观点则将犯罪既遂形态理解为结果犯、行为犯、危险犯和举动犯。[④]

不难看出，上述三种观点均将“行为犯”和“结果犯”作为犯罪既遂的表现形式。其分歧的焦点在于，在“行为犯”“结果犯”相并列的意义上，是否有必要再划分出其他的犯罪既遂形态？下文分析之。

首先，“阴谋犯”“举动犯”是否能与“行为犯”“结果犯”相并列？根据我国传统刑法理论，“阴谋犯”被理解为《刑法》分则将某种犯罪的预备活动直接规定为犯罪既遂的犯罪形态。该犯罪形态的核心特征是一经着手预备行为而无须考察行为的“危害结果”是否发生即可构成犯罪既遂。根据这样的理解，既然行为人所实施的行为本来就属于犯罪预备活动，就不可能对刑法所保护的社会关系造成实际侵犯，那么在“阴谋犯”的犯罪构成中就不存在“危害结果”这一要素。进言之，既然“阴谋犯”的客观要素中不存在“危害结果”这一要素，那么“阴谋犯”就应该隶属于传统意义上的“行为犯”的范畴。这是因为在我国传统刑法理论中，尽管对“行为犯”这一犯罪既遂形态有着不同的解读，[⑤]但在基本点上还是具有广泛共识的：将犯罪既遂形态划分为结果犯与行为犯，其依据是犯罪构成的客观要素中是否存在“危害结果”这一要素。由此看来，在我国传统刑法理论框架之下，“阴谋犯”无法与“行为犯”、“结果犯”相并列，成为独立的犯罪既遂形态。

根据我国传统刑法理论，“举动犯”被理解为一着手犯罪的实行，即成立犯罪既遂的犯罪形态。在本书看来，举动犯作为独立的犯罪既遂形态是存在如下疑问的：

其一，在刑法意义上有无一着手实行即可完成犯罪行为的情形呢？在本书看来，尽管刑法上的行为，有单一的“举动”（物理意义上的）为一个行为的，也

---

① 参见高铭暄主编：《中国刑法学》，中国人民大学出版社 1989 年版，第 169 页。

② 参见苏惠渔主编：《刑法学》，法律出版社 2001 年版，第 176 ~ 177 页。

③ 参见何秉松：《犯罪构成系统论》，中国法制出版社 1995 年版，第 334 ~ 336 页。

④ 参见高铭暄、马克昌主编：《刑法学》，北京大学出版社、高等教育出版社 2000 年版，第 150 ~ 151 页。

⑤ 参见刘树德：《行为犯研究》，中国政法大学出版社 2000 年版，第 5 ~ 7 页。

有多个的“举动”(物理意义上的)联合成一个行为的。但在刑法学意义上,由于犯罪行为是被理解为具有严重社会危害性的行为,而这里的“严重社会危害性”必然是量上的积累,是行为“过程”的持续。是故,物理意义上的“举动”并不具有刑法意义。换言之,即便某个“举动”在物理意义上具有“非过程性”,但在刑法学看来,该“举动”从开始实施到结束都需要一个“过程”。

其二,举动犯有无存在的法理基础?针对这样的疑问,传统刑法理论往往是这样解释的:“在举动犯中,实行行为的本质属性没有改变,只是由于此类犯罪的社会危害性远远超出了普通的刑事犯罪,因而,在刑法中提前认定其犯罪既遂的时间限制,从而对其规定了相对较为严厉的刑罚。”①然而,从论者所列举的举动犯的具体个罪来看,其社会危害性并非“远远超出了普通的刑事犯罪”。比如,论者提及的“教唆、煽动性的犯罪”即是较好的例证。此类犯罪的法益性质并非极端重要,其社会危害性很难说达到“极为严重”的程度。退一步讲,即便确实存在这样的犯罪,但从其既遂的犯罪构成中不存在危害结果要素这一点来看,它亦应被纳入“行为犯”之列,而不应将其与“行为犯”相并列。否则,这将意味着在对犯罪既遂形态进行同一次划分的时候,采用了两个不同的标准:该划分一方面依据犯罪客观要素是否存在“危害结果”这一要素,将犯罪既遂形态划分出“结果犯”与“行为犯”这两种类型;另一方面它则依据犯罪实行行为的实施有无程度上的要求,再划分出与其并列的“举动犯”。如此划分是对“对事物进行同一次分类只能运用同一标准”逻辑规则的严重违背。

“行为犯”能否作为一种独立的犯罪既遂形态?根据通说,与“结果犯”相对应的“行为犯”是以“法定行为”实行到一定程度或者说完成作为其既遂标准的犯罪形态。② 在本书看来,将“行为犯”作为一种独立的犯罪既遂形态存在如下疑问:

1.“行为犯”的法益是否比“结果犯”的法益更值得刑法保护?从立法原理来考察,对某种犯罪的既遂形态是设置为“行为犯”还是“结果犯”,取决于该犯罪所侵犯的法益的重要程度;法益的重要性程度越高,成立既遂所要求的实行行为的实行程度就应越低,这旨在强化对重要法益的保护。根据该原理,“行为犯”的法益应该具有极端重要性,应该比结果犯所指向的法益更加重要。然而,从论者所列举的大量属于“行为犯”的具体犯罪来看,我们无法得出上述结论。

---

① 郑飞:《行为犯论》,吉林人民出版社2004年版,第112页。

② 参见高铭暄、马克昌:《刑法学》(第8版),北京大学出版社、高等教育出版社2017年版,第149页。

诸如论者所提及的纳入“行为犯”之列的侮辱罪、诽谤罪，其最高法定刑只有3年，应属于轻罪的范畴。无论如何，其所侵犯的法益绝非“极端重要”。

我们并不否认，犯罪行为在发展进程中何时达到既遂形态，立法者基于法益保护的需要，对此当然享有主观选择的权力。但不无疑问的是，立法者基于对某些重大法益特殊保护的考虑，完全可以通过降低某些行为的入罪“门槛”或者提高其法定刑的方式来实现。为什么非要借助于“将既遂的成立提前设定在危害结果发生前”或者说通过创设“行为犯”的立法技术来实现呢？我们须知，采用这样的立法技术是对我国《刑法》第23条关于犯罪既遂标准规定的“颠覆性破坏”。根据该条规定，犯罪既遂的标准是犯罪行为已经“得逞”。尽管刑法学界对“得逞”有着不同的解读，但无论如何，将能发生“危害结果”的犯罪行为排除在“得逞”范围之外，是无法令人赞同的，此为其一。更为重要的是，采取这样的立法技术并非“强化对重要法益保护”的奏效手段。这是因为根据我国《刑法》第23条的规定，“对于未遂犯，可以比照既遂犯从轻或者减轻处罚”，即便某个犯罪行为被认定为属于未遂形态，其所接受的刑罚惩罚完全可以等同于既遂形态的惩罚。同样，即便某个犯罪行为被提前认定为既遂形态，其所接受的刑罚惩罚完全可以等同于未遂形态的惩罚。由是观之，立法者通过“将既遂的成立提前设定在危害结果发生前”或者说通过创设“行为犯”的这一立法技术来保护“重要法益”，这并非明智之举。

2.“法定行为”实行到一定程度与“危害结果”的出现是否具有同一性？传统刑法理论认为，“行为犯”既遂的标准是“法定行为”的完成，而行为的完成“需要一个过程，需要实行到一定程度”。但不无疑问的是，这样的“过程”和“程度”又何尝不是“危害结果”得以产生所必需的“过程”和“程度”呢？换言之，“行为实行到一定程度”就应是“危害结果”出现的具体化形式。“法定行为”已经完成岂有“危害结果”不出现之理？在此，仅以妇女为对象的强奸罪为例。其既遂标准通常被认为是“插入说”。实际上，“插入说”所要求的“实行程度”，就是强奸罪的“危害结果”得以产生所需要的程度。而“接触说”之所以被排斥，不能作为强奸罪既遂的标准，无非是因为，强奸行为的实行程度还没有使得体现妇女性权利遭受侵犯的“危害结果”出现而已。

3.将“非物质性的危害结果”排除在“危害结果”之外是否适当？在我国传统刑法理论中，“危害结果”总是与“刑法所保护的社会关系”联系在一起，二者水乳相融。不仅如此，它所理解的“刑法所保护的社会关系”既包括以抽象的、观念的形式表现出来的非物质性社会关系，也包括以具体的物质形式表现出来的物质性社会关系；对前者加以侵犯所形成的事实便是“非物质性危害结果”，对后者加以侵犯所形成的事实便是“物质性危害结果”。因而，只要我们承认危害行为对“刑法所保护的社会关系”进行侵犯所形成的事实是“危害结果”，那么将“非物质性危害结果”的发生作为犯罪既遂的标志就应是合理可行的。换言之，“行为犯”的既遂标准与“结果犯”的既遂标准并无二致，完全没有必要将其作为独立的犯罪既遂形态。

我们注意到，“行为犯”肯定论者的相关主张。他们认为，立法者之所以设置“行为犯”，这一犯罪既遂形态，有这么以下几点考量：

其一，某些犯罪的“危害结果”根本无法通过具体的指标进行衡量。论者指出，“法律的规定应该明确、具体。而非物质性的结果一般表现为人的心理上的痕迹以及对某种秩序的破坏，这样的结果是很难用法律语言进行具体描述的，因而只描述行为及其情节便成了行为犯的基本规定方式”①。

诚然，“非物质性危害结果”在表现形式上所具有的非可感性、非直观性容易给人们带来误解：“非物质性危害结果”是不可能具体测量的。但在本书看来，“物质性危害结果”与“非物质性危害结果”在表现形式上的差异性只是告诉人们对“非物质性危害结果”的衡量须采取特殊的方法。如果真的不可测量，我们如何解释我国《刑法》将“非物质性危害结果”作为某些犯罪的构成要件这一事实呢？此类“非物质性危害结果”集中规定在《刑法》分则第 6 章“妨害社会管理秩序罪”中的“扰乱公共秩序罪”这一节之中。例如，该章第 290 条规定的“致使工作、生产、营业和教学、科研无法进行，造成严重损失的”这一“非物质性危害结果”便是“聚众扰乱社会秩序罪”的构成要素。再如，根据《刑法修正案（三）》的规定，“严重扰乱社会秩序”是“投放虚假危险物质罪”的构成要素，它无疑也是属于“非物质性危害结果”。

其二，“危害结果”一旦出现，刑法的处罚会变得无以可能。此解释是针对颠覆国家政权之类的犯罪行为而言的。“国家政权一旦被颠覆，组成了新的政权，则之前的颠覆行为将变得不可罚，立法者就可考虑将此类行为的既遂形态设置为‘行为犯’”②。然而，论者在这里颠倒了“犯罪”与“刑罚”之间的关系。犯罪既遂形态是一种客观现象，是作为一种法律事实而存在的。岂能因政权更迭导致行为人将“无法接受刑罚处罚”，就随意改变之？

其三，某些危害行为本身就具有严重的社会危害性，无须特定危害结果的

① 李洁：《犯罪既遂形态研究》，吉林大学出版社 1999 年版，第 274 页。
② 姜伟：《犯罪形态通论》，法律出版社 1994 年版，第 115 页。

出现。比如,有学者认为,“正是因为行为具有手段上的特殊性,而使其行为性质及危害性发生了质的变化,相应的犯罪结果的发生便成为次要的、非本质的要素,法律也将其规定为行为犯”①。

本书难以同意上述观点。基于某些行为本身所具有的严重的社会危害性,立法者固然可以将其规定为独立的犯罪,无须将“危害结果”的出现作为犯罪的构成要素。但这与立法者将“危害结果”的出现作为其犯罪既遂的标准并不矛盾。

综合上文分析,传统刑法理论中的“行为犯”与“结果犯”的危害结果在本质上并无不同,都是危害行为给犯罪客体所造成的现实损害,二者的既遂都是以“危害结果”的出现为标准。我们不能仅仅因为“非物质性的危害结果”不具有直观性、难以具体测量性,就拒绝将其作为“行为犯”既遂的标准;我们不能因为二者在危害结果存在形式上的不同,就认为二者在既遂形态上存在什么不同。正如学者所指出的那样:“只是这种非物质性的结果形式与那种见之有形、摸之有物、计之有数的物质性结果形式有着不同的表现形式,因此,人们对它的评价标准与对物质性结果形式的评价标准有所不同。但评价标准的不同,不等于被评价的对象不存在,或者根据某种不同的评价标准,就不需要进行某种评价活动。只有不进行某种评价活动,才能说不可能有某种结果的存在。”②进言之,传统刑法理论既然承认犯罪客体是犯罪构成的必要条件,那么将其实质内容是对犯罪客体造成损害的“非物质性危害结果”摈弃于犯罪既遂之外,是无法令人接受的。在此意义上,“行为犯”这一传统的犯罪既遂形态应当被驱逐。

“危险犯”有无必要作为犯罪既遂的基本形态?传统刑法理论认为,危险犯是以行为人实施的危害行为造成法律规定的发生某种危害结果的危险状态作为既遂标准的形态。③ 在这里,“法定的危险状态”是危险犯既遂成立的条件;没有发生危险状态时,危险犯是同样可以成立的,只不过成立的不是危险犯的既遂形态,而是未完成形态。

不过,从近年来我国刑法学界的研讨情况来看,将危险犯视为犯罪既遂形态的通说观点已经受到众多论者的挑战,提出“危险犯”仅仅是一种特殊的犯罪未遂类型:“危险犯并非犯罪的既遂形态,其和与之相对应的实害犯只是同一罪

① 史卫忠:《行为犯研究》,中国方正出版社 2002 年版,第 113 页。

② 杨兴培:《犯罪构成原论》,中国检察出版社 2004 年版,第 348 ~ 349 页。

③ 参见高铭暄、马克昌主编:《刑法学》(第 3 版),北京大学出版社、高等教育出版社 2007 年版,第 162 页。

名的未遂形态和既遂形态而已。”[①]持否定主张的学者进一步认为，如果将危险犯作为犯罪既遂的形态，将会面临如下问题：同一罪名的既遂标准多元化、混淆犯罪既遂与未遂的界限、违背罪责刑相适应原则和刑罚目的的需要。

然而，“肯定论者”针锋相对，逐一进行了反驳。遗憾的是，“否定论者”并未进行“回应”。兹就“肯定论者”的反驳作如下“回应”：

1. 将“危险犯”视为独立的犯罪既遂形态是否会导致同一罪名的既遂标准多元化？在不少“否定论者”看来，将危险犯视为独立犯罪既遂形态，意味着危险犯形态和实害犯形态有两个不同的既遂标准，必然会出现同一罪名出现不同的既遂标准现象。[②]

对此，“肯定论者”不以为然，认为同一罪名的“危险犯”形态和“实害犯”形态可以有不同的既遂标准，其道理在于“危险犯与实害犯在实际上也就是普通的犯罪构成的全部要件与加重的犯罪构成的全部要件的具备”[③]。但是本书难以接受其观点。为了论证的方便，仅以论者所提及的诸如“放火、决水、爆炸、破坏交通工具罪”之危险犯为例。在论者看来，一旦“放火、决水、爆炸、破坏交通工具”等足以危害公共安全的“危险”行为导致了他人重伤、死亡的严重结果，其犯罪形态就应当被理解为“结果加重犯”。但如此理解，难免存在这样的问题：将“放火、决水、爆炸、破坏交通工具”等足以危害公共安全的“危险行为”发生了致人重伤、死亡的严重结果理解为“结果加重犯”，“放火、决水、爆炸、破坏交通工具”等“基本犯”所侵犯的法益又是什么呢？实际上，“放火、决水、爆炸、破坏交通工具”等“基本犯”所侵犯的法益便是公共安全。具体说来就是不特定人的生命、健康及其重大公私财产的安全。就法理而言，加重结果与基本犯罪的结果的性质是不能相同的。众所周知，包括我国在内的世界各国刑法对结果加重犯都规定了远远重于基本犯罪的刑罚。那么，对结果加重犯进行加重处罚根据是什么呢？其根据也许不止一个，但是法益方面的解释无疑是首当其冲的。这是因为“犯罪的本质是法益侵害，刑罚轻重的立法配置必须与犯罪行为所侵害的法益性质相适应。换言之，刑法之所以对结果加重犯加重处罚，是因为该种犯罪行为侵犯了基本犯罪法益以外的更加值得刑法保护的法益。从这个角度而言，加重结果与基本犯罪的结果的性质是不能相同的”[④]。是故，论者将同

---

① 陈航：《对“危险犯属于犯罪既遂形态”之理论通说的质疑》，载《河北法学》1999 年第 2 期。

② 参见李居全：《关于犯罪既遂与未遂的探讨》，载《法商研究》1997 年第 1 期。

③ 王志祥：《犯罪既遂新论》，北京师范大学出版社 2010 年版，第 178 页。

④ 陆诗忠：《结果加重犯既遂之争议问题新探》，载《政治与法律》2013 年第 5 期。

一罪名的“危险犯”形态和“实害犯”形态分别理解为基本犯与结果加重犯的关系是经不住推敲的。

2. 将“危险犯”视为独立的犯罪既遂形态是否会混淆犯罪既遂与未遂的界限？在“否定论者”看来，将危险犯理解为犯罪既遂形态，意味着“危险状态”可以成为犯罪既遂的标志。推而广之，其他犯罪的既遂也可以以此作为犯罪既遂的标志。以开枪杀人为例。不管是否发生致人死亡的结果。都将成立故意杀人罪的既遂。因为开枪本身，就足以发生致人死亡的危险。这样一来，刑法上划分犯罪既遂与未遂就失去了意义，也没有了统一的标准。①

但“肯定论者”并不同意上述主张，提出这是两种不同意义上的“危险犯”：“未遂犯不具有独立危险构成要件要素，而作为犯罪既遂形态类型的‘危险犯’则是具有独立危险构成要件要素的犯罪。二者并行不悖。”②更有论者认为二者存在如下区别：“作为未遂犯处罚根据的危险，不一定是对法益的直接危险，是既遂犯构成要件实现的盖然性。危险犯中的危险则是对于特定犯罪构成要件预定的保护法益造成的直接危险。”③

然而，“肯定论者”的上述区分只是形式意义上的。二者区别仅仅在于危险的构成要件要素所规定的位置不同而已。不管在什么位置予以规定，都不会改变二者都具有致使危害结果发生的危险的行为属性。至于论者提及的“实质”区别更是令人费解：既然“危险犯”所预定的保护法益极端重要，那么对其所形成的“危险”就应严格限定为“间接”危险才是合理的。岂能得出“危险犯中的危险是直接危险”的结论？事实上，刑法的目的就在于保护法益，刑法处罚犯罪既遂也好、处罚犯罪未遂也罢，都是为了保护法益。换言之，犯罪既遂是因为犯罪行为侵害了法益而接受处罚，犯罪未遂则是因为犯罪行为构成侵害法益的危险而接受处罚。质言之，将所谓的“危险犯”理解为“未遂犯”中的一种并无不可。

3. 将“危险犯”视为独立的犯罪既遂形态是否会违背罪责刑相适应原则和刑罚目的？在“否定论者”看来，“将危险状态作为犯罪既遂的标志，则意味着在危害结果发生之前，行为人又自动排除该危险状态的，依据通说，其行为构成犯罪既遂，无法按照犯罪中止处理。这样的处理结果，不利于促使犯罪人减低犯

---

① 参见陈航：《对“危险犯属于犯罪既遂形态”之理论通说的质疑》，载《河北法学》1999 年第 2 期。

② 王志祥：《犯罪既遂新论》，北京师范大学出版社 2010 年版，第 179 页。

③ 欧阳本祺：《论刑法上的具体危险的判断》，载《环球法律评论》2012 年第 6 期。

罪的危害程度，不利于法益的保护”[①]。

“肯定论者”针对上述问题提出了救济方案：“在将危险状态的发生作为危险犯既遂标志的情况下，同样能够将上述行为认定为成立犯罪中止，只不过成立的不是危险犯的中止犯，而是实害犯的犯罪中止。”[②]“对行为人在犯罪既遂后自动恢复原状或者赔偿损失的，虽不能认定为犯罪中止而应认定为犯罪既遂，但应在量刑上将此种情况作为一个从宽的情节考虑，与无此情况的既遂犯罪适当有所区别。”[③]针对“肯定论者”的“救济方案”，笔者在此有如下两点困惑：

困惑一，将此种情形下的犯罪行为认定为“实害犯”的中止犯，固然可以达到降低犯罪人的罪责，保护法益的功效。但随之带来的问题是，如此的理解则意味着“危险犯”与“实害犯”同属于一个“犯罪过程”，“危险犯”是“实害犯”的阶段行为。这样一来，“危险犯”还有作为独立的犯罪既遂形态存在之必要吗？诚如有学者所指出的那样：“尚未造成严重后果和已经造成严重后果在同一个犯罪过程中并不是两个截然不发生来联系的独立阶段，它们完全可以随着犯罪进程的深入发展，从尚未造成严重后果向造成严重后果的状态发展。一旦出现已经造成严重后果的状态，那么尚未造成严重后果的状态不可能是一个独立的状态。”[④]

困惑二，将此种情形的犯罪行为作为从宽处罚的情节能否达到预期的目的？“肯定论者”所提出的“救济方案”固然不违背故意犯罪停止形态的基本法理。但问题是，“自动恢复原状或者赔偿损失”在我国并非法定的从宽处罚情节。即便将其作为刑法理论上的酌定从宽处罚的情节予以适用，但其从宽的力度也难以对犯罪人产生应有的激励功效。

我们注意到“肯定论者”对“否定论者”的一些指责。他们认为，将危险犯理解为“未遂犯”将会带来以下两个方面的问题：

其一，给“危险犯”的处罚带来困惑。一是刑法对危险犯所配置的独立法定刑将形同虚设。论者指出，既然危险犯是未遂犯，就应根据刑法总则关于未遂犯的处罚规定，对其比照实害犯从轻或者减轻处罚，这样一来，立法者就没有必要为其设置法定刑了。二是刑法关于未遂犯处罚的规定在一定程度上被架空：

① 张明楷：《刑法学》，法律出版社2003版，第312页。

② 王志祥：《犯罪既遂新论》，北京师范大学出版社2010年版，第181页。

③ 高铭暄主编：《刑法专论》（上编），高等教育出版社2002年版，第321页。

④ 杨兴培：《危险犯质疑》，载《中国法学》2000年第3期。

“如果对危险犯按照其自身的独立法定刑进行处罚，而不考虑刑法总则关于未遂犯处罚的规定，那么刑法关于未遂犯处罚的规定就在一定程度上被架空了。”①三是会导致对危险犯的不当处罚：“如果对危险犯按照其自身的相对较轻的独立法定刑进行处罚，同时考虑刑法总则关于未遂犯的规定而从轻或者减轻处罚，那么就不符合未遂犯比照既遂犯从轻或者减轻处罚的规定，且相当于对危险犯实行了两次从宽处罚。”②

但在本书看来，论者的上述理解是存在问题的。如前所述，为实害犯的未遂犯设置专门的法定刑旨在防止司法人员去适用刑法总则之规定，这怎么能说“刑法对危险犯所配置的独立法定刑将形同虚设”呢？《刑法》总则的规定固然具有普遍适用性，但是其普遍适用性并非绝对化。基于刑事政策的需求，针对特殊情形，让《刑法》分则游离于《刑法》总则的警惕与拘束，这应当是允许的。再者，将危险犯理解为“特殊的未遂犯”也不会出现“两次从宽处罚”的问题。道理很简单，既然《刑法》为其配置了法定刑，司法人员就可以根据犯罪的事实、性质等状况直接在法定刑幅度内确定某个刑种或者刑期，是无须考虑《刑法》总则之规定的。

其二，对某些特定情形将无法处理。在“肯定论者”看来，“如果认为刑法分则规定的危险犯是未遂犯，在行为人着手实施犯罪但因意志以外的原因而使得危险状态没有发生的情况下，就无法进行恰当的处理。如果认为在这种情况下成立犯罪未遂，就意味着未遂犯也存在未遂的情形，这就很难让人接受。而如果认为在这种情况下根本不存在成立犯罪的可能……那么就可能不利于法益的保护”③。

论者所提及的“行为人着手实施犯罪但因意志以外的原因而使得危险状态没有发生”之行为，对其虽无法按照犯罪未遂形态处理。但是我们可以考虑按照其他犯罪予以处理。比如，当破坏交通工具的行为没有达到足以使火车、汽车等发生倾覆、毁坏危险程度的这一法定“危险状态”的，可以按照故意毁坏财物罪处理，这并不存在“不利于法益的保护问题”。

（二）对新近“犯罪既遂形态论”的反思

如前所述，在我国主流刑法理论中，犯罪既遂形态体系通常认为是由包括

---

① 王志祥：《犯罪既遂新论》，北京师范大学出版社2010年版，第174~175页。
② 王志祥：《犯罪既遂新论》，北京师范大学出版社2010年版，第175~176页。
③ 王志祥：《犯罪既遂新论》，北京师范大学出版社2010年版，第176页。

结果犯、行为犯、危险犯和举动犯构建而成。但值得注意的是,近年来,有学者认为,主流刑法理论的上述划分并不具有普适性,它只适用于基本犯罪,无法适用于派生犯罪,无法为刑罚的适用提供依据。持此类观点的学者进而提倡“既遂标准层次论”:对于存在罪质层次变化的犯罪而言,应当在区分基本犯罪、派生犯罪的基础上划分既遂形态的类型,在对每一层次的犯罪进行具体划分时,应当坚持在一次划分的过程中适用同一个分类标准的原则。就派生犯罪而言,派生犯罪有结果加重犯、数额加重犯、情节加重犯、包容加重犯之别,不同的派生犯罪有不同的既遂标准。由于其犯罪构成要件已经较之基本犯的构成要件发生了变化,当然其犯罪既遂的标准也应该发生变化。其既遂标准是“加重因素”的出现。①

论者认识到,同一性质的犯罪在罪刑的轻重上存在不同的层次,这是值得肯定的。可是,论者主张派生犯罪是独立的犯罪既遂形态,其既遂标准不同于基本犯,这是本书所不能苟同的。

首先,“构成要件发生了变化”并未改变其犯罪性质。依据刑法通说,尽管派生犯罪存在独特的加重或者减轻要素,但这些特殊要素仅是法定刑的升格条件,并没有导致派生犯罪的犯罪客体的性质发生变化,它与基本罪在犯罪性质上是相同的。换言之,“构成要件发生了变化”只是意味着犯罪行为违法性程度发生了变化。事实上,论者对此通说观点也是深以为然的,“加重因素可以是一个单一的要素,也可以是多个要素的复合。但这些基本犯罪构成之外的要素无论怎样组合都不能形成独立的为刑法分则所规定的罪名。如果能够形成独立的犯罪,那就不是一罪的加重,而是罪数形态”②。既然派生的犯罪构成与基本的犯罪构成性质相同,那么它们所侵犯的犯罪客体就应当具有同一性。其既遂标准岂有不同之理?进言之,二者在所侵犯的犯罪客体并无异样的情况下,其既遂标准自应是相同的。

其次,将“加重因素”的出现作为犯罪既遂的标准,不符合责任主义的基本法理。根据责任主义,将“加重因素”的出现作为犯罪既遂的标准,将意味着行为人对此“加重因素”在主观上应有必要的认识或者预见。然而,我国刑法中的不少“加重因素”是无须行为人予以认识与预见的。也就是说,该“加重因素”没有被行为人认识到,也不会影响派生犯罪的成立。比如,我国《刑法》第170条第1款所规定的伪造货币罪中的“数额特别巨大”,便属于派生犯罪中的“加

① 参见王志祥:《犯罪既遂新论》,北京师范大学出版社2010年版,第126~132页。

② 王志祥:《犯罪既遂新论》,北京师范大学出版社2010年版,第126~132页。

重因素”。由于此处的“加重要素”作为犯罪行为的孳生物,并非行为对象,故不属于构成要件要素,因而在适用相应之加重法定刑时不要求行为人对其本身具有认识,即只要行为人认识到自己实施了使其违法所得数额(特别)巨大的行为即可。换言之,当行为人认识到自己在实施伪造货币的行为,且客观上伪造出的货币数额特别巨大,就构成派生犯罪,就应对行为人适用加重的法定刑。再如,以特定时间、地点、对象、手段或者方法作为“加重因素”的派生犯罪中,成立派生犯罪,这些因素也无须行为人予以认识。

在犯罪既遂形态论上,有一种“新颖”的观点值得注意。有学者认为,我国刑法中所规定的基本犯有两类,这两类犯罪的既遂标准并不相同。一类是以“结果要素”居于主导地位的基本犯罪。此类基本犯的既遂形态可划分为行为犯与结果犯。另一类是以“定量因素”为构成要件的基本犯。含有“定量因素”的犯罪,其既遂标准具有特殊性。① 但是该观点难以为笔者所苟同。

其一,“定量因素”仅仅是犯罪的构成要素,“定量因素”的齐备无法成为判断犯罪既遂与否的标准。不管是论者还是通说都认为,立法者之所以对某些行为成立犯罪配置定量因素,是考虑到这些行为的社会危害性并非在任何情形下都能达到应当追究刑事责任的程度。质言之,“定量因素”是属于具体犯罪构成的概括性的构成要件。“定量因素”的具备并不必然表明犯罪行为就处于既遂状态,正如学者所言“行为是否既遂仅是从犯罪在发展进程中是否完成的角度反映行为的客观危害程度,而情节要求则是对行为情节的总体评价,而不完全取决于行为既遂与否”②。其犯罪行为既遂与否关键还是要看刑法所保护的具体犯罪客体是否受到了现实侵害。由此看来,论者将“定量因素”这一构成要件的出现作为犯罪既遂的标准,显然也是混淆了“犯罪成立”与“犯罪既遂”的界限。

其二,以“定量因素”为构成要件的犯罪并非独立的犯罪既遂类型。该犯罪类型是学界从刑事立法实践和我国犯罪概念的定量因素出发所归纳的一个概念,是“立法既定性又定量”处理模式的表现形式。但该基本犯并没有一个与之相对应的概念,正如学者所言,犯罪构成中的情节(定量因素)要求作为犯罪构成的内容之一,具有普遍适用性,各种犯罪的犯罪构成都包含情节要求的内容;某些学者根据刑法分则对犯罪构成有无情节要求,将犯罪分为“情节犯”与“非情节犯”,这是值得商榷的;“情节犯”和“非情节犯”这一对概念应为另一对概

---

① 参见刘之雄:《论犯罪构成的情节要求》,载《法学评论》2003 年第 1 期。

② 刘之雄:《犯罪既遂论》,中国人民公安大学出版社 2003 年版,第 143 页。

念所取代，即“一般情节犯”与“特殊情节犯”[①]。这意味着，它无法与传统的犯罪既遂类型即举动犯、行为犯、结果犯、危险犯相并列，成为独立的犯罪既遂类型。这也就决定了它与其他的犯罪既遂类型存在交叉情况。其既遂标准的判断并无特殊性，其既遂标准的判断必然要受制于它所属的犯罪类型的既遂标准的判断。

事实上，论者在论述以“定量因素”为构成要件的犯罪的既遂形态时，也是承认该犯罪的既遂标准并无独立性的。论者指出：多数情节犯只要具备情节要件，行为人着手犯罪的实行行为就成立犯罪既遂；少数情节犯成立既遂形态，还需要危害行为经过一定的过程；有的情节犯的既遂在具备了情节要件之后，还需要发生依据逻辑联系可以推定的犯罪结果；极少数犯罪的既遂在具备情节要件之后，还需要发生法定的危险状态。[②] 从其论述中，我们不难发现，以“定量因素”为构成要件的犯罪的既遂形态的认定虽有特殊性，但这种特殊性并没有导致其既遂标准的相应变化。其特殊性仅仅在于，需要我们根据具体情况将其予以正确归类（是将其归入“行为犯”还是将其归入“结果犯”），然后在归类的基础上依据所属的类型判断其既遂标准是什么。

综上所述，由于以“定量因素”为构成要件的犯罪与传统的犯罪既遂类型存在隶属关系，故而其与传统犯罪形态一样自应存在未完成形态。

二、犯罪既遂形态体系的初步构建

依据我国传统刑法理论，犯罪危害性的实质在于某行为对刑法所保护的社会关系造成侵害或者构成威胁。在这样的理论前提下，任何犯罪的既遂都应当是对犯罪客体产生了实质性的破坏。此种破坏便体现为对合法利益造成损害这一客观事实，即“危害结果”。在此意义上，所有犯罪的既遂形态都是对刑法所保护的社会关系造成危害的结果犯，而不可能有其他犯罪既遂形态存在的余地。不过，在实定法层面上，社会关系间的关联往往是非常复杂的。对此，传统刑法理论认识不足。只是认识到不同的社会关系具有包容关系，这表现为将犯罪客体分为一般客体、同类客体、直接客体。但没有揭示出此种社会关系的安全往往是彼种社会关系得以存在的“天然屏障”这一立法现象。换言之，立法者基于保护某一重大同类客体（如“公共安全”）的需要，设置具有“屏障功能”的“辅助客体”就显得尤为必要。需要强调的是，“辅助客体”并非“同类客体”本

---

① 参见刘之雄：《论犯罪构成的情节要求》，载《法学评论》2003 年第 1 期。

② 参见金泽刚：《犯罪既遂的理论与实践》，人民法院出版社 2001 年版，第 132 ~ 133 页。

身，它无法像直接客体那样成为同类客体的组成部分，但它对“同类客体”的存在具有屏障功能。其一旦遭到破坏，“同类客体”将面临直接威胁、侵害，有“唇亡齿寒”之虞。是故，立法者出于保护现实利益的需要便对破坏现实利益的行为进行扩张性预防，即通过惩治侵犯“辅助客体”的犯罪行为予以全面、充分地保护。比如，立法者为了全面、充分地保护“公共安全”，就专门设置了“枪支、弹药管理秩序”这一“辅助客体”。国家惩治侵犯此类犯罪，其实质意义并不在于保护体现“枪支管理秩序”的社会关系，而在于保护体现公共安全的社会关系。

基于以上观察，本书初步认为，依据犯罪行为所侵犯的犯罪客体性质的不同，可将我国刑法中的犯罪既遂形态分为两类：“实害结果犯”“形式结果犯”。二者共同构成我国犯罪既遂形态的理论体系。其中，“实害结果犯”在整个犯罪既遂形态的理论体系中居于主导地位，它是以现实的生活利益遭到直接侵害作为既遂标准的犯罪形态。传统刑法理论中的“结果犯”“行为犯”“危险犯”均可属于“实害结果犯”的范畴。

“形式结果犯”在整个犯罪既遂形态的理论体系中居于次要地位，它是以非现实的生活利益（“辅助客体”）遭到直接侵害作为既遂标准的犯罪形态。传统犯罪既遂形态理论中部分举动犯、抽象危险犯均属于“形式结果犯”的范畴。①需要特别指出的是，本书自创的“形式结果犯”尽管其所侵犯的犯罪客体具有“辅助性”，与重大同类客体存在特定的关联。但基于任何一个罪刑规范都要实现自己的直接目的，这种关联性并不影响各自犯罪既遂的认定，即二者在犯罪既遂的认定上都应当坚持以各自的犯罪客体受到现实的损害为标准。

附带指出的是，将犯罪既遂形态分为“实害结果犯”“形式结果犯”不仅会免除一些不必要的理论争议，还能够较好地体现立法意图。

其一，能够免除一些不必要的理论争议。传统犯罪既遂形态理论既存在着“行为犯”与“结果犯”界限之争，也存在着“抽象危险犯”的存废争议。② 这令人眼花缭乱。然而如依据笔者对既遂形态的理解，这些争议将在很大程度上被消

① 传统刑法理论认为，举动犯大致包括两种情形：一是具有预备性质的犯罪行为。如组织领导参加恐怖活动组织罪。二是具有教唆煽动性质的犯罪行为。如煽动民族仇恨、民族歧视罪。只有第一种情形的犯罪行为所侵犯的客体是“公共安全”的“辅助客体”，它属于“辅助结果犯”。第二种情形则不是。抽象危险犯在我国刑法理论上被理解为“一经在特定地点或者特定对象实行，便认为存在一般危险状态，从而成立既遂形态的犯罪”。它通常包括两类犯罪：一类是故意以危险方法危害公共安全的犯罪。另一类是“违反枪支、弹药、爆炸物及核材料的犯罪。在笔者看来，由于第一类犯罪所侵犯的犯罪客体是公共安全这一现实生活利益，它应当属于”实害结果犯“。第二类犯罪所侵犯的犯罪客体则属于”辅助客体”，它应当属于“辅助结果犯”

② 参见鲜铁可：《危险犯研究》（博士论文），武汉大学印，第23～25页。

解。这是因为在本书构建的犯罪既遂形态体系下,这些争议将归结为“实害结果犯”“形式结果犯”之辩。而二者的界限又是相对明确的。

其二,能够较好地体现立法意图。尽管学界对犯罪客体有着不同的解读,[①]但都承认保护法益(社会关系)是法律创制的基本目的,创制刑法规范就是通过对具体行为类型的禁止来完成保护犯罪客体的任务。在此共识下,对犯罪既遂标准的诠释,就应当以“犯罪客体受到现实损害”为逻辑起点。而无论是“实害结果犯”还是“形式结果犯”,其在犯罪既遂的认定上恰恰是以“犯罪客体受到现实损害”作为唯一标准的。这无疑是对立法意图的阐释。

---

① 参见童伟华:《犯罪客体研究》,武汉大学出版社 2005 年版,第 29 ~ 34 页。

第五章　特殊犯罪形态之既遂问题研究

本章选择几种特殊犯罪形态的既遂问题进行研究。这几种犯罪形态分别是:结果加重犯、数额犯、复行为犯、共同正犯。

一、结果加重犯之既遂问题研究

从笔者所掌握的文献材料来看,我国刑法学界对结果加重犯既遂的研究主要围绕以下两个方面的问题予以展开且无共识:结果加重犯究竟有无既遂与未遂之分?如有,其既遂标准应如何去把握?上述问题的合理解答直接关涉着刑罚的具体适用:(1)当加重结果没有发生时,能否按犯罪未遂适用结果加重犯的法定刑?(2)在发生加重结果但基本犯未遂的情况下,适用加重法定刑时是否能够按照未遂犯从轻或者减轻处罚?

笔者撰写此部分内容,旨在化解学界对上述问题的纷争,亦希冀引导实务界在结果加重犯的处理上更为准确地适用刑罚。

(一)"全面否定说"的基本症结

结果加重犯有无既遂与未遂之分?我国刑法理论通说以及相关司法解释是持全面否定立场的,认为结果加重犯只存在成立与否的问题,并不存在既遂、未遂的问题。

全面否定结果加重犯存在未遂的观点(以下简称"全面否定说")是从犯罪构成要件是否齐备这个角度予以论证的,认为"加重结果"是构成结果加重犯不可或缺的要件,缺少之,无由成立结果加重犯,更遑论犯罪既遂、未遂了。比如,有的学者就认为:"结果加重犯的构成特征,是在具备某一具体犯罪基本构成的基础上,又出现了基本构成条款不能包括而为加重刑罚的条款所特别规定的严重结果。这一加重结果的有无是结果加重犯是否成立的要件,有此结果就构成并完备了结果加重犯的要件,自然谈不上有犯罪未遂;无此结果就只构成基本犯而根本不成立结果加重犯，也谈不上有结果加重犯的未遂。”[①]也有学者持大致相同的理由：“结果加重犯是由基本犯罪和加重结果两部分构成的。这两部分都是成立结果加重犯不可缺少的要件。由于根本没有发生结果，缺少构成结果加重犯的一个必要条件，无由成立结果加重犯，自然也就无从谈及有无未遂。”[②]

也许是受“全面否定说”的影响，司法解释对结果加重犯存在未遂形态也是持反对立场的：“抢劫罪侵犯的是复杂客体，既侵犯财产权利又侵犯人身权利，具备劫取财物或者造成他人轻伤以上后果两者之一的，均属抢劫既遂；既未劫取财物，又未造成他人人身伤害后果的，属抢劫未遂。据此，《刑法》第263条规定的八种处罚情节中除‘抢劫致人重伤、死亡的’这一结果加重情节之外，其余七种处罚情节同样存在既遂、未遂问题，其中属于抢劫未遂的，应当根据刑法关于加重情节的法定刑规定，结合未遂犯的处理原则量刑”[③]。

上述理解将“加重结果”的出现作为结果加重犯不可或缺的要素，其意在强调，加重结果在结果加重犯的“成立”上具有不可代替性。这一点是为本书所赞同的。但是，否认“结果加重犯”存在未遂的说法就值得商榷了。

其一，“犯罪成立”与“犯罪既遂”是两个既有联系又有明显区别的犯罪论范畴。前者是仅仅成立后者的基础，亦即没有“犯罪成立”就无法出现“犯罪既遂”。但是，“犯罪成立”并不意味着“犯罪既遂”，二者不能等同；“犯罪既遂”在“犯罪成立”之外，还应有额外的认定要素。就结果加重犯而言，“加重结果”没有发生固然无法成立结果加重犯，但是“加重结果”的发生并不意味着结果加重犯就成立既遂。质言之，通说的错误在于，将“犯罪成立”与“犯罪既遂”混为一谈，混淆了“犯罪成立”与“犯罪既遂”的界限，以至于得出了错误的结论。

其二，否认“结果加重犯存在未遂形态”有悖于法理常识。否认结果加重犯存在未遂形态，无疑是在承认加重的结果犯不存在未遂。按照这种观点，较其社会危害性为轻的“普通结果犯”更不应存在未遂形态。这应是论者的逻辑结论。然而，论者在相关的论述中又否认了这种逻辑结论，并不否定“普通结果犯”存在犯罪未遂形态。试问，“普通结果犯”尚存未遂形态，较其严重的结果加重犯岂有不存在未遂形态之理？

其三，“全面否定说”主张“加重结果”不出现时按照基本犯罪论处，这会出

---

① 赵秉志：《犯罪未遂的理论与实践》，中国人民大学出版社1987年版，第224～226页。

② 吴振兴：《罪数形态论》，中国检察出版社1996年版，第113页。

③ 最高人民法院《关于审理抢劫、抢夺刑事案件适用法律若干问题的意见》（法发〔2005〕8号）。

现罪刑不均的问题。在此本书仅以“抢劫致人死亡”这一典型的结果加重犯为例。根据《刑法》规定,抢劫罪的基本犯罪的法定刑是3年以上10年以下有期徒刑。依据该法定刑幅度处罚,宣告刑最重也不得超过10年有期徒刑。这就与故意杀人罪的处罚显得极不协调。因为在一般的故意杀人未遂的情况下,尚可在死刑、无期徒刑或者10年以上有期徒刑的幅度内判处一定的刑罚,而以劫财为目的的故意杀人未遂只能在10年有期徒刑以下量刑,这显然是不合理的。

其四,面临重大理论破绽。如前所述,“全面否定说”以“构成要件齐备说”这一犯罪既遂标准理论作为自己的演绎前提。但依据该理论,就应当认为只有当犯罪行为符合基本犯的全部构成要件(包括“基本的犯罪结果“)并且发生了加重结果的,才能被认定为犯罪既遂。进言之,在基本犯罪结果未发生的情形下,“全面否定说”是无法得出“构成要件齐备”成立“结果加重犯既遂”之结论的。然而,论者得出相反的结论,其理论破绽足以显现。

(二)“肯定说”之检视

“肯定说”认为,结果加重犯还是存在未遂形态的。但其具体理由,不同学者所持的理由并不太一样。比如,有学者主张应当承认结果加重犯存在犯罪未遂形态,这是其与基本犯罪共用同一罪名的需要。张明楷教授即持该主张:“在我国,基本犯与结果加重犯是一个罪名,基本犯未遂时说成立结果加重犯既遂,则存在不合适之处。例如,行为人为了强奸妇女而实施暴力,该暴力致妇女重伤,但由于行为人意志以外的原因未能奸淫妇女。在这种情况下,也只成立强奸罪。但说强奸罪既遂则不合适,既不符合社会大众的基本理念,也难以被被害妇女接受。”①

但本书难以赞同论者的逻辑推理,尽管其结论具有或然的正确性。众所周知,犯罪既遂标准的认定是一个实定法层面的问题,其认定自应恪守罪刑法定原则。怎能以“社会大众”的基本理念、“被害妇女”的主观感受作为判断犯罪既遂、未遂的标准呢?如此判断岂不是没有了标准?

对结果加重犯持肯定立场的主张,有学者是立足于“犯罪既未遂的存在范围”这一通说主张展开的。② 关于犯罪既未遂的存在范围,我国刑法通说认为,犯罪既未遂只可能存在于直接故意犯罪之中,在间接故意犯罪和过失犯罪中绝

---

① 张明楷:《未遂犯论》,中国法律出版社、日本成文堂1997年版,第20页。

② 鉴于持肯定立场的学者主张结果加重犯有无未遂取决于不同性质的范围,应当区别对待。故而,本书将此类主张称为“区别否定说”。

无存在的余地。基于该通说,有人认为,“仅仅是直接故意类型的结果加重犯存在既遂与未遂问题。其他类型的结果加重犯不存在既遂与未遂问题”①。

在本书看来,通说将“犯罪既未遂的范围”限于直接故意,这是针对普通犯罪而言的。普通犯罪的主观罪过形式是单一的,要么是故意犯罪,要么是过失犯罪。然而,结果加重犯的主观罪过是相当复杂的,罪过形式具有复合性特征。换言之,通说所限定的“犯罪既未遂的范围”并不具有普适性,它无法应用到具有复合罪过特征的结果加重犯上,此为其一。其二,将行为人对加重结果的主观罪过形式予以多元理解在法理上是经不住推敲的。在我国刑法理论中,没有人会肯定行为人对加重结果出于偶然的情况,即否定偶然的结果加重犯。但是,行为人对加重结果的罪过形式是什么,则有争议:②(1)“过失说”。这种观点认为,行为人对加重结果的主观罪过形式只能是过失。(2)“过失+间接故意说”。该种观点认为,行为人对加重结果的主观罪过形式既可以是故意也可以是过失,但不包括直接故意。(3)“兼含故意说”。这种观点认为,行为人对加重结果的主观罪过形式主要是过失,但是也包括故意。(4)“具体危险故意说”。这是我国刑法学界出现的一种新观点,它认为行为人对加重结果的主观罪过形式应为“危险故意”。该学者明确指出:“比较以上诸说,‘具体危险故意说’理由最充足,因而可取。因为只有这样来解释结果加重犯,其刑事责任问题才能得到令人信服的说明。”③在本书看来,将加重结果的罪过形式界定为“过失”是值得商榷的:

1. 基本犯罪行为不仅具有引起基本结果发生的内在根据,而且具有引起加重结果发生的内在危险性。④ 既如此,当行为人认识到基本行为对加重结果的发生具有内在危险性时,就无法说行为人对加重结果的主观罪过是过失。质言之,只要行为人认识到基本行为的性质,那么行为人对加重结果的主观罪过就不能是过失。

2. 犯罪过失是对公共生活规则、业务规范的背离。刑法理论认为:“根据违反规范的不同,犯罪过失可以被分为两大类型:一类是违反公共生活规则,导致发生了自己不希望的危害结果发生的犯罪过失,即一般犯罪过失。如失火、过失爆炸、过失投毒、过失破坏交通工具、过失破坏交通设备等犯罪行为中的过

---

① 李邦友:《结果加重犯基本理论研究》,武汉大学出版社 2001 年版,第 136 页。

② 参见李邦友:《结果加重犯基本理论研究》,武汉大学出版社 2001 年版,第 43 ~ 44 页。

③ 许发民:《结果加重犯的构成结构新析》,载《法律科学 · 西北政法学院学报》2006 年第 2 期。

④ 具体论述请参见张明楷:《严格限制结果加重犯的范围与刑罚》,载《法学研究》2005 年第 1 期。

失;另一类是从事某项业务的人因疏于业务上的必要注意,导致发生了自己不希望的危害结果的发生,即业务上的犯罪过失。科技革命对犯罪过失的影响,最主要是体现在业务上的犯罪过失方面。”①也就是说,犯罪过失的心理要么产生在人们的日常生活之中,要么产生在人们所从事的业务之中,它不可能产生在某一种犯罪活动之中。换句话说,过失犯罪要么是违反公共生活规则,要么违反业务规范。如果我们认为加重结果的罪过形式为过失,这无疑是在承认犯罪过失的心理可以产生在犯罪活动之中,无疑是在承认过失犯罪并非对公共生活规则、业务规范的背离。

3. 结果加重犯具有严厉的法定刑。我们知道,结果加重犯的法定刑是极其严厉的。仅以故意伤害致死为例,它的法定刑远远高于基本犯罪的法定刑,几乎与故意杀人罪的法定刑持平。如果我们将行为人对被害人的死亡的主观罪过理解为过失,我们是无法理解这一事实的:结果加重犯的法定刑远远高于基本犯的法定刑与过失犯的法定刑之和。那么我们能否将基本犯罪行为具有引起加重结果内在的危险、发生了加重结果解释为结果加重犯的加重根据呢? 笔者认为,根据主客观相统一的基本原理,仅以基本犯罪行为具有引起加重结果内在的危险性、发生了加重结果为据,是不够全面的,这仅仅是客观方面的依据。如果我们再将加重结果的罪过形式理解为故意,就等于为结果加重犯的严厉处罚找到了充分的根据:正是行为人明知自己所实施的基本犯行为具有引起加重结果发生的内在危险性或者说实在可能性而且执意实施并发生了加重结果,才让其承担相当严厉的刑事责任。

那么行为人对加重结果的主观故意是哪种故意形式呢? 能否将其理解为“危险故意”呢? 在刑法理论中,危险故意与实害故意相对应,“前者,认识侵害一定的法益,并且容认这种侵害是必要的;与此相对应,后者,只要有认识、容认对法益的危险的存在就够了。危险故意,在具体的危险犯中,以危险性的明确的认识为必要,在抽象的危险犯中,只要有漠然的意识就够了”②。也就是说,危险故意存在于危险犯之中,危险故意的认识对象为构成要件中的“危险”。而在结果加重犯中,作为构成要件的“加重结果”是一种“实害结果”并非“危险”。

---

① 马克昌主编:《犯罪通论》,武汉大学出版社 1999 年版,第 360 页。

② 马克昌:《比较刑法原理:外国刑法学总汇》,武汉大学出版社 2002 年版,第 245 页。

由此，根据故意的规制机能原理，[①]“危险”不能成为结果加重中的认识对象。所以本书认为，将行为人对加重结果的主观故意理解为危险故意不够准确，应当将其理解为实害故意。

综上分析，行为人对加重结果的主观罪过应为犯罪故意。当行为人对加重结果持过失心态时，是无法成立结果加重犯的。探讨过失类型“结果加重犯”的既未遂问题将失去意义。

（三）“基本结果发生说”之倡导

如上文所述，行为人对加重结果的主观罪过应为故意。是故，下文对结果加重犯既遂标准的探讨是基于该命题进行的。

当基本结果与严重结果同时发生时，成立结果加重犯既遂是不存在任何问题的。有争议的问题是，当二者并未同时发生，是成立犯罪既遂还是成立犯罪未遂。对此，学界的普遍看法是“加重结果”的发生。笔者称之为“加重结果发生说”。比如，有的学者认为，“无论基本罪是既遂还是未遂，只要发生重结果的，都是结果加重犯的既遂形态”[②]。也有其他学者持相同观点。[③]

在本书看来，“加重结果发生说”较之“全面否定说”固然有可取之处，但是它仍未摆脱“全面否定说”的“致命短板”：混淆了“犯罪成立”与“犯罪既遂”的合理界限，不符合我国罪刑规范模式的立法设置[④]。更为重要的是，“加重结果说”将“加重结果”的发生作为结果加重犯的既遂标准，不利于犯罪人中止犯罪。这是因为在“加重结果”发生的情形下，基本犯罪结果并非必然发生，犯罪过程并非一定结束。根据《刑法》第 24 条规定，在“犯罪过程中”，犯罪人本来是可以“中止犯罪”的。然而，依据“加重结果发生说”将使得犯罪人“中止犯罪”已无可能，使得立法者为犯罪人所“架设的后退的黄金桥”无法发挥作用。

主张“加重结果发生说”的另一依据是“结果加重犯”属于派生的犯罪构成。论者认为，派生的犯罪构成与普通的犯罪构成一样存在独自的既遂标准；

---

① 关于构成要件的机能，德国、日本学者概括了很多，主要有以下几点：自由保障机能；犯罪个别化机能；违法性推断机能；故意规制机能。其中，故意规制机能的基本含义是：故意是对符合构成要件的客观事实的认识和容忍。换言之，构成要件规制了故意的认识内容与意志内容请参见张明楷：《外国刑法纲要》，清华大学出版社 1999 年版，第 73 ~ 74 页。

② 金泽刚：《犯罪既遂的理论与实践》，人民法院出版社 2001 年版，第 161 页。

③ 参见陈兴良：《本体刑法学》，商务印书馆 2001 年版，第 481 ~ 483 页；李邦友：《结果加重犯基本理论研究》，武汉大学出版社 2001 年版，第 136 ~ 137 页。

④ 在笔者看来，我国罪刑规范的基本模式是“犯罪成立模式”。具体论述请参见陆诗忠：《对我国罪刑规范模式的再追问》，载《中国刑事法杂志》2011 年第 10 期。

既然根据行为的社会危害程度将犯罪构成分为普通的犯罪构成与派生的犯罪构成,普通的犯罪构成能够被修正,那么派生的犯罪构成就应当能够被修正,进而应当存在独自的既遂标准,否则就是将普通的犯罪构成当作某一犯罪的全部。[①]

论者的上述结论,在逻辑推理上是成立的。但其症结在于,将犯罪构成分为普通的犯罪构成与派生的犯罪构成并以此作为演绎的前提是否切实可行?众所周知,修正的犯罪构成在中外刑法理论上被理解为是对普通的犯罪构成加以某些修改变更而形成的一种特殊的犯罪形态。在此意义上,论者所指涉的"派生的犯罪构成"(加重的犯罪构成、减轻的犯罪构成)自然也属于修正犯罪构成的范畴。

需要强调的是,本书在此无意反对"修正犯罪构成"的存在意义。事实上,将犯罪构成分为基本的犯罪构成与修正的犯罪构成,有助于我们考察同质的犯罪由于构成要素的结构不同而具有不同程度的社会危害性。但是,我们在借鉴大陆法系刑法理论研究成果的基础上,应当结合我国犯罪构成自身的实际,赋予其新的内涵。根据本书的理解,我国刑法中的修正犯罪构成有以下两种基本类型:一类是《刑法》总则对普通犯罪构成进行修正而形成的共犯形态、未完成犯形态、罪数形态;另一类则是《刑法》分则对普通犯罪构成进行修正而形成的加重或者减轻的派生犯形态。但无论如何,上述任何一种犯罪形态都是对普通犯罪构成予以修正而来。然而,论者将"修正"的对象扩展至派生的犯罪构成,这明显违背了修正犯罪构成的本来面目与理论初衷。

在承认"修正犯罪构成的修正对象只能是普通的犯罪构成"这一理论共识下,派生犯罪形态将无法被修正,独立的犯罪既遂形态将无法出现。进言之,即便论者得出的结论具有或然的正确性,但由于其演绎前提存在重大缺陷,其结论的科学性必然是值得进一步怀疑的。

在本书看来,结果加重犯的既遂标准应当是基本犯罪的犯罪客体是否受到实际破坏或者说"基本犯罪结果"[②]是否已经发生。在此意义上,本书提倡"基本犯罪结果发生说"。具体理由如下:

---

① 参见王志祥:《犯罪既遂新论》,北京师范大学出版社2010年版,第126~132页。

② 在成立结果加重犯的前提下,由于被害人的人身权利必然已经受到实际侵害,"基本犯罪结果"只能被理解为行为人已经取得被害人的财物。

1. 结果加重犯的“构成要件发生了变化”并未改变其犯罪性质。

依据刑法通说，尽管派生犯罪存在独特的加重或者减轻要素，但这些特殊要素仅是法定刑的升格条件，并没有导致派生犯罪的犯罪客体的性质发生变化，它与基本犯罪在犯罪性质上是相同的。换言之，结果加重犯的“构成要件发生了变化”只是意味着犯罪行为违法性程度发生了变化。实际上，论者对此通说观点也是深以为然的：“加重因素可以是一个单一的要素，也可以是多个要素的复合。但这些基本犯罪构成之外的要素无论怎样组合都不能形成独立的为刑法分则所规定的罪名。如果能够形成独立的犯罪，那就不是一罪的加重，而是罪数形态”①。既然派生的犯罪构成与基本的犯罪构成性质相同，那么其犯罪客体就应没有独立性。所侵犯的犯罪客体就应当是基本犯罪的犯罪客体。进言之，二者在所侵犯的犯罪客体并无异样的情况下，结果加重犯的既遂标准就应当依附于基本犯罪，必然取决于“基本犯罪结果”是否发生。

2. “基本犯罪结果”的发生是对“结果加重犯的成立”与“结果加重犯既遂”的有效连接。

在笔者看来，“加重结果”的出现，仅仅是意味着“结果加重犯的成立”。成立“结果加重犯既遂”则必须从其犯罪客体上去寻找。这样理解既符合“犯罪客体”在我国犯罪构成理论体系的合理定位，②同时也能够厘清“犯罪成立”与“犯罪既遂”的关系。一方面，犯罪客体在我国犯罪构成理论体系中的应有定位决定了“犯罪客体受到直接侵害”作为犯罪既遂的标准是具有合理性的。③另一方面，“犯罪客体受到直接侵害”是“结果加重犯的成立”演进至“结果加重犯既遂”不可或缺的构成要素，是“犯罪成立”通往“犯罪既遂”的“桥梁”。因而，“基本犯罪结果”作为“犯罪客体受到直接侵害”的表现形式就应当成为结果加重犯的既遂标准。

3. 有利于鼓励犯罪人中止犯罪。

在司法实践中难免出现如下情形：行为人实施的犯罪行为已经造成加重结果的发生，但基本结果尚未发生，而在此时行为人主动放弃犯罪。对于此种情形，依据本书倡导的“基本结果发生说”，犯罪尚未既遂，可以顺理成章地成立犯罪中止。依据“加重结果发生说”，该情形则成立犯罪既遂。如此的认定会使得

---

① 王志祥：《犯罪既遂新论》，北京师范大学出版社 2010 年版，第 129 页。

② 关于“犯罪客体”在我国犯罪构成理论体系的合理定位问题，请参见前面章节相关内容。

③ 参见陆诗忠：《对我国犯罪既遂标准理论的检讨》，载《法律科学（西北政法大学学报）》2012 年第 6 期。

行为人产生回头无望的消极心理，并因此将犯罪继续实施下去，以致最终未能避免本来通过行为人的努力就可防止的损害结果。

4. 有利于贯彻罪刑相适应的原则。

本书所倡导的“基本犯罪结果发生说”，依据基本犯罪结果是否发生，将结果加重犯分为既遂的结果加重犯与未遂的结果加重犯；二者具有不同的社会危害性，在量刑上应当有所区别。这无疑是罪刑相适应原则在犯罪形态领域的具体落实。

倡导“基本结果发生说”还须回应这样的观点：“如果否认派生犯罪存在独自的既遂标准，那么在派生结果未发生的情况下，便排除了适用加重的法定刑幅度的可能性，而只能适用基本犯罪的法定刑幅度处罚，这就有可能导致罪刑不相适应的结局。”①

论者的上述担心是没有道理的。这是因为在加重结果未发生的情况下，并非“只能适用基本犯罪的法定刑幅度处罚”，是可以视情况按照其他犯罪的法定刑予以处罚的。在此笔者以论者所举的“抢劫致人死亡”这一典型的结果加重犯为例。在本书看来，图财杀人并未导致“被害人死亡”这一加重结果发生的抢劫的行为完全可以被评价为故意杀人罪（未遂）。这样处理并不会放纵犯罪人，不会有悖于罪刑相适应的原则。

但有学者认为，将“图财杀人”定性为故意杀人未遂并不妥当。在其看来，对“图财杀人”的抢劫行为定性为故意杀人未遂行为，这是一种单纯基于危害结果的差异对相同行为定不同罪名的做法，具有不合理性，“对于抢劫致人死亡的情形，如果认定为故意杀人罪会出现如下现象：行为人为劫取财物而预谋故意杀人，或者在劫取财物的过程中，为制服被害人反抗而故意杀人，致人死亡的，以抢劫罪定罪处罚；没有致人死亡的，以故意杀人罪论处，这显然是一种不合理、不正常的现象”②。

将“图财杀人”的行为定性为抢劫罪是有一定道理的。但是，该行为就其本质而言，无论其是否导致被害人死亡，被评价为一种以非法占有他人财物为犯罪动机而实施的故意杀人行为，也是能够令人接受的。这是刑法理论上的想象竞合现象。对此，有学者做如下剖析，令人释然：“对于故意致人死亡的，从杀人和占有财物的不可分割的直接联系看，实际上是一个行为同时触犯故意杀人罪（图财杀人）和抢劫罪（杀人抢劫）两个罪名，符合想象竞合犯的特征。从有利

---

① 王志祥：《犯罪既遂新论》，北京师范大学出版社 2010 年版，第 354 页。

② 张明楷：《未遂犯论》，中国法律出版社、日本成文堂 1997 年版，第 17 页。

于打击犯罪出发，应当从一重处断，而不是只定抢劫罪。”①

二、数额犯之既遂问题研究

在刑法理论上，“数额犯”被理解为以一定的数额或者数量作为构成要素的犯罪形态。由于我国《刑法》的构罪模式具有定量特征，“罪量要素”是犯罪构成要件之一，因此“数额”成为我国《刑法》规定的最为常见的“罪量要素”，“数额犯”便成为我国刑法中重要的犯罪形态之一。它主要分布于经济犯罪、贪污贿赂罪和财产犯罪之中。据初步统计，我国《刑法》所规定的483种罪名中明确涉及犯罪数额的有200个左右。有鉴于此，“数额犯”为我国广大刑法研究者所关注。其中，数额犯的既遂、未遂问题尤为值得重视。这是因为数额犯既遂、未遂的判断，既涉及对该犯罪形态的本质认识，也关涉到犯罪人刑事责任的具体分派。然而，“数额犯”是否存在犯罪的既遂、未遂形态问题，学界历来分歧较大②，远未形成共识，进而引发了对相关“司法解释”的不当评判。基于此，有必要对该问题予以进一步的研究。

（一）“否定说”“折中说”之省思

“数额犯”是否存在犯罪的未遂形态，学界分歧较大，疑窦丛生。概括起来，有“否定说”“肯定说”“折中说”之别。

1. 对“否定说”批判的省思

“否定说”否认数额犯存在未遂形态，其基本依据是“我国刑法分则所规定的构成要件是犯罪的成立条件，而不是犯罪的既遂条件。”论者还作了进一步的阐释：(1)在数额犯中，数额的功能在于出罪，将不具备数额标准的行为作为犯罪未遂处理违背立法宗旨；(2)数额是对构成结果的限制，没有达到数额要求的，即认为构成结果没有发生，不能作为犯罪处理；(3)尽管刑法总则有未遂的一般规定，但是并非所有犯罪不分情况都处罚未遂。③

“否定说”遭到学界的普遍批判，认为它至少存在以下两个方面的不妥之处：(1)“否定说”对“我国刑法分则模式”存在着错误的理解。批判者指出，“否定说”的前提是刑法分则中的具体犯罪的犯罪构成是以犯罪成立为标准予以认

---

① 王作富：《刑法论衡》，法律出版社2004年版，第351页。

② 概括起来，学界对数额犯既遂、未遂问题的认识有“否定说”“肯定说”“折中说”之别。

③ 参见唐世月：《数额犯论》，法律出版社2005年版，第117～119页。

定的。然而该前提是不存在的。[①]（2）"否定说"夸大了数额对于数额犯成立的意义,将数额这种集中体现数额犯社会危害程度的因素当作了决定数额犯危害大小的唯一因素。批判者指出,数额虽然是影响和决定犯罪危害性大小的基本因素之一,但数额绝不等于案情的全部:"对数额予以硬性要求(指作为罪与非罪的标准)难免导致虽综合全案看已经达到犯罪程度却因未达到数额较大就难以认定为犯罪的情况,同时还容易造成一达到数额标准就不管案情而一律定罪的做法,而这些做法都是违背我国刑法关于犯罪的基本规定和基本原理的。"[②]"如果坚守否定说会导致民众法感情的不适以及司法人员的狐疑,试想,如果对于一个明显具有社会危害性的案件仅仅因一个数额的不足而不宜犯罪论处,将不利于法益保护的目的。"[③]

笔者亦不赞成"否定说"的基本立场。但同时认为,刑法学界对"否定说"所进行的上述指责存在一些误读,并未真正找出该说的"症结"之所在。

其一,"犯罪成立模式说"与主张数额犯不存在未遂的"否定说"并无必然关联。"犯罪成立模式说"仅仅意味我国刑法分则规范是对未完成形态、完成形态构成犯罪之基本条件或者共同条件的描述,是具体犯罪得以成立的最低规格的描述。亦即刑法分则对"犯罪成立"的规定不只是针对犯罪既遂,也包括犯罪未遂、犯罪预备等。既如此,"否定说"依据"犯罪成立模式说"是无法得出"数额犯"不存在未遂之结论的。更为关键的是,"犯罪成立"与"犯罪既遂形态"是两个既有联系又有明显区别的犯罪论范畴。前者是成立后者的基础,后者则是前者的演进形态。在演进过程中难免会出现"犯罪未遂"的情形。质言之,即便"否定说"坚持我国刑法分则为"犯罪成立模式",也不能得出"数额犯"不存在未遂的结论来。

其二,"否定说"并未夸大"数额"在数额犯中的作用。就一般法理而言,虽然影响"数额犯"社会危害程度的因素不限于"数额",但既然《刑法》明确将"数额"规定为具体犯罪的构成要素,那么基于罪刑法定主义的基本要求,在实定法层面上,"数额"在所有的影响因素中理应具有其他因素无可代替的"至尊地位",否则何以成为"数额犯"? 实际上,对"否定说"持反对意见的学者也是极为突出"数额"之定罪功能的。只不过在他们那里,"数额"出现了"逻辑划分",

---

① 参见王昭振:《数额犯中"数额"概念的展开》,载《法学论坛》2006 年第 3 期。

② 赵秉志:《侵犯财产罪》,中国人民公安大学出版社 1999 年版,第 261 页。

③ 于志刚:《关于数额犯未遂问题的反思》,载赵秉志主编:《刑法论丛》(第 21 卷),法律出版社 2010 年版。

进而强调某一类型的“数额”在“数额犯”中的“至尊地位”而已。但无论如何划分，都没有否认“数额”是具体个罪之“罪量因素”这一基本事实。比如，将数额分为“犯罪构成要件数额、犯罪概念定量因素数额”[①]的学者就尤其强调“犯罪构成要件数额”的定罪功能，“数额犯中的数额要件的存在实际上是对法益侵害程度的一种说明与限定，从而在实质根据上解决犯罪的成立与否的问题”[②]。将数额分为“犯罪指向型数额、犯罪所得型数额”的学者就强调指向型数额的定罪功能，“只要数额没有能够达到或者积累到法律所规定的标准就不构成犯罪，不存在既遂、未遂之分。这是由‘数额’作为犯罪构成的定量因素决定的”[③]。简言之，“否定说”突出数额在数额犯中的定罪作用是无可厚非的。只是它没有明确具有定罪功能“数额”的具体存在样态是什么，以致遭到了错误的批判。

“否定说”虽然不存在反对者所存在的上述指责，但并不意味着“否定说”具有存在的合理性根基。

其一，“数额犯”与其他犯罪形态一样，往往也存在过程性。在数额犯形态中，并非一经着手在任何情形下都会对数额犯所保护的犯罪客体构成现实的损害。着手后尚需经历相当的行为过程才能构成现实的损害，这是完全有可能的。这样，犯罪人在着手实行数额犯的行为后，便有可能基于其意志以外的原因或者本人的意志最终没有使得立法者所欲保护的犯罪客体遭受到法定的现实损害，从而会形成犯罪的未完成形态。

其二，“否定说”有违犯罪既遂、未遂存在范围的基本原理。犯罪既遂的存在范围，所要说明的是究竟哪些犯罪中存在犯罪既遂与未遂的划分，而哪些犯罪不存在所谓的既遂与未遂的问题。在该问题上，我国刑法理论是围绕着犯罪的主观罪过形式展开的，即犯罪未遂是存在于哪种主观罪过形式的犯罪之中。对此，通说认为，犯罪既遂、未遂存在于直接故意犯罪之中；过失犯罪和间接故意犯罪不存在犯罪未遂形态。在此意义上，只要“否定说”没有彻底颠覆犯罪既遂、未遂存在范围的基本原理，不否认数额犯的主观罪过形式包括直接故意，那么“否定说”就不该完全否认数额犯存在未遂形态。

在犯罪未遂存在范围的探讨上，学界还有一种具有较大影响力的观点。该观点认为，仅仅依据主观罪过形式判断犯罪既遂、未遂的存在范围是不够充分

---

① 王昭振：《数额犯中“数额”概念的展开》，载《法学论坛》2006 年第 3 期。

② 王昭振：《数额犯中“数额”概念的展开》，载《法学论坛》2006 年第 3 期。

③ 于志刚：《关于数额犯未遂问题的反思》，载赵秉志主编：《刑法论丛》（第 21 卷），法律出版社 2010 年版。

的,这只是问题的一个方面。在此基础上,还必须要求行为对刑法所保护的重大犯罪客体造成了严重威胁或者严重危险的时候,才能作为犯罪未遂形态予以处罚,"在考虑处罚未遂犯的处罚范围,必须注意到这一点,对于法定刑重的犯罪即重罪,可以考虑处罚其未遂形态,而对于法定刑较轻的犯罪即轻罪,则没有必要处罚其未遂形态"①。论者又明确了重罪与轻罪的界限:法定最低刑为3年以上有期徒刑的犯罪是重罪,法定最高刑为3年以下有期徒刑的犯罪是轻罪。笔者对上述认识甚为赞同。这既是我国刑法"但书"规定的应有之义,也是我国刑法所持客观主义立场的基本要求。依据这样的认识,"否定说"如坚持数额犯存在未遂形态,那么所有数额犯的法定最高刑就必须皆为3年以下有期徒刑的犯罪。然而,我国《刑法》中数额犯的法定刑并没有给予支持。

我们还注意到"否定说"的另外一个理由:尽管刑法总则有未遂的一般规定,但是并非所有犯罪不分情况都处罚未遂。但在笔者看来,该规定是针对《刑法》所涉具体犯罪而言的,并非仅仅针对数额犯。因而,我们不能据此规定得出"所有数额犯"皆不存在犯罪未遂的结论来,我们至多能够得出"部分数额犯"不存在未遂形态的结论。

2. 对"折中说"之省思

"折中说"认为并不是所有的数额犯都存在犯罪未遂形态。其中,在学界产生较大影响力的当属刘之雄教授的观点。他指出,以刑法分则条文的罪状规定为依据,即"在罪状表述中是否有表明结果要件的词语",我国刑法中的数额犯可分为两类,即"结果数额犯"与"行为数额犯"。前者的数额是"违法所得数额",后者的数额是"行为侵害的目标数额"②。在其看来,基于"结果数额犯"中的"违法所得数额"是产生法定数额标准的结果,犯罪方能成立,因而犯罪的未完成形态是无以存在的。然而以法定的数额即"行为侵害的目标数额"作为定量标准的"行为数额犯",是存在犯罪既遂、未遂之别的。

"折中说"的最大可取之处在于注意到了"数额"在不同的数额犯中具有不同的表现形式。但在本书看来,如此划分还是值得斟酌的:

其一,对数额犯进行如此划分并无实质意义。这是因为,论者将"在罪状表

① 黎宏:《刑法总论问题思考》,中国人民大学出版社2007年版,第426页。

② 结果数额犯通常都会在罪状中使用表明结果要件的词语,如"造成……""致使……""违法所得"等。"关于造成实际损失的数额规定"以及"关于违法所得数额规定"是其标志;行为数额犯,罪状中对数额的规定并不使用指向结果的词语,"行为侵害的目标数额"以及"作为行为违法内容的数额"是其标志。详细论述请参见刘之雄:《犯罪既遂论》,中国人民公安大学出版社2003年版,第128~135页。

述中是否有表明结果要件的词语”作为区分结果数额犯和行为数额犯的标准，并没有实质上的法律价值。仅以“盗窃罪”为例。刘教授认为，在盗窃罪的罪状表述中仅有“数额较大”的词语，而没有表明“结果要件”的类似词语，因而该数额犯的犯罪形态属于“行为数额犯”。但在笔者看来，行为人实施盗窃罪，其目的无非在于获得其行为所指向的财产。质言之，罪状表述中的“数额较大”无疑也就内涵了“取得财物”的意思。同样，“结果数额犯”中的“违法所得数额”也可以转化为“行为数额犯”中的“行为侵害的目标数额”。仅以属于论者视野下的“结果数额犯”中的“非法经营同类营业罪”为例。在论者看来，“获取非法利益，数额较大”是“违法所得数额”，是“结果要件”，并非行为的定量要求。然而这并不影响我们将该数额作相反方向的理解，即将其界定为“行为数额犯”。我们完全可以说成立“非法经营同类营业罪”，要求其行为必须是“获取数额较大非法利益”的行为。实际上，数额犯中的“数额”，是作为“构罪数额”而存在的，它不能被理解为一个纯客观的东西，更不能被理解为一种客观结果。它应当是行为人所认识的客观指向。在此意义上，我们应将数额犯中的数额理解为“犯罪指向数额”更为准确。质言之，所谓的“结果数额犯”与所谓的“行为数额犯”并无什么实质区别，完全可以作对换理解。

其二，该划分会给人们带来不必要的困惑。众所周知，在我国刑法学中，“结果犯”“行为犯”是就犯罪既遂形态意义而言的，它们是犯罪既遂的基本形态。刘教授将数额犯分为“结果数额犯”“行为数额犯”，则容易使得人们将其分属于“结果犯”“行为犯”。如此一来，难免让人们会产生这样的困惑：既然“结果数额犯”属于“结果犯”，岂能因为没有出现法定数额标准的结果，就不能成立犯罪呢？理应成立犯罪未完成形态才是！该疑问也同样存在于“行为数额犯”之中。

（二）“肯定说”的修正与改进

“肯定说”依据我国刑法理论所普遍认同的“犯罪既遂模式论”，认为“数额犯”存在既遂、未遂的问题：犯罪行为达到法定的数额标准，是犯罪既遂，如果未达到法定的数额标准，则意味着犯罪构成要件不齐备，属于犯罪的未遂。[①] “肯定说”获得了学界的普遍认同。但在本书看来，该说存在以下几个方面的问题：

其一，它将数额分为“指向数额”与“所得数额”。

① 参见张勇：《犯罪数额研究》，中国方正出版社 2004 年版，第 92 页。

“数额犯”中的数额具有客观性、法定性，这是由数额所负有的限定犯罪成立之效能所决定的。但是，刑法中的数额绝对不是一种抽象的存在，它在不同的具体犯罪中往往具有不同的状态，借以体现出刑法对法益的保护具有不同的转向。对此，“肯定说”学者依据刑法规定，对数额犯中的“数额”类型从不同角度进行了梳理与划分。其中在学界产生较大影响的是，根据数额价值的判断是否含有犯罪人的主观认识因素，将刑法中的数额分为犯罪“指向数额”与犯罪“所得数额”①。前者是指行为人实施犯罪时所指向的客观对象的数额，体现的是犯罪对象的价值量。比如，“伪造有价证券罪”的“数额较大”就是指伪造行为所涉及的票面数额较大，“票面数额”就是犯罪“指向数额”。后者则是指行为人通过犯罪实际谋取的数额。比如，在“掩饰、隐瞒犯罪所得、犯罪所得收益罪”中，行为人通过销赃所获取的实际收入就是犯罪“所得数额”。

在本书看来，论者所及的犯罪“所得数额”虽然与犯罪“指向数额”存在一定的差异，但是二者在本质上还是一致的。即无论是犯罪“指向数额”还是犯罪“所得数额”，它们均是对法益侵害程度的一种说明与限定，都反映了法益将要受到侵害的状况。换言之，将“犯罪所得数额”理解为“犯罪指向数额”并无不可。因为，二者都是行为人实施犯罪时主观指向的犯罪数额。只不过，前者指向的是体现刑法法益的赃款、赃物，后者指向的是体现刑法法益的犯罪对象。但无论如何它们都是从不同的侧面反映了法益将要受到侵害的状况、程度。

需要进一步说明的是，在以犯罪“指向数额”为基准的数额犯中，其既遂状态的出现首先要判断指向数额是否客观存在。然后，在此基础上进一步判断犯罪是否既遂。其既遂标准就是犯罪“指向数额”转换为犯罪“实际数额”。实际数额因为犯罪人意志以外的原因未出现的便是犯罪未遂。为了便于说明问题，不妨先以“盗窃增值税专用发票罪”为例。根据《关于审理盗窃案件具体应用法律若干问题的解释》的规定，盗窃增值税专用发票的数量为 25 份以上的，为“数额较大”，成立盗窃罪。依据笔者的研究，“发票的数量为 25 份以上”就应当被理解为该罪的“指向数额”。当行为人真的将该数量的发票盗窃至手中，就意味着“指向数额”转化为“实际数额”，犯罪既遂便告成立；当行为人在对该数量的发票进行盗窃的过程中，被当场抓获制服的，便构成犯罪未遂。再如，在销售假冒注册商标的商品罪中，购买人和出售人经过数轮的讨价还价，最后以 10 万元的价格成交，达成协议。在这里，犯罪的“指向数额”就是“10 万元”。当销售方

---

① 牛克乾：《关于犯罪数额认定中若干实践问题的理论思考》，载《法律适用》2008 年第 11 期。

从购买方那里取得“真实的、现实的10万元”时，亦即当犯罪的“指向数额”转化成了犯罪的“实际数额”时，其行为便属于犯罪既遂；而当双方交易还没有完成就被查获的，亦即“指向数额”尚未转化为“实际数额”的，其行为便属于犯罪未遂。

本书需要强调的是，“肯定说”对“数额”的划分虽然对辨别《刑法》中不同数额的内涵具有一定的实践指导功能，但是此划分并没有穷尽我国刑法中“数额”的全部情况。这表现在我国《刑法》中尚有大量“损失数额”的规定。该数额是犯罪行为对犯罪对象作用后所导致的具有数量特性的危害后果，它体现的是犯罪行为社会危害性的程度或者说犯罪行为的规模。“损失数额”在经济犯罪、财产犯罪以及渎职犯罪中皆有存在，表现为“造成较大损失”“造成重大损失”“致使……”是此类犯罪的构成要件。比如，《刑法》第397条所规定的滥用职权罪、玩忽职守罪就存在“损失数额”的规定。该条中的“致使公共财产、国家和人民利益遭受重大损失”既不能被理解为犯罪“指向数额”，也不能被理解为犯罪“所得数额”。它应当被理解为犯罪行为所间接导致的社会危害。该危害是具有数额、数量特征的危害后果亦即犯罪“损失数额”。

其二，它不适当地扩大了数额犯未遂形态的成立范围。

首先，它将社会危害性尚未达到应当追究刑事责任的行为作为犯罪来对待，以致扩大了数额犯未遂的成立范围。换言之，它混淆了“行为未遂”与“犯罪未遂”这两个不同的概念。“行为未遂”是指行为人着手实施某一危害行为后，基于行为人意志以外的原因而最终未能完成该行为的情形。“犯罪未遂”则是指行为人着手实施某一危害行为后，由于行为人意志以外的原因未能完成该行为但是仍然能够成立犯罪的情形。在此意义上，数额犯的未遂行为还是存在着不作为犯罪予以处罚之情形的。根本原因在于：“但书”作为我国《刑法》法定犯罪概念的组成部分，自应对自然意义上的“未遂”行为成立犯罪（未遂）具有制约作用。正如学者所揭示的那样：“在我国，犯罪概念中存在定量因素，刑法的处罚范围较为狭窄。这样，任何未遂行为要成立犯罪，都要过‘定量因素’这一关。”①

其次，它未能正确理解“数额的地位”，以致扩大了数额犯未遂的成立范围。关于“数额的地位”，在我国传统刑法理论中，“数额的地位”是被作为犯罪的构成要件来理解的：数额是犯罪成立的条件，需要行为人对此有明确的认识；无明

① 王志祥：《犯罪既遂新论》，北京师范大学出版社2010年版，第254页。

确认识的,应当根据“无罪过即无责任之原则”不能认定为犯罪。① 然新近以来,有学者试图对上述认识予以超越,指出“数额”无须行为人予以明确认识,“犯罪故意概念中认识的内容只能是犯罪构成要件规定的事实,危害行为、危害结果以及危害行为和危害结果相联系的其他犯罪构成要件的事实,与犯罪构成要件无关的实施情况,不论行为人是否认识,不影响犯罪故意的成立。因此将体现社会危害性程度大小的罪量因素作为主观罪过的内容不符合行为规范的性质,也不符合中外刑法有关主观罪过的界定要求”②。笔者不同意此种理解。既然论者将“数额较大”理解为犯罪构成的罪量因素,是对法益侵害程度的一种说明与限定,它就应当是“犯罪构成要件规定的事实”,岂有不要求对其予以明确认识之理?

笔者同时认为,“肯定说”将我国《刑法》中所规定的数额都理解为需要行为人予以明确认识的构成要件,也是无法令人接受的。这是因为作为定罪数额的重要组成部分的“损失数额”应当理解为“客观的超过要素”。其道理在于,犯罪“损失数额”并非数额犯之犯罪客体本身,并非“对法益侵害程度的一种说明与限定”,它自然无须成为行为人需要予以认识的事实。比如,我国《刑法》第397条所规定的滥用职权罪。该罪的犯罪客体是国家机关的正常活动。该客体自应成为行为人明确认识的内容。作为犯罪“损失数额”的“致使公共财产、国家和人民利益遭受重大损失”则不然,它体现的并非“国家机关的正常活动”本身。那么如何判断某些数额是“客观的超过要素”呢?在笔者初步看来,最根本的是看该数额是否规定在经济犯罪、财产犯罪之中。凡是规定在经济犯罪、财产犯罪之中的,就应当理解为犯罪“指向性数额”;凡是规定在其他章节犯罪之中的,则应当理解为“客观的超过要素”。理由在于,只有犯罪“指向性数额”才是对经济犯罪、财产犯罪犯罪客体的限定与说明。

需要补充说明的是,将“损失数额”理解为“客观的超过要素”,不要求行为人对其有主观上的认识,并不违背我国《刑法》第14、15条的规定。根据该条规定,行为人认识的内容是“危害结果”,而这里的“危害结果”是行为对犯罪客体本身的损害,并不包含“客观的超过要素”。另外,承认“客观的超过要素”也不会加重行为人的刑事责任。这是因为它具有限制犯罪成立范围的性质,而不是加重处罚的条件。

---

① 参见高铭暄、王作富主编:《新中国刑法的理论与实践》,河北人民出版社1988年版,第594～595页。

② 王昭振:《数额犯中“数额”概念的展开》,载《法学论坛》2006年第3期。

根据笔者的研究，犯罪“损失数额”是作为“客观的超过要素”存在的，它并非数额犯之犯罪客体本身。因此该数额犯之犯罪既遂并不取决于“损失数额”是否出现，而是取决于其犯罪客体本身是否受到了实际侵害。不过，由于一旦出现犯罪“损失数额”，犯罪客体必然会受到实际侵害从而形成犯罪既遂；未出现犯罪“损失数额”的则不构成犯罪，自然无法构成犯罪未遂。简言之，此种意义上的数额犯的只有犯罪既遂形态。“肯定说”恰恰没有认识到这一点，进而扩大了数额犯未遂的成立范围。

其三，它将法定数额的出现作为认定数额犯既遂的绝对的唯一标准也是值得商榷的。

“肯定说”指出，在数额犯中，只要行为人的行为实现了罪刑规范中所规定的数额标准，就成立犯罪既遂；否则，成立犯罪未遂。[①] 但在本书看来。论者的上述结论犯有以偏概全的错误。从我国《刑法》的立法实际来看，数额犯是存在“纯正数额犯”与“不纯正数额犯”之分的。前者是将数额作为某种行为成立犯罪的唯一罪量要素的犯罪。后者是将数额作为某种行为成立犯罪的选择性罪量因素的犯罪。进言之，在“不纯正数额犯”中，数额仅仅是选择性要件，不具备数额要件，但具备其他选择要件的也能构成某个犯罪。比如，我国《刑法》就为盗窃罪设置了多套可供选择的构成要件：“盗窃数额较大”“多次盗窃”“入户盗窃”“携带凶器盗窃”“扒窃”。因此，盗窃行为所得“数额较大”固然可以成立盗窃罪既遂。但是当其符合“多次盗窃”等条件的，盗窃罪既遂亦可成立。除了盗窃罪这一“不纯正的数额犯”之外，虚报注册资本罪，虚假出资、抽逃出资罪，擅自发行股票、公司、企业债券罪，逃税罪，侵犯著作权罪，聚众哄抢罪，故意毁坏财物罪，非法种植毒品原植物罪等犯罪也属于“不纯正的数额犯”。

在“纯正数额犯”中，由于法定数额是犯罪客体的唯一载体，是对法益（犯罪客体）侵害程度的唯一限定与说明。法定数额的实现自然反映的是立法者意图通过犯罪构成要件所保护的法益（犯罪客体）遭受到了现实的破坏。因而，将法定数额的出现作为其犯罪既遂的标准是合理可行的。“不纯正数额犯”则不然。其道理在于，法定数额本身具有相对意义上的定罪功能但并非法益（犯罪客体）的唯一载体，其他构成要素的出现同样能够反映立法者所欲保护的法益（犯罪客体）遭受到了现实的破坏。是故，“肯定说”将法定数额的出现作为犯罪既遂

① 参见张伟：《数额犯若干问题研究》，载《中国刑事法杂志》2010 年第 3 期；王昭振：《数额犯中“数额”概念的展开》，载《法学论坛》2006 年第 3 期；王志祥：《数额犯基本问题研究》，载《中国刑事法杂志》2007 年第 2 期。

的唯一标准就不尽合理了。为了进一步说明问题,不妨以我国《刑法》所规定的逃税罪为例予以解释。从规定该罪的法条可以发现,立法者将“二次逃税被行政处罚又逃税”与“逃税数额占应纳税额的10%以上且逃税数额1万元以上”作为逃税罪的等值的、并列的构成要件。亦即在该罪中,刑法所保护的税收秩序遭受到现实破坏不仅体现在逃税数额已经达到一定程度上,还体现在逃税行为的次数上。据此,行为人的逃税数额虽未达到法定数额,但行为人实施的逃税次数已经达到法定要求的,逃税罪的既遂形态同样成立。

综上分析,我国《刑法》中的数额犯应当分为“指向性数额犯”与“损失性数额犯”,前者存在犯罪未遂形态,后者则不存在。将“法定数额”的出现作为所有数额犯既遂的唯一标准不尽合理。

(三)为相关司法解释辩护

最高司法机关在总结司法实践经验的基础上,曾出台相关司法解释[①]对某些典型数额犯的未遂问题作了专门规定。相关司法解释的实施也收到了积极的社会效果。但令人始料不及的是,这些司法解释遭到了一些学者的质疑。质疑主要是围绕着两个基本方面展开:一是司法解释将“情节严重”作为盗窃未遂构成犯罪的标准[②];二是司法解释提高了“货值金额”,将其作为处罚未遂的依据。[③] 针对这样的质疑,笔者谈谈自己的看法。

1.“情节严重”是否能够作为盗窃未遂行为构成犯罪的标准

《关于审理盗窃案件具体应用法律若干问题的解释》第1条第2项规定:“盗窃未遂的,情节严重,如以数额巨大的财物或者国家珍贵文物为盗窃目标的,应当定罪处罚。”针对该规定,有学者认为,将盗窃未遂构成犯罪的定量标准泛化为“情节严重”,是违背罪刑法定原则的,“按照刑法规定,盗窃罪在犯罪构成上的定量标准是数额较大或者多次盗窃,而非情节严重,这一规定不仅适用于盗窃既遂,也适用于盗窃未遂”[④]。“根据基本的刑法理论,在盗窃罪中,情节

---

① 这里的司法解释是指1998年最高人民法院《关于审理盗窃案件具体应用法律若干问题的解释》、2001年最高人民法院、最高人民检察院《关于办理生产、销售伪劣商品刑事案件具体应用法律若干问题的解释》。需要特别指出的是,2013年4月最高人民法院、最高人民检察院《关于办理盗窃刑事案件适用法律若干问题的解释》仍然保留了批判者所指责的规定。

② 参见刘之雄:《犯罪既遂论》,中国人民公安大学出版社2003年版,第138页。

③ 参见唐世月:《数额犯论》,法律出版社2005年版,第120页。

④ 刘之雄:《犯罪既遂论》,中国人民公安大学出版社2003年版,第138页。

严重既不影响罪与非罪的认定,也不是犯罪未遂的认定标准。”①

上述指责是难以成立的。虽然《刑法》分则是将“数额较大”“多次盗窃”作为盗窃罪的构成要素,并未提及“情节严重”这一要素,但是依据《刑法》总则第13条“但书”的规定,包括未遂行为在内的任何一种危害行为成立犯罪必须达到“情节严重”的程度,这是《刑法》总则与《刑法》分则之间所存在的制约与被制约的关系的必然要求。也许论者会提出这样的疑问:行为人基于盗窃的故意,其行为指向“数额较大”的财物该行为,难道还没有达到“情节严重”的程度吗?笔者的回答是:当某种行为指向财物的“数额较小”,是无法被评价为“盗窃行为”的,只能被评价为治安管理处罚意义上的“偷窃行为”。质言之,成立刑法意义上的盗窃罪(包括未遂犯罪),它应是盗窃行为质与量的统一体。司法解释将“情节严重”规定为盗窃未遂行为成立犯罪的构成要素,正是对“盗窃行为”成立盗窃罪的“量”的要求。

对上述司法解释持质疑态度的学者还认为,将“情节严重”作为盗窃未遂构成犯罪的标准会扩大盗窃未遂的定罪处罚范围。② 这种理解也是经不住推敲的。这是因为从该解释所列举的“情节严重”的内容来看,它在规定盗窃未遂的定罪标准时,体现的是提升定罪标准的精神。这怎么会扩大其定罪处罚的范围呢?事实上,依据该解释的精神处理案件,会大大限制盗窃未遂的定罪范围而不是相反。

对该司法解释持质疑态度的学者还认为,将盗窃未遂的定罪数额标准提升为“数额巨大”实为不妥:“诚然,盗窃未遂的客观危害程度要小于既遂,因而在定罪的数额标准上适当高于盗窃既遂是合理的……但不能认为既遂的定罪数额标准是数额较大,而未遂的定罪数额标准是数额巨大。如此解释,不当地拔高了法定的定罪数额标准,也缺乏法律上的依据。”③其实,论者在这里对该司法解释存在误读。依据笔者的研究,在以“数额巨大”财物为盗窃目标的犯罪中,其既遂、未遂的标准仍然是行为人是否已经取得了“数额较大”的财物。业已取得“数额较大”财物的是犯罪既遂,未取得的则是犯罪未遂。换言之,司法解释将“数额巨大”的财物作为盗窃目标,只是规定了盗窃未遂行为成立犯罪的标准,并未动摇盗窃罪既遂、未遂的判断标准。

---

① 于志刚:《关于数额犯未遂问题的反思》,载赵秉志主编:《刑法论丛》(第21卷),法律出版社2010年版。

② 参见刘之雄:《犯罪既遂论》,中国人民公安大学出版社2003年版,第138页。

③ 刘之雄:《犯罪既遂论》,中国人民公安大学出版社2003年版,第138页。

2."货值金额"能否提高,能否将其作为处罚未遂的依据

《关于办理生产、销售伪劣商品刑事案件具体应用法律若干问题的解释》第2条第2款规定:"伪劣产品尚未销售,货值金额达到刑法第一百四十条规定的销售金额三倍以上的,以生产、销售伪劣产品罪(未遂)定罪处罚。"针对该司法解释,有论者认为,数额犯成立犯罪未遂的数额标准,应当严格按照相应刑法条款关于犯罪数额的规定,与既遂犯保持等同的数额标准;司法解释提高了生产销售伪劣产品(未遂)罪的定罪标准,这是不当的。[①] "生产、销售伪劣产品罪不管是既遂还是未遂都必须以'销售金额'为标准,既然上述解释没有将'货值金额'作为'销售金额'理解,那么,以'货值金额'作为处罚未遂的依据,其法律依据是什么?"[②]

众所周知,并非所有着手之后的未遂行为都应处罚,其成立犯罪必须以具有严重的社会危害性为条件。该解释提高该罪的未遂标准恰恰是有这方面考虑的,即考虑到该罪是一个性质比较轻微的犯罪。析言之,在司法解释看来,基于生产、销售伪劣产品罪法定刑较轻的事实,仅仅生产5万元伪劣产品而未销售的行为,是很难被认为已达到犯罪的程度;只有当生产伪劣产品的"货值金额"巨大,该行为对合法权益的威胁才会剧增,其社会危害性方能达致犯罪的程度。所以笔者认为,司法解释提高生产销售伪劣产品(未遂)罪的定罪标准是合理的。进一步考察不难发现,相关司法解释对性质严重犯罪的未遂行为没有提高定罪的数额标准。比如,对于抢劫罪、骗取出口退税罪性质严重的犯罪,相关司法解释并没有对其未遂罪的数额标准进行改变,而是与既遂罪采用完全相同的数额标准。这也从一个侧面印证了笔者的推理是合理的。

接下来的问题是,该解释将"货值金额"作为生产、销售伪劣产品未遂罪的"定罪数额"是否违背了刑法规定?从《刑法》的具体规定来看,的确只存在"销售金额"这一定罪数额而不存在"货值金额"这一定罪数额。这似乎成为该解释的诟病之所在。不过,该解释这样规定也是可以接受的。这是因为"销售金额"通常被人们理解为既遂状态下的犯罪数额,是指已经实际销售给消费者的产品金额。换言之,在犯罪未遂意义上是无法存在"销售金额"这一定罪数额的,犯罪未遂意义上的定罪数额只好被称为"货值金额"。其实,这里的"货值金额"也就是"预售金额"。如果该司法解释能用"预售金额"取代"货值金额",也许就不会招致上述指责了。

---

① 参见张伟:《数额犯若干问题研究》,载《中国刑事法杂志》2010年第3期。

② 唐世月:《数额犯论》,法律出版社2005年版,第129页。

我们还注意到论者对该司法解释的又一指责:“《解释》的本意可能是考虑到生产伪劣产品或购进伪劣产品而未及销售的行为的社会危害性相对较轻,按照与既遂等同标准定罪显得过重,但是这种考虑是完全不必要的。因为立法机关已经考虑到未遂犯社会危害性较轻而明确规定了对未遂犯的从宽处罚原则。”[①]笔者不赞同这一指责:适用上述处罚原则并不必然会出现对未遂犯从宽处罚的效果。理由很简单,该处罚原则是刑法理论上的“可以型量刑情节”,并非“应当型量刑情节”。

三、复行为犯之既遂问题研究

欲研究复行为犯之既遂问题,很显然必须要先解决何谓“复行为犯”这个基础问题。该基础问题又关涉到两个方面:一是“要素行为”的认定;二是“复行为犯”的基本类型。然而,学界对上述问题的认识还存在不少分歧。为此,有必要对其进行必要的探讨。

(一)“要素行为”的再认定

复行为犯被理解为“刑法分则规定的,在实行行为中包含数个异质且不独立成罪的行为的犯罪。”[②]这在学界未见异议。根据该定义,构成复行为犯,要求具体犯罪实行行为的内部必须包含数个行为。在这里存在两方面的要求:一个是数量上的要求。即复行为犯的实行行为中可以分割为数个刑法所预先设定的“行为单元”(“要素行为”,下同)。另一个是质的要求。这数个“行为单元”具有刑法意义,具有观念性、类型化,不是自然意义上的具体动作。然而,该定义并未明确此处的“要素行为”是什么性质的行为,是否包括《刑法》分则所规定的某些具有“预备性质”的行为。对该问题的明确回答,直接关系着“复行为犯”这一犯罪形态在我国《刑法》中的数量。不仅如此,更有学者认为“复行为犯”范围的合理确定对犯罪着手认定、犯罪既遂的成立、共同正犯的成立、加重犯罪与数罪的界限都具有重大的实践意义。[③]

众所周知,《刑法》分则性规范所规定的行为都是“实行行为”,这是我国主流刑法理论之主张。这就在很大程度上,决定了“复行为犯”在我国《刑法》中

---

① 张勇:《论刑法中的销售金额》,载《河南科技大学学报(社会科学版)》2006年第2期。

② 王明辉:《复行为犯研究》,中国人民公安大学出版社2008年版,第75页。

③ 参见张明楷:《刑法分则的解释原理》(上)(第2版),中国人民大学出版社2011年版,第492页。

的数量是非常可观的。然而,新近以来有学者对此进行了“颠覆性思考”,明确指出我国《刑法》分则所规定的行为,并非均为实行行为:“我国刑法分则的不少条文在规定实行行为的同时,描述了预备行为,”[①]在其看来,我国《刑法》第196条第3款、第198条第1款、第224条、第265条即属于上述情形。[②] 该论者据此认为,尽管某些犯罪的行为是复数,但由于其中的“要素行为”并不具有实行性,不符合“要素行为”的基本属性[③],故而上述分则条文所规定的犯罪并非“复行为犯”。该观点也偶见于其他论者的相关论述中。[④]

笔者赞同相关学者的所作的某些分析。正如其所言,上述分则条文所描述的部分行为的确具有“预备性质”。但能否仅据此就判定这些“预备行为”便不属于“要素行为”?进而将这些犯罪排除在“复行为犯”之外呢?在本书看来,问题似乎没有那么简单:

其一,相关学者指涉的“要素行为”是实行行为的组成部分,其“实行性”依附于行为的整体性。虽然张教授所指的“要素行为”具有“预备性质”,但我们不能将其混同于《刑法》总则中的“预备行为”。首先,《刑法》总则中的“预备行为”是为了犯罪“准备工具、制造条件的行为”。根据张教授的理解,这里的“预备行为”是为犯罪的“实行行为”服务的,为“预备行为”实施的准备行为,不能认定为犯罪预备。[⑤] 也就是说,此处的“预备行为”与“实行行为”是相分离的,并非其组成部分。其次,《刑法》总则中的“预备行为”具有模棱两可的性质,无法“定型化”。它往往不能说明行为已经进入了犯罪实施阶段,也不能说明行为者已经具备犯罪意图。例如,某人购买枪支,可能是为了杀人,也可能是为了自杀,也可能是为了自卫。这也就成为世界各国刑法对“预备犯罪”通常不予处罚的根本原因。

然而,《刑法》分则中具有“预备性质”的“要素行为”是“实行行为”不可或缺的组成部分,且是定型化的行为。为了便于说明问题,我们不妨以该学者所提及的保险诈骗罪为例。在保险诈骗罪中,该犯罪行为是由两个“要素行为”构

---

① 张明楷:《刑法分则的解释原理》(上)(第2版),中国人民大学出版社2011年版,第495页。

② 其详尽分析请参见张明楷:《刑法分则的解释原理》(上)(第2版),中国人民大学出版社2011年版,第492~498页。

③ 学界普遍认为,复行为犯中的“要素行为”,既然是对具体犯罪实行行为的分割,它当然具有实行行为质的规定性、法益侵害的紧迫性。

④ 参见龙洋:《论保险诈骗罪的着手》,载《法学评论》2009年第5期;黄丽勤:《复行为犯新探》,载《广西民族大学学报(哲学社会科学版)》2009年第5期。

⑤ 参见张明楷:《刑法学》(上),法律出版社1997年版,第249页。

成的:虚构保险理赔原因的欺诈行为、骗取保险金的行为。对于保险诈骗行为的成立而言,二者缺一不可:缺少前者(“诈的行为”,它被该学者理解为具有“预备性质”的“要素行为”,不具有“实行性”),无法实现对保险金的占有而成立保险诈骗行为;缺少后者(“骗的行为”,它被该学者理解为“实行行为”),仅凭前者将无法说明行为的指向,同样无法成立保险诈骗行为。质言之,只有虚构保险理赔原因的欺诈行为、骗取保险金的行为同时具备、有序衔接,才能赋予保险诈骗行为实行性,才能有机组成完整的“保险诈骗”行为。也就是说,具有“预备性质”“诈的行为”是保险诈骗行为的本身,且为《刑法》分则所明确规定具有“定型化”特征。岂能将其等同于《刑法》总则中的“预备行为”,否认其“实行性”? 再者,根据整体和部分之间的辩证原理[①],具有“预备性质”的“要素行为”也会因保险诈骗行为的“整体实行性”而获得“实行性”。

由上观之,该学者之所以否认具有“预备性质”的“要素行为”具有“实行性”,这在很大程度上是其将“要素行为”予以孤立化的结果,且没能根据整体和部分之间的辩证原理去分析问题。进一步考察,即便“抢劫罪”这一公认的复行为犯,其“要素行为”——“暴力行为、胁迫行为、取财行为”孤立地看也并非具有“实行性”“法益侵害的紧迫性”。否则,我国《刑法》中就应当有而事实上没有诸如“暴行罪、胁迫罪、取财罪”的规定。如依据张教授的逻辑,是否也应当将“抢劫罪”排除在复行为犯范围之外呢?

其二,该学者指涉的“要素行为”是规范意义上的“实行行为”,具有“实行性”。有关实行行为的认定标准,在刑法理论上存在着不同的认识。[②] 我国刑法通说采“形式客观说”,主张实行行为是刑法分则条文所规定的具体犯罪行为。但该说遭到了某些学者的指责,认为“它没有从实质上回答什么是实行行为,也没有回答什么是着手和如何认定着手”[③]。进而,该学者提倡“实质的客观说”,认为实行行为是具有“法益侵害紧迫危险性”的行为。

“形式客观说”离开犯罪本质去讨论实行行为,难以区分“实行行为”与“预备行为”的界限,这无疑成为人们诟病之所在。但是,完全抛开刑法规定,仅仅

---

① “整体和部分之间的辩证原理”即“系统的整体性原理”。该理论认为,系统是由要素组成的,整体是由部分组成的,要素一旦组合成系统,部分一旦组合成整体,就会反过来制约要素,制约部分。申言之,一方面,整体是由部分组成的,不存在没有部分的整体,没有部分的整体是一种“空”整体,从而也就不是现实存在的整体;另一方面,部分是整体的部分,不存在脱离整体的部分,脱离了特定整体的部分,也就成为另一独立的整体。

② 参见马克昌:《比较刑法原理》,武汉大学出版社 2002 年版,第 528 ~ 536 页。

③ 张明楷:《法益初论》,中国政法大学出版社 2003 年版,第 214 页。

凭借“实质的客观说”也是不可取的，正如日本学者所指出：“没有必要认为形式说与实质说两者一定是水火不容的。实行行为从形式上看，是开始实施符合构成要件的行为；从实质上来看，可以解释为发生了法益侵害的现实危险。”[①]首先，完全从“实行性”出发来认定实行行为的做法是对罪刑法定原则的破坏。这将会完全抛开刑事立法的罪状描述，与立法者构建复行为犯罪状的意图不符。恰如学者在分析保险诈骗罪着手问题所指出的那样：“按照实质的客观说，刑法对保险诈骗罪的设计只要以非法占有为目的实施骗取保险金的行为即可，刑法对五种具体行为的规定岂不是画蛇添足？而且，从刑法关于预备犯的规定看，为了犯罪，准备工具、制造条件的，属于犯罪预备。如果以开始实施骗取行为作为本罪的着手，意味着在此之前的虚构保险标的、对发生的保险事故编造虚假的原因或者夸大损失程度、编造未曾发生的保险事故、制造财产或者人身保险事故的行为都只是为骗取保险金而制造条件的保险诈骗罪的预备性为，这与刑法分则罪状是对具体犯罪构成要件实行行为的描述的立法规则相矛盾。”[②]在此意义上，我们应当承认“形式客观说”对“实质的客观说”的制衡就是对罪刑法定主义的坚守。其次，“实行性”本身并不是一个非常具体的概念，其认定与取舍离不开立法者的主观判断，也离不开司法人员的规范评价；现实的犯罪进程并不存在人为划分泾渭分明的预备行为与实行行为的节分点。其实该学者在其他场合也持相同的见解：“至于何种行为具有法益侵害的紧迫危险，则应根据不同犯罪、不同案件的具体情况综合考虑；要考察行为是否已经接触或者接近犯罪对象，行为人是否已经开始使用犯罪工具，是否开始利用了所制造的条件，所实施的行为是否需要其进一步的行为可以在成犯罪结果，如此等等。”[③]客观地说，行为的“实行性”在刑法上更是一个规范概念。作为规范概念必然因为立法本身基于某些目的性思考而具有特定的敛缩，它不一定绝对顺从事实的自然形态。既如此，当立法者将具有特定“预备性质”的行为规定为犯罪实行行为的组成部分时，就应当以更多的善意去解释立法，以作出有利于立法者的假定。

其三，张教授将行为的“实行性”诠释为“法益侵害的紧迫性”具有狭隘性。张教授在实行行为的判断上提倡“法益侵害的紧迫性”即日本刑法理论中的“具体危险说”，并据此来否认某些“要素行为”具有“实行性”。但是，在日本提倡“法益侵害的紧迫性”的“具体危险说”是有特定适用范围的，它仅仅适用于“隔

---

① ［日］西原春夫：《犯罪实行行为论》，戴波等译，北京大学出版社2006年版，第6~7页。

② 杨毓星：《保险诈骗罪疑难问题研究》，载《学术探索》2004年第8期。

③ 张明楷：《刑法学》（第3版），法律出版社2007年版，第286页。

离犯”“间接正犯”“不真正不作为犯”之着手的认定上。[①] 下面仅以“隔离犯”[②]为例予以说明。在日本学界,关于“隔离犯”着手的认定,有“现实危险说”与“具体危险说”的争论[③]。根据“现实危险说”,其着手的认定时间是被邮寄的毒酒发送时(“发送说”);根据“具体危险说”,其着手认定的时间是被邮寄的毒酒到达时(“到达说”)。日本判例采用的是“具体危险说”即“法益侵害的紧迫性”,亦逐渐获得了学界的普遍认同。然而,这并不意味着它广泛适用于一切犯罪。事实上,“现实危险说”立足于当时结果发生的确实性来判断“实行性”,主张当某个行为在“自动的、必然的、没有规范的障碍介入情形下”会招致结果发生即具“实行性”,才具有普适性。[④] 进言之,如果我们借鉴“现实危险说”,摈弃狭隘的“具体危险说”,那么我们就更有理由相信具有“预备性质”的“要素行为”具有“实行性”了。

(二)“类型”的再厘定

对于复行为犯的类型,不同的学者往往有着不同的理解。依据不同的划分标准,在理论上出现了形态各异的复行为犯。[⑤] 其中在学界产生广泛影响的是依据不同的划分标准将复行为犯分为“牵连型复行为犯”“非牵连型复行为犯”“紧密型复行为犯”“松散型复行为犯”“绝对型复行为犯”“相对型复行为犯”。[⑥]该学者进一步明确了复行为犯的基本范畴并对复行为犯进行了较为全面的划分。但在笔者看来,其划分存在以下三个方面的问题值得进一步探讨:

1.“非牵连型复行为犯”是否应该存在

有学者依据“要素行为”之间的联系方式,将复行为犯分为“牵连型复行为犯”和“非牵连型复行为犯”。论者认为,在“牵连型复行为犯”中,其所包含的“要素行为”之间明显表现为手段行为与目的行为的关系。我国《刑法》中的牵连型复行为犯主要包括抢劫罪、强奸罪、强迫交易罪、劫持航空器罪、敲诈勒索罪等。在“非牵连型复行为犯”,其所包含的“要素行为”之间存在着前后相继

---

① 参见张明楷:《刑法学》(第 3 版),法律出版社 2007 年版,第 287 页。

② 所谓隔离犯,是指行为与结果的发生之间在时间上、场所上存在间隔的犯罪。例如,以毒杀的意图,将下了毒药的威士忌酒,邮寄到被害人的住宅。在此犯罪中,行为与结果的发生之间有时间的、场所的间隔。

③ 其实,“现实危险说”与“具体危险说”就其他犯罪而言,得出的结论是相同的。

④ 参见[日]大谷实:《刑法讲义总论》(第 4 版),成文堂 1994 年版,第 378 页。

⑤ 参见刘士心:《论刑法中的复合危害行为》,载《中国刑事法杂志》2004 年第 4 期。

⑥ 参见王明辉:《复行为犯研究》,中国人民公安大学出版社 2008 年版,第 81 ~ 87 页。

关系。比如,诬告陷害罪、诽谤罪、高利转贷罪等。在此种复行为犯的场合,行为人通过先后实施"要素行为"逐渐地增加侵犯客体的危害程度,逐渐地接近犯罪的完成。

但在笔者看来,"要素行为之间存在着前后相继关系"其实就是"手段行为与目的行为的关系"。这与"牵连型复行为犯"中的"要素行为"之间所存在的关系并无二致。比如,在"诬告陷害罪"中存在两个"要素行为",一个是"捏造事实"的行为,另一个是"虚假告发"的行为。没有前者,"虚假告发"的行为将无以完成。二者明显存在手段与目的的关系。另外,我们不难发现"牵连型复行为犯"中的"要素行为"之间同样也存在前后相继的关系。比如,在"抢劫罪"这一"牵连型复行为犯"中,其要素行为"暴力行为、胁迫行为"就是先于"取得他人财物行为"而实施的。是故,我们完全没有必要另创新的复行为犯类型:"非牵连型复行为犯"。

进一步考察我国《刑法》中的复行为犯,与"牵连型复行为犯"具有对应关系的应当是"可逆型复行为犯"。组成此类复行为犯的"要素行为"在实行的先后上并无严格的顺序要求。这与"牵连型复行为犯"的"要素行为"具有实行上的"前后相继性"具有对立性。比如,"受贿罪"这一复行为犯便是典型的"可逆型复行为犯":其"要素行为"——"为他人谋取非法利益""收受他人财物"的实行并无先后的顺序要求,即"可逆型"不会影响犯罪的成立。

2."松散性型复行为犯"是否应该存在

有学者依据复行为犯的成立对于"要素行为"的不同要求程度将复行为犯分为"紧密型复行为犯"和"松散型复行为犯"。论者认为,在"紧密型复行为犯"中,数个"要素行为"间的结合力和黏着力比较大,互相依存,浑然一体,整体性程度较强,只有数个行为均已实施完毕才能成立犯罪,如诬告陷害罪。如果行为人仅仅实施了捏造他人犯罪事实的行为而没有实施向有关机关告发的行为不构成犯罪。在"松散型复行为犯",数行为间的整体性程度相对较弱,只要行为人开始实施第一个行为即可构成犯罪,如抢劫罪,只要行为人开始实行暴力、胁迫等手段行为,即使尚未实施取财行为,而由于意志意外原因因而未完成犯罪,仍可成立抢劫(未遂)罪。

但在笔者看来,将复行为犯分为"紧密型复行为犯"和"松散型复行为犯"与"复行为犯"范畴本身就是矛盾的。如前所述,复行为犯中的实行行为是由若干个"要素行为"有机组成的,均具有法益侵害的属性。在此意义上,论者提及的"结合力和黏着力比较大,互相依存,浑然一体,整体性程度较强"就应当成为所有复行为犯类型的基本属性。然而,论者却将这一属性仅仅赋予特定类型的复行为犯——“紧密型复行为犯”,这存在着明显的不当性。问题尚不限于此,论者也没能进一步说明,“紧密型复行为犯”和“松散型复行为犯”在犯罪的成立上为什么就存在显著的不同?其法理依据何在?

3.“相对型复行为犯”是否应该存在

有学者依据规范层面的“要素行为”是否必须通过事实层面的复数行为来实现将复行为犯分为“绝对型复行为犯”和“相对型复行为犯”。论者认为,在“绝对型复行为犯”中,规范层面的复数类型行为,不可能在事实层面通过一个行为来实现。受贿罪即其适例①。而在“相对型复行为犯”中,其规范层面的复数类型行为,可以通过一个事实行为来实施。诬告陷害罪即其适例。②

但在笔者看来,论者将复行为犯分为“绝对型复行为犯”和“相对型复行为犯”严重游离了刑法“行为理论”。虽然刑法中认定犯罪行为的过程永远是一个往返于规范行为与事实行为之间的思维过程,要处理好事实行为和规范行为两个思考视角之间的关系,但是事实行为与规范行为之间是一种评价客体与客体评价的关系;作为评价客体的事实行为是一种自然存在,作为客体评价的规范行为是一种价值存在。详言之,“事实行为”是以现实中的具体行为事实作为观察对象,借助于人们的一般社会经验和直观对客观意思活动的多寡进行判断。它关注的是行为的客观动作,也即客观动作的多寡决定其单复。与“事实行为”不同,“规范行为”单复的判断是从刑法规范出发或者基于目的性思考而进行的一种规范考量。也就是说,“规范行为”的单复与“事实行为”的单复并不存在对应关系。据此我们不难理解,从事实层面所得出的行为单复的结论并不当然地彰显其在刑法规范中的意义和评价效果;“事实行为”的单复最终取决于规范层面的预设,所谓的“事实行为”也就因规范预设失去了刑法意义。也由此决定了规范层面的复数行为无法在事实层面上予以合而为一;规范层面的复数类型行为,亦无法通过一个“事实行为”来实现。

(三)复行为犯的既遂问题

对“复行为犯”的既遂问题的探讨,通常散见于个罪的附带研究之中。即便

---

① 有论者认为,在规范层面上,受贿罪的实行行为具有复数性,即收受贿赂的行为、为他人谋取利益的行为。在事实层面上,犯罪的完成必须通过分别独立行为的实施来实现。

② 有论者认为,在规范层面上,诬告陷害罪的实行行为具有复数性,即捏造犯罪事实的行为、向有关机关告发的行为。但在事实层面,这两个行为可以合而为一。比如,当行为人以口头形式直接向有关机关告发时。

是研究“复行为犯”的学术专著，对此问题也未进行深入的思考。这是因为对其认定，只要按照判断犯罪既遂的通常标准就可以了，并没有什么特殊之处。[①] 但在本书看来，问题的“特殊性”远非如此。相关研究对“复行为犯”的既遂问题的探讨还存在不少误区，亟须澄清。

有学者认为，我国刑法中的“复行为犯”有的属于“结果犯”，有的属于“行为犯”。属于“结果犯”的主要有抢劫罪、强奸罪、劫持航空器罪、敲诈勒索罪等。属于“行为犯”的最为典型的是诬告陷害罪。属于“结果犯”的复行为犯，其既遂的成立，不仅要求行为人将该罪的实行行为实施完毕，还要求发生法定的结果；属于“行为犯”的结果犯，其既遂的成立，仅仅要求行为人将数个“要素行为”实施完毕。

但在本书看来，“行为犯”的既遂标准与“结果犯”的既遂标准并无二致，完全没有必要将其作为独立的犯罪既遂形态。这是因为二者的危害结果在本质上并无不同，都是危害行为给犯罪客体所造成的现实损害；不能因为二者在危害结果存在形式上的不同，就认为二者在既遂形态上存在什么不同。据此，复行为犯的既遂形态都应当属于结果犯，其既遂应当以犯罪客体遭受到实际侵害为判断标准。

本书在犯罪既遂标准上倡导“犯罪客体侵害说”[②]，所以要想正确阐明复行为犯的既遂标准，就必须把握其犯罪客体特征。对此，已有学者明确指出，“在犯罪客体方面，复行为犯表现为两种情况：一种情况是侵害单一客体；另一种情况是侵害复杂客体”[③]。本书赞同该见解。鉴于“侵害单一客体”的复行为犯的既遂问题相对简单，该客体的受侵害状况就是判断该罪是否既遂的标准。故而，本书对复行为犯既遂问题的研究，仅限于“侵害复杂客体”的情形。

如何认定复行为犯的既遂标准，这在学界存在着“主要客体侵害说”与“任意客体侵害说”的不同见解。其中，“主要客体侵害说”是学界的传统观点，并为广大学者所赞同。它认为复行为犯的既遂应当以侵害主要客体而形成的犯罪结果作为成立犯罪既遂的标准。比如，在探讨抢劫罪这一复行为犯的既遂问题，有学者就认为：“抢劫罪既遂与未遂的区分应以行为人是否实际占有公私财物为标准。虽然抢劫行为侵犯了人身权利和财产权利，但是刑法将它规定为侵

---

① 参见王明辉：《复行为犯研究》，中国人民公安大学出版社 2008 年版，第 120 页。

② 陆诗忠：《对我国犯罪既遂标准理论的检讨》，载《法律科学（西北政法大学学报）》2012 年第 6 期。

③ 王明辉：《复行为犯研究》，中国人民公安大学出版社 2008 年版，第 120 页。

犯财产罪,表明其主要客体是财产权利,侵犯人身只是非法占有公私财物的手段。因此,不能以人身权利是否被侵犯为标准。抢劫财物到手方能成立犯罪既遂。”①

“任意客体侵害说”则为相关司法解释的立场。比如,最高人民法院在2005年出台的《关于审理抢劫、抢夺刑事案件适用法律若干问题的意见》(以下简称《意见》)中指出,“抢劫罪侵犯的是复杂客体。既侵犯财产权利又侵犯人身权利,具备劫取财物或者造成他人轻伤以上后果两者之一的,均属抢劫既遂;既未劫取财物,又未造成他人人身伤害后果的,属抢劫未遂”。

该《意见》虽具有法律效力,但其出台后,遭到了学界的批评,认为它不适当地扩大了抢劫罪既遂成立范围,进而继续支持“主要客体侵害说”,“按照该规定,在抢劫行为造成被害人轻伤的情况下,即使行为人未抢到财物,也要认定为抢劫罪既遂。这不但偏离了抢劫罪主要侵犯财产所有权的性质,而且导致在财产所有权这一抢劫罪的主要客体未受到现实侵犯的情况下就认定犯罪既遂的不合理现象”②。再如有学者认为:“抢劫罪被刑法典规定在侵犯财产罪一章,按照客体对犯罪构成要件的解释机能,可以推知立法者是将财产权利作为该罪的主要客体,而将人身权利作为该罪的次要客体。对于这种侵犯复杂客体的犯罪,应当以主要客体是否受到实际的侵害作为认定犯罪既遂的标准。”③

应该说,上述批评是非常有见地的。本书亦认为,《意见》将次要客体作为判定复行为犯既遂的标准的确是存在论者所直陈的不当性。但是,本书也不赞成“主要客体侵害说”。亦即笔者反对将“主要客体”是否受到实际的侵害作为认定犯罪既遂的唯一标准。笔者倡导“双重客体侵害说”。依据笔者的见解,复行为犯既遂的标准不仅取决于“主要客体”是否受到实际侵害,还取决于“次要客体”是否受到实际侵害,二者缺一不可。笔者之所以这样主张,是考虑到“次要客体”在复行为犯中的实际应有功能。

在传统刑法理论上,有“主要客体”与“次要客体”的分类。有学者认为,前者是某一具体犯罪所侵害的复杂客体中程度较严重的,刑法予以重点保护的社会关系;后者则是某一具体犯罪所侵害的复杂客体中程度较轻的,刑法予以一般保护的社会关系。笔者不太赞同这样的分类。这不仅是因为,“主要客体”与

---

① 高铭暄、马克昌主编:《刑法学》(第5版),北京大学出版社、高等教育出版社2011年版,第502页。

② 王志祥:《犯罪既遂新论》,北京师范大学出版社2010年版,第378~379页。

③ 王明辉:《复行为犯研究》,中国人民公安大学出版社2008年版,第196页。

"次要客体"本身就是一组相对的概念,在许多具体犯罪中很难确定"孰主孰次",还因为此种分类无法反映立法实际。以抢劫罪为例。依据通说理论,"财产权利"被视为抢劫罪的主要客体,"人身权利"被视为抢劫罪的次要客体。然而,无论如何我们不能说,"人身权利"并非刑法重点保护的社会关系。否则将无法解释与其他财产犯罪相比较,立法者为何为它设置了严厉的法定刑,也无法解释该罪的成立并无财产数额的基本要求。是故,在本书看来,所谓的"次要客体"与"主要客体"应当同为刑法所保护的社会关系,共同反映复行为犯整体的社会危害性,对二者不能厚此薄彼。与之形成映照的是,复行为犯的危害结果的内容是双重的。其危害结果是由"次要客体"与"主要客体"受到实际侵害共同组成的。由此,在认定复行为犯的既遂时,"次要客体"与"主要客体"是否受到现实侵害应当是不可忽视的两个基本方面。

笔者进一步认为,复行为犯的既遂标准倡导"双重客体侵害说"能够更好地体现罪刑均衡的原则。不难理解,仅仅出现"单一危害结果"的复行为犯与出现"双重危害结果"的复行为犯,自应具有不同的"社会危害性",在量刑上应当"区别对待"。这是罪刑均衡原则在犯罪形态领域的应有之意。本书所倡导的"双重危害结果发生说",将"双重危害结果"是否同时发生作为判断复行为犯既遂的标准,这就使得仅仅造成"单一危害结果"的复行为犯只能被认定为犯罪未完成形态,进而在量刑上应当依据我国《刑法》第23、24条得以法定的从轻或者减轻处罚,适应了罪刑均衡原则的基本要求。毕竟对罪刑均衡原则的恪守不能单纯依靠法官在实践中凭借自由裁量所展示出的智慧,还应该在尽可能的情况下借助刑法规范为其提供指南,以便最大限度地贯彻罪刑均衡的原则。

需要特别说明的是,在复行为犯司法实践中,难免会出现如下情形:行为人实施的犯罪行为已经造成单一危害结果的发生,但另一危害结果尚未发生,而在此时行为人主动放弃犯罪。对于此种情形,依据本书倡导的"双重客体侵害说",犯罪尚未既遂,可以顺理成章地成立犯罪中止。而依据"主要客体侵害说"与"任意客体侵害说",该情形则成立犯罪既遂。如此的认定难免会产生这样的不良后果:犯罪人产生回头无望的消极情绪,并因而将犯罪行为继续实施下去,致使最终未能避免本来通过行为人的努力即可防止的损害结果的发生。

在学界还有这样的一种认识,认为犯罪的"主要客体"一旦受到现实侵害,其"次要客体"也必定同时受到侵害。这也是"主要客体侵害说"的又一噱头。比如,有论者在论及抢劫罪时就持有这种观点:对财产造成现实侵犯的抢劫行为也必定同时侵犯被害人的人身权利。论者还对此进行了如下一番解释:"对被害人的人身权利造成侵犯的情形，并不能局限于对人身的有形损害如伤害或者死亡结果，如胁迫手段所造成的被害人精神上的恐惧状态，同样是侵犯人身权利结果的具体体现，只是侵犯人身权利的程度有所不同。”①可令笔者深感疑惑不解的是：“主要客体”与“次要客体”受到现实侵害，是由数个“要素行为”分别造成的，怎么能会出现论者所说的合而为一的情形？再者，论者在此有偷换概念之嫌。论者为了“自圆其说”，将胁迫手段所造成的“被害人精神上的恐惧状态”理解为“次要客体”受到侵害。然而，这是对“危害结果”的曲解。笔者也并不否认，危害结果在一般意义上有“物质性危害结果”与“非物质性危害结果”之分。但就抢劫罪而言，其犯罪“次要客体”包括论者在内被公认为公民的生命、健康权，对其所造成的“危害结果”自应是诸如“伤害或者死亡”之类的“物质性危害结果”，怎么会是“非物质性危害结果”——“被害人精神上的恐惧状态”？

四、教唆犯之既遂问题研究

教唆犯的既遂与未遂问题，这在我国刑法理论中并未得到较为圆满的解决，存有两种截然对立的见解。一种见解认为，教唆犯的既遂与未遂应当以教唆行为为标准。如有学者认为，只要被教唆者接受了教唆，并产生了犯罪意图，教唆行为即达既遂。② 另一种见解则认为，教唆犯的既遂与未遂应当取决于被教唆者的实行行为是否成立犯罪既遂。比如，有学者认为，教唆犯属于结果犯，教唆行为是被教唆的人犯罪的原因。教唆犯教唆他人犯罪，其目的不仅在于引起他人的犯意，而且在于通过被教唆人的实行行为，引起具体的犯罪结果。③ 其中，后者在学界产生了重大影响，逐渐成为学界的通说观点。

分析我国刑法学界对教唆犯既遂认定产生分歧的症结，无疑是“共犯（教唆犯）独立性”与“共犯（教唆犯）从属性”存在着尖锐对峙所导致，这一点已为广大学者所认识：“认为教唆行为实施完毕即成立教唆犯既遂的，是‘共犯（教唆犯）独立性’所得出的结论，而认为教唆犯之既遂应当以被教唆者的行为成立既遂则是基于‘共犯（教唆犯）从属性’所得出的必然结论。”④另外，认定教唆犯既

---

① 王志祥：《犯罪既遂新论》，北京师范大学出版社 2010 年版，第 378 页。

② 参见叶高峰主编：《共同犯罪理论及其运用》，河南人民出版社 1990 年版，第 202 页。

③ 参见陈兴良：《共同犯罪论》，中国社会科学出版社 1992 年版，第 403 页。

④ 高铭暄主编：《刑法专论》（上编），高等教育出版社 2002 年版，第 331 页；徐光华：《犯罪既遂问题研究》，中国人民公安大学出版社 2009 年版，第 274 页。

遂所形成的通说观点与学界时下倡导的“共犯(教唆犯)从属性”不无关联。

在本书看来,“共犯(教唆犯)独立性”与“共犯(教唆犯)从属性”虽然在诸多问题上存在着对立,但该对立并不会影响到犯罪既遂的认定标准。换言之,教唆犯既遂的认定与共犯的属性为何是没有任何联系的。这就涉及“共犯从属性说”内涵问题。与此同时,“共犯(教唆犯)从属性”是否真的像我国学者所主张的那样值得提倡,也值得进一步思考。它将直接关系着“通说观点”的科学与否。下文就针对以上两个方面的问题逐一展开讨论,在此基础上揭示教唆犯的既遂问题。

(一)“共犯(教唆犯)有无从属性”:一个与“犯罪既遂标准”无关的问题

在刑法解释论上,以德国为代表的欧陆刑法学中存在着“共犯(教唆犯)从属性说”(Theorie der akzessorische Natur der Teilnahme)与“共犯(教唆犯)独立性说”(Theorie der Verselbstandigung der Teilnahme)的尖锐对峙。前者认为,成立狭义的共犯或者带有可罚性的前提,是需要正犯者实施了一定的行为;后者则持相反主张。这就导致二者在对共犯成立范围问题上存在着各自的理解:根据前者,共犯的成立只能在正犯行为得以实施的场合才能成立。与此相对,依据后者,只要实施了教唆行为或者帮助行为,就应当作为犯罪进行处罚,即便在教唆、帮助行为自身以失败而告终的场合,亦成立共犯行为。不难理解,此种对峙其实就是实行从属性与实行独立性的认识分野。真正能够作为学说对立层面上的“共犯(教唆犯)从属性说”与“共犯(教唆犯)独立性说”仅仅指实行从属性与实行独立性问题,即正犯现实地实施实行行为是否为共犯成立要件的问题。

值得关注的现象是,日本刑法学者在借鉴德国共犯理论的同时还对“共犯(教唆犯)从属性”的内涵进行了独自的理解,认为“共犯(教唆犯)从属性”可以在以下四种意义上使用:(1)实行从属性 = 共犯的成立从属于正犯的实行;(2)罪名从属性 = 共犯的罪名从属于正犯的罪名;(3)可罚从属性 = 共犯的处罚根据从属于正犯的犯罪;(4)要素从属性 = 共犯的处罚从属于正犯的构成要件或者违法性或者责任。[①] 不过,后三种意义的使用均遭到了批判,要么认为其混淆了学说对立的层次,要么认为其存在其他方面的理论障碍,以致其在学界并未产生多少实质的影响。比如,“罪名的从属性”被认为是共犯本质是“犯罪

---

① 参见[日]山中敬一:《刑法总论Ⅱ》,成文堂1999年版,第752页。

共同说”还是“行为共同说”的问题:“它(罪名的从属性——引者注)应作为共同正犯之本质问题,即有关犯罪共同说、行为共同说以及犯罪支配说之问题加以检讨”,而“共同正犯在本质上乃属于正犯,而非如日本通说所认为的共同正犯亦带有共犯性质,因此,有关共犯从属性之意义上,并无须讨论罪名从属性问题”①。“要素从属性”则被认为是在“共犯从属性说”内部所探讨的从属性程度问题。② “可罚从属性”则被认为与个人责任原则相抵触无法得到支持,仅仅是一种具有历史沿革意义的学说而已。③

我国刑法学是20世纪80年代开始关注德日共犯学说的。④ 然而,我国学者在运用其探讨我国《刑法》共犯属性问题时,一方面按照自己所介绍的理论来论述自己的学说(“共犯二重性说”),另一方面与日本刑法学界一样未能严格按照域外刑法理论中的从属性与独立性的含义去讨论,往往赋予共犯从属性和独立性问题以特殊含义:共犯的从属性包括犯罪的从属性和处罚的从属性两个方面。前者是指共犯因被教唆人实施犯罪而构成,被教唆人未实施犯罪,共犯即不成立。当被教唆人实施的犯罪行为是犯罪预备、未遂或既遂形态时,共犯也是犯罪预备、未遂或既遂形态。后者则指对共犯依照实行犯的刑罚来处罚。⑤

对上述理解显然是应当予以批判的。“既然按照传统刑法理论中的从属性与独立性的含义来讨论,就必须在这种特定的含义上得出结论,而不能随意改变特定含义,又按照特定用语得出结论。”⑥但“批判”远不应如此,随意改变“特定含义”或者说“初始意义”的做法还会带来其他一些问题:

1. 它使“共犯(教唆犯)从属性说”失去应有的意义。只有当正犯着手实行犯罪,使法益受到具体的、紧迫的危险时,才处罚共犯。这是“共犯(教唆犯)从属性说”的基本结论。换言之,在预备阶段,是不存在共犯从属性问题的。这应是“共犯(教唆犯)从属性说”的要义之所在。恰如“共犯(教唆犯)从属性说”所指出的那样:“与正犯一样,共犯的处罚根据在于引起了法益侵害的危险性。如果共犯的处罚根据与正犯的处罚根据相同,那么,对于共犯在什么阶段可以作

---

① 陈子平:《论共犯之独立性与从属性》,载陈兴良主编:《刑事法评论》(第21卷),北京大学出版社2007年版,第7页。

② 参见[日]大谷实:《刑法总论》,黎宏译,法律出版社2003年版,第304页。

③ 参见李洁等:《论共犯从属性理论的内涵》,载《国家检察官学院学报》2011年第1期。

④ 参见伍柳村:《试论教唆犯的二重性》,载《法学研究》1982年第1期。

⑤ 参见马克昌主编:《犯罪通论》,武汉大学出版社1999年版,第556页。

⑥ 张明楷:《论教唆犯的性质》,载陈兴良主编:《刑事法评论》(第21卷),北京大学出版社2007年版,第78页。

为未遂犯处罚这一问题的回答,与对于正犯在什么阶段可以作为未遂犯处罚这一问题的回答,应当基本上是相同的。”①在此意义上,“共犯(教唆犯)从属性说”无疑是奠基于行为具有“法益侵害的危险性”之上的;“共犯(教唆犯)从属性说”以犯罪的本质是法益侵害为理论根基的,即只有当犯罪行为对法益侵害的危险达到一定程度时才有予以处罚的必要。“共犯(教唆犯)从属性说”也正是以此来限制共犯成立范围的。将“犯罪的从属性”理解为“共犯教唆犯从属性”,则意味着当被教唆人实施了不具有实行属性的预备行为亦成立共犯。这不仅无益于对共犯成立范围的合理限缩,更为重要的是撼动了“共犯从属性说”的理论根基。

2. 它无法解释犯罪中止形态。论者提出的“被教唆者实施的犯罪行为是犯罪预备、未遂或既遂,共犯也是犯罪预备、未遂或既遂”虽不存在什么问题,但这是共同犯罪形态的应有之义。即只要共犯与被教唆者成立共同犯罪关系,教唆犯的既遂、未遂形态就必然取决于被教唆者既遂、未遂形态的形态。这与“共犯(教唆犯)从属性”并无多少关联。我们完全没有必要将其归结为“共犯(教唆犯)从属性”之中。也许正是基于此,在域外刑法理论中,该意义上的“共犯(教唆犯)从属性”是无以立足的。

如果说共犯的预备形态,既遂、未遂形态取决于被教唆者的预备形态,既遂、未遂形态是一种“巧合”的从属,是共同犯罪形态的应有之义,那么共犯的“犯罪中止”形态基于其“自动性”构成条件,它在任何情况下均无法从属于被教唆者的犯罪形态则是一种“必然”。其实,论者也是承认这一点的。比如,论者在后续的论述中便为“共犯成立中止犯”设定了条件,出现了二者“无法从属”的情况:共犯教唆他人犯罪后,他人已经预备犯罪或已着手实行犯罪时,自动放弃犯罪,阻止了他人继续犯罪或者有效地防止了结果的发生。共犯构成犯罪中止,实行犯构成犯罪未遂。② 这就在某种意义上等于论者宣布了共犯与被教唆犯之间在“犯罪形态”上是无法从属的,从而终结了自己所赋予的“共犯(教唆犯)从属性”的新内涵。

3. 它会抹杀“共犯(教唆犯)从属性”与“共犯(教唆犯)独立性”之间的界限。在德日刑法学中,“处罚的从属性”是指共犯的可罚性是从属于实行行为的。主张“处罚的从属性”的学者又从各自的角度对其进行了诠释,出现了不同

---

① [日]佐伯仁志:《教唆的未遂》,载[日]阿部纯二等编:《刑法基本讲座》(第4卷),法学书院1992年版,第2页以下。

② 参见马克昌主编:《犯罪通论》,武汉大学出版社1999年版,第597页。

的学说观点。如“因果关系中断”理论、“广义犯罪要件”理论。[①] 然而，我国学者却将“处罚的从属性”理解为对共犯依照正犯的刑罚来处罚的属性。该理解与域外的理解存在的差异是显而易见的。更为关键的是，“处罚的从属性”与“共犯从属性”之间并不具有必然的逻辑联系；“共犯（教唆犯）独立性说”并不排斥我国论者所理解的“处罚的从属性”。不管刑法是采取“共犯（教唆犯）从属性说”还是“共犯（教唆犯）独立性说”，都不妨碍其对共犯的处罚予以如下规定：“依照正犯的刑罚处罚。”譬如，针对日本《刑法》第 61 条对共犯“判处正犯的刑罚”的规定，日本有学者力主“共犯（教唆犯）独立性”，另有学者则主张共犯（教唆犯）从属性[②]。这表明，不管共犯是独立性还是从属性，刑法都可能规定按照正犯的处罚来处罚共犯。由此看来，“判处正犯的刑罚”只能给人们传递这样的信息：由于共犯并无独立的法定刑，所以无论是独立的共犯还是从属的共犯，他们与正犯都适用同样的法定刑。进言之，我国学者赋予“共犯（教唆犯）从属性说”以“处罚的从属性”，使得其内涵貌似丰厚，但这无助于“共犯（教唆犯）从属性”与“共犯（教唆犯）独立性”的区分，也是导致我国“共犯二重性说”得以出现的重要渊薮。

综上论述，“共犯（教唆犯）有无从属性”与“犯罪既遂的标准”无关。我们大可不必以为前者的科学解决，就能科学地阐释后者。

（二）“教唆犯具有从属性”：一个难以立足的基本立场

即便“共犯（教唆犯）有无从属性”与“犯罪既遂的标准”紧密相关，也不能说明认定教唆犯既遂所形成的通说观点就是正确的。这是因为“教唆犯具有从属性”的合理性、合法性，是颇为值得怀疑的：

1.“教唆犯从属性说”：契合法益保护的基本立场吗

在倡导者看来，“只要承认犯罪的本质是侵犯法益、刑法的目的是保护法益，就难以采取教唆犯独立性说”[③]。在此基础上，论者进一步指出：“单纯的教唆行为并不具有侵害法益的现实危险性。要说存在危险，也只能说是一种抽象的危险，因而并无处罚的必要。而只有在被教唆人着手实行被教唆之罪，其行

---

① 具体论述请参见李洁等：《论共犯从属性理论的内涵》，载《国家检察官学院学报》2011 年第 1 期。

② 参见张明楷：《论教唆犯的性质》，载陈兴良主编：《刑事法评论》（第 21 卷），北京大学出版社 2007 年版，第 81 页。

③ 张明楷：《论教唆犯的性质》，载陈兴良主编：《刑事法评论》（第 21 卷），北京大学出版社 2007 年版，第 84 页。

为已经实际惹起侵害法益的现实危险性之时，教唆行为才有成立未遂的可能。"[①]其言下之意是，只有贯彻"教唆犯从属性说"才契合法益保护的基本立场；而教唆行为并未直接面对行为客体，教唆行为本身不会对法益造成损害，当然不能论以犯罪处罚之，否则有违于上述立场。

然而，从"教唆犯从属性说"的基本主张来看，其对法益的保护方面远不如"教唆犯独立性说"那样彻底与全面。依据"教唆犯从属性说"，教唆犯的成立或可罚性的前提，是正犯者必须实施了一定的行为；当正犯者没有着手实行犯罪时，教唆行为不成立犯罪。这就意味着无论所教唆犯罪的法益侵害性如何重大，只要被教唆人未能着手实行犯罪，就不能对教唆人发动刑罚。换言之，只有被教唆者着手实行犯罪后，被教唆行为发生了法益侵害的具体危险时，才对教唆者进行处罚。这成为"教唆犯从属性说"对法益予以保护的逻辑起点。与"教唆犯从属性说"不同，"教唆犯独立性说"主张正犯者虽未着手实行行为，但作为加功者的教唆犯的行为同样成立犯罪或者说具有可罚性。据此，我们不难理解，在"教唆犯独立性说"看来，即便对法益的侵害是一种抽象的危险、间接的危害行为，亦具有可罚性。在此意义上，较"教唆犯从属性说"，它更能体现法益保护的基本立场。

至于倡导者以教唆行为是一种"抽象的危险行为"为由来否定其犯罪性的主张同样是难以立足的。在刑法上处罚"抽象的危险行为"是一种较为普遍的现象。比如，犯罪的"预备行为""非法持有行为""醉驾行为"都可成立犯罪。其之所以受到刑罚的处罚，在理论上均被解释为"抽象的危险行为"，属于"抽象的危险犯"。既如此，倡导者们为什么非要抓住"教唆行为"紧紧不放呢？

2. "教唆犯从属性说"：有利于合理地限定教唆犯的处罚范围吗

在倡导者看来，"教唆犯从属性说坚持了刑法的谦抑原则"[②]。"摒弃独立性说而采行实行从属性说，就能避免独立性说所导致的教唆犯的处罚范围被不当扩张的现象，从而使得其处罚范围限定在一个合理的范围之内。"[③]不容否认的是，倡导"教唆犯从属性说"对于限制犯罪参与者的处罚范围具有重要意义，体现了刑法的谦抑原则。其道理就在于，"教唆犯从属性说"与"教唆犯独立性说"在对教唆未遂成立范围的认定上，前者窄于后者。但问题在于，"教唆犯从属性说坚持了刑法的谦抑原则"本身并不能成为"教唆犯从属性说"得以倡导的

---

① 钱叶六：《共犯的实行从属性说之提倡》，载《法学》2012 年第 11 期。

② 李洁等：《论共犯从属性理论的内涵》，载《国家检察官学院学报》2011 年第 1 期。

③ 钱叶六：《共犯的实行从属性说之提倡》，载《法学》2012 年第 11 期。

根据。或者说,"刑法的谦抑原则"的正当性与否本身就是一个有待证明的命题,它无法作为论证其他问题的基础性根据。再者,"教唆犯从属性说"虽然存在着"缩小处罚范围"的一面,但它也存在着"扩大处罚范围"的另一面。对此,我们应当保持必要的警惕,不能想当然地认为采用"教唆犯从属性说"就必然会限定教唆犯的处罚范围。事实上,至少在下述情形中,采用"教唆犯从属性说"并不会导致处罚范围的"谦抑""收缩"。

首先,在无身份者的可罚性问题上。"教唆犯从属性说"主张身份具有连带作用,教唆行为可以依正犯的身份决定其行为的犯罪性;无身份者加功于有身份者可以成为身份犯的教唆犯。亦即"教唆犯从属性说"主张,对无身份者应当以共犯论。与之形成鲜明对比的"教唆犯独立性说"则非常注重身份的个别作用,认为教唆行为依自己的身份独自决定其行为的犯罪性。质言之,"教唆犯独立性说"是在主张,教唆行为的犯罪性以及可罚性不从属于正犯;不具有纯正身份犯的身份者的行为,即使作为"共犯",也不可能作为纯正身份犯的共犯而加以处罚。

其次,在未遂教唆的可罚性问题上。所谓未遂教唆,就是明知不会引起犯罪结果而教唆他人犯罪的场合。此行为是否成立犯罪或者说具有可罚性?"教唆犯从属性说"与"教唆犯独立性说"对此有着截然不同的理解。倡导前者,则会扩大处罚范围。其道理在于,"教唆犯从属性说"认为教唆行为是修正的构成要件行为,并非基本的构成要件行为。因此,教唆行为乃为修正的构成要件行为,与正犯的基本构成要件行为(实行行为)具有质的不同。与之相对应的主观要件之教唆故意,顺理成章地就应当以修正的构成要件故意为已足,即仅以被教唆者有犯罪决意(实行意思)之认识或被教唆者着手于犯罪之实行之认识为充足。不难理解,在未遂教唆的情况下,依据"教唆犯从属性说",教唆者的行为便具有犯罪性。

"教唆犯独立性说"则认为,教唆行为本身也是实现构成要件的行为的范畴,与正犯实现基本构成要件的行为并无本质上的任何不同。因而,教唆犯之故意内容,也应当有对构成要件之结果予以明确认识的基本要求。基于"教唆犯独立性说"对教唆故意的上述理解,它势必会得出如下结论:在未遂教唆的情况下,由于教唆者欠缺该认识而无法成立教唆故意,其行为并不具有可罚性。

最后,在"间接正犯"问题上。"教唆犯从属性说"主张教唆行为从属于实行犯的犯罪而成立。当实行行为不构成犯罪时,教唆犯就不构成犯罪,因而处罚的根据就不复存在。然而,一概不予处罚又与应予处罚的法理不合。比如,行为人教唆未达刑事责任年龄的人、精神病人、无罪过行为人实行犯罪的情形。为了调和自身理论与社会现实之间产生的矛盾，意在缩小可罚性范围的“教唆犯从属性说”便在自己的理论体系之内创制了“间接正犯”这一概念。“间接正犯”作为弥补“教唆犯从属性说”之不足所衍生出来的一个范畴，无疑是对可罚性范围的扩张：“提出这个概念的目的，是在犯罪的直接实行者不具有可罚性的情况下，让犯罪行为的操纵者为自己的非构成要件行为承担刑事责任，从而堵塞从属性理论在可罚性上存在的明显漏洞”①。不仅如此，“间接正犯”这一概念的创制本身就暴露了“教唆犯从属性说”的逻辑混乱，宣告了“教唆犯从属性说”的破产。因为在本质上，教唆行为也同样是将他人的行为作为自己行为所利用的犯罪工具，同样是通过利用他人的行为来实现犯罪的目的。

在“间接正犯”问题上，“教唆犯独立性说”则持相对谨慎的立场。在其看来，当被教唆者无责任能力或无犯罪意思时，它对教唆犯的成立与否并不产生实质的影响，教唆行为是否具有可罚性从根本上取决于其是否存在着与直接正犯无异的实行行为性。也就是说，只有当背后的利用者在主观上具有实行的意思，行为在客观上包含能够招致侵害、威胁法益的现实危险性时，其行为才能成立犯罪或者说具有可罚性。这就在很大程度上缩小了“间接正犯”的处罚范围。

3.“教唆犯从属性说”：能够获得我国《刑法》的支撑吗

持“教唆犯从属性说”的学者认为，我国《刑法》第 29 条第 1、2 款的规定都是采用了“教唆犯从属性说”：《刑法》第 29 条第 1 款规定的是狭义的教唆犯，采用的是教唆犯的从属性说；第 2 款则是对共同犯罪的教唆而未实现既遂状态的规定。②

持“教唆犯从属性说”的学者认为，《刑法》第 29 条第 1 款规定了教唆犯具有从属性在文理解释上没有任何障碍：“《刑法》第 29 条第 1 款明文规定‘教唆他人犯罪的’，意味着教唆犯是指教唆他人实施了犯罪的情况。”③“‘教唆他人犯罪的……’在文理上就承认了犯罪的从属性，说明他人没有实行犯罪时，他人还没有成为正犯者，就不成立教唆犯与帮助犯。”④不过，这种理解是值得商榷的，具有浓厚的“想当然”的色彩：

---

① ［意］杜里奥·帕多瓦尼：《意大利刑法学原理》，陈忠林译，法律出版社 1998 年版，第 337 页。

② 参见张明楷：《论教唆犯的性质》，载陈兴良主编：《刑事法评论》（第 21 卷），北京大学出版社 2007 年版，第 85 页以下；周光权：《“被教唆的人没有犯被教唆的罪”之理解——兼与刘明祥教授商榷》，载《法学研究》2013 年第 4 期。

③ 杨金彪：《刑法共犯规定对共犯从属性说的贯彻》，载《法学论坛》2006 年第 4 期。

④ 张明楷：《外国刑法纲要》，清华大学出版社 1999 年版，第 295 页。

首先，“教唆他人犯罪的”只是对教唆行为样态的描述。该描述类似于《刑法》分则中的简明罪状。比如，我国《刑法》第295条“传授犯罪方法的……”的规定，其本身就是一种罪状性的简明行为的描述。恐怕没有人将其理解为：成立“传授犯罪方法罪”，还应要求被传授人已经按照传授者所传授的犯罪方法实施犯罪行为。

其次，“应当按照其在共同犯罪中所起的作用处罚”只是规定了对教唆犯如何处罚。其旨在确立在共同犯罪中的教唆犯的处罚原则。正如学者所指出的那样：“如果教唆犯在共同犯罪中起主要作用的，就以主犯论；如果教唆犯在共同犯罪中起次要作用的，就以从犯论处。”[①]透过这样的规定，我们获得的信息应该只是：教唆行为对被教唆者实施犯罪行为所产生的引发力在不同的案件中是不同的，有主次之别。可我们无从得知，教唆犯的成立一定要从属于正犯。

最后，从相关国家、地区的相关立法例来看。德国《刑法》第26条规定：“故意地确定了他人达于其故意实施了的违法行为者，作为教唆者与行为人同样处罚。”该规定之所以毫无争议地被认为采用了“教唆犯从属性说”，就在于它强调了教唆犯的成立与“他人达于其故意实施了的违法行为者”的关联。与德国立法不同，日本《刑法》第61条“教唆他人实行犯罪的，判处正犯的刑罚”的规定并未直接强调上述关联，但是相关特别法有关于特别罪的“独立教唆”的规定，能够从反面提示“教唆犯从属性说”为该条所采纳。[②] 可反观我国《刑法》第29条第1款，并未发现有如德国法那样有“关联”的规定。而且在该条之外，我们也未发现有如日本法那样有关于特别罪的“独立教唆”的规定。鉴上比较分析，认为我国“刑法第29条第1款”采用了“教唆犯从属性说”的观点是值得推敲的。

持“教唆犯从属性说”的学者为了能够“自圆其说”，将该款中的“被教唆的人没有犯被教唆的罪”理解为“被教唆人已按教唆犯的教唆着手实行犯罪而没有既遂”[③]。针对上述解释，有学者逐一进行了有力的反驳，可谓字字珠玑，切中要害。在此笔者仅对该学者的某些论述予以必要的补充。

其一，既然可以将“被教唆的人没有犯被教唆的罪”理解为“被教唆的人没有犯被教唆的既遂罪”，那么立法者为什么不直接“明示”呢？因为“明示”并非

---

① 张明楷：《刑法原理》（第2版），商务印书馆2017年版，第436页。

② 参见［日］木村龟二主编：《刑法学词典》，顾肖荣等译，上海翻译出版公司1991年版，第350页以下。

③ 张明楷：《论教唆犯的性质》，载陈兴良主编：《刑事法评论》（第21卷），北京大学出版社2007年版，第88页以下。

难事。只需将其中的“犯”字更换为“完成”即可。

其二,假设将“被教唆的人没有犯被教唆的罪”理解为“被教唆的人没有犯被教唆的既遂罪”,那么被教唆人的行为要么被认定为犯罪未遂,要么被认定为犯罪中止。根据“教唆犯从属性说”,教唆犯就有成立犯罪中止的可能。既然有成立犯罪中止的可能,第 29 条第 2 款对其处罚的规定中就应当与《刑法》第 24 条所规定的犯罪中止处罚原则保持必要的一致性,至少须有诸如“应当”“免除处罚”字眼。但事实上是没有的。这也从一个侧面可以证明论者的理解是存在问题的。

其三,论者将“被教唆的人没有犯被教唆的罪”理解为“被教唆的人没有犯被教唆的既遂罪”的重要理由是我国刑法分则模式的“犯罪既遂模式”。然而,这是经不住推敲的。[①] 其实,论者在其他场合也是持相反立场的,即坚持“犯罪成立模式说”[②]。可见,论者为了贯彻“教唆犯从属性说”不惜放弃自己原有的立场转向“犯罪既遂模式”。这也从一个侧面可以证明其立论的草率性,给人以捉襟见肘之感。

论者还认为,“教唆犯从属性说”是对我国刑法条文进行体系性解释的归结。在其看来,无论是《刑法》第 29 条第 1 款中的教唆犯,还是第 2 款中的教唆犯,其成立原则上都必须是以实行犯着手犯罪为前提,“否则在仅有教唆人的教唆行为而没有被教唆人着手实行特定犯罪的情况下,怎么会有作为对教唆者处罚的参照标准的共同犯罪呢?”否则“就只能根据其在虚拟的共同犯罪中的作用加以处罚”[③]。其言下之意,否定“教唆犯从属性说”将会使得《刑法》第 29 条第 1 款失去对教唆犯处罚的应有的指导作用,会破坏刑法条文之间的协调性和统一性。其实,该论者对此存有误解。《刑法》第 29 条第 1、2 款是有不同的适用条件的,具有各自的功能:《刑法》第 29 条第 1 款适用于被教唆人实施犯罪的情况;第 2 款则适用于被教唆人未实施犯罪的情况。这同样为刑法的一种体系性描述。所以,论者认为的“《刑法》第 29 条第 1 款是对教唆犯成立与处罚的一般性规定,第 2 款是对教唆犯罪减轻形态的规定。”恐怕是“以讹传讹”所致,同样是一种“虚拟”。

笔者认为,判断一个国家的刑法是采用“教唆犯独立性说”还是“教唆犯从属性说”最为关键的一点就是考察,根据其刑法规定,在正犯没有实行犯罪行为

---

① 陈诗忠:《对我国刑法规范模式的再追问》,载《中国刑事法杂志》2011 年第 10 期。

② 张明楷等:《刑法新问题探究》,清华大学出版社 2003 年版,第 178 ~ 179 页。

③ 钱叶六:《共犯的实行从属性之提倡》,载《法学》2012 年第 11 期。

的情况下,教唆行为是否成立犯罪?作出肯定性规定的,该国刑法采用的是"教唆犯独立性说";作出否定性规定的,则是"教唆犯从属性说"。根据这样的判断标准,根据《刑法》第29条第2款的规定,很显然我国《刑法》并未采用"教唆犯从属性说",而是"教唆犯独立性说"。

笔者进一步认为,"教唆犯从属性说"是存在不少缺陷的:

其一,"教唆犯从属性说"违背刑法中的个人责任主义。现代刑法中的个人责任主义强调,任何人只对自己的行为及其后果承担罪责,决不能对其他人的行为及其后果承担罪责。据此,唆使他人犯罪,不可谓非恶性之表现,自应就其自身行为成立犯罪。然而,依据"教唆犯从属性说",教唆犯罪的成立以唆使他人实行犯罪行为为成立要件,如果被教唆行为不具有犯罪性,教唆行为无所附,自然无法成立犯罪。换言之,教唆者对自己的行为是否承担责任还要取决于正犯是否着手实施,其可罚性是建立在其他参与者的可罚性基础之上。这与个人责任主义难免存在抵牾:一方面,即便教唆者本人具有免责事由,只要正犯不具有,依据"教唆犯从属性说",其行为同样成立犯罪。另一方面,即便教唆者本人不具有免责事由,只要正犯具有免责事由的,依据"教唆犯从属性说"其行为不成立犯罪。所有这些都无疑与刑法责任主义形成了悖论。

其二,"教唆犯从属性说"并不具有刑法教义上的逻辑必然性。"教唆犯从属性说"在西方国家的立法上均具有一定的限制性。比如,根据德国《刑法典》的规定,其利益受到刑法特别保护之人,其教唆行为不得受到处罚;从法律规定的联系中可以看出特定之人不受处罚,则该人不得因为教唆他人实施犯罪行为受到处罚,等等。① 在日本,其刑法也并非完全实行"教唆犯从属性说","教唆、帮助自杀,《破坏活动防止法》第38条中规定的独立教唆罪,《国家公务员法》第111条中的独立帮助罪等就是这种情况"②。更为重要的是,在现代社会犯罪参与现象日益严重,黑社会性质的组织犯罪、恐怖活动犯罪等重大犯罪日益猖獗今天,"教唆犯从属性说"在根本上已经无法应对上述现象。在此背景下,我们还固守之,恐怕是不合乎时宜的。

其三,"教唆犯从属性说"不利于刑法法益的全面保护。在"教唆犯从属性说"看来,"教唆犯与正犯具有不同的处罚根据:正犯的处罚根据在于通过自身的实行行为来引起对法益的侵害或者威胁,而教唆犯的处罚根据在于通过自身

① 参见[德]李斯特:《德国刑法教科书》,徐久生译,法律出版社2006年版,第380页。

② [日]大谷实:《刑法总论》,黎宏译,法律出版社2003年版,第305页。

的实行行为来引起对法益的侵害或者威胁”①。其认识是建立在教唆行为与正犯行为在法益侵害性具有一致性的基础之上的。然而,二者并非总是具有一致性。也就是说,正犯的行为具有法益侵害性,教唆犯不一定具有。反之亦然。其根本原因在于,“行为不法的判断有时候会因个人立场的差异而导致法律评价上应有的差异,价值判断的条件永远在行为人(教唆犯或者正犯)本身。因而,不法性根本无法从属”②。可是,“在刑法的目的思考下,全部的犯罪行为,不管我们要把它叫作什么犯(既遂犯、未遂犯、危险犯、实害犯、故意犯、过失犯、作为犯、不作为犯等),总之它们有一个共通的基本性质,就是其行为方式的重演具有侵害法益的危险性。如此,处罚教唆犯只有一个理由就是,教唆也是制造利益侵害的一种手段”③。在此认知下,如果一味坚持“教唆犯从属性说”,就会导致严重侵犯刑法法益的行为得不到处罚的情形。如教唆他人自杀、吸毒行为,本身是严重侵犯刑法法益的行为,自应予以处罚。然而,依据“教唆犯从属性说”,由于该教唆行为被认为是“没有正犯”的共犯行为,与“正犯行为”在法益侵害性上并未保持一致性,它将无法得到处罚,相关的刑法法益将无以得到保护。

其四,“教唆犯从属性说”会使得共同犯罪理论坍塌。在“教唆犯从属性说”看来,教唆犯未遂的成立取决于正犯是否着手实行了具体的犯罪行为。但不无令人狐疑的是,根据通行的刑法理论,犯罪未遂必须以实行行为的着手为成立前提。可是,在教唆者尚未着手实行犯罪行为的情形之下,“教唆犯从属性说”就认为教唆未遂的成立。这岂不是在承认教唆行为具有实行性吗?众所周知,“区分教唆行为、帮助行为与实行行为,这是近代刑法的一个文化性收获”④。

其五,“教唆犯从属性说”在司法裁量上不具有妥当性。依据“教唆犯从属性说”,对教唆者进行定罪处罚的直接根据是其所教唆之罪,但是该根据本身是存在问题的。这突出表现在“所教唆之罪与被教唆者所实行的犯罪并非一致的场合”:在教唆者教唆 A 罪而被教唆者实施 B 罪的情况下,对教唆者以 A 罪认定,这对于“教唆犯从属性说”来说显然是不可接受的;如果认定为 B 罪,由于教唆者缺少 B 罪的主客观要件,这又将不符合构成要件判断的基本要求。

---

① [日]大谷实:《刑法总论》,黎宏译,法律出版社 2003 年版,第 301 页。
② 黄荣坚:《基础刑法学》,中国人民大学出版社 2009 年版,第 542 页。
③ 黄荣坚:《基础刑法学》,中国人民大学出版社 2009 年版,第 550 页。
④ [日]小野清一郎:《刑法概论》,法文社 1956 年增订版,第 149 页。

我们还注意到,刑法学界对“教唆犯独立性说”所进行的又一重大批判。认为“教唆犯独立性说”的立场是主观主义的:“教唆犯独立性说的理论基础是犯罪征表说。犯罪征表说是刑法主观主义的基本观念,其基本要义在于,只要行为人的主观恶意或反社会性确定地征表出犯意的外部行为时,便具有犯罪性、可罚性,而不具体考虑行为是否对法益产生侵害或者威胁。不难看出,这种独立性说深深地打下了‘心情刑法’‘意识刑法’的烙印。”①

但在本书看来,上述批判是存在不少疑问的。首先,将“刑法主观主义”等同于“主观恶性”或者“主观归罪”是存有疑问的。其次,认为“教唆犯独立性说”只注重“主观恶性”也是存在疑问的。下面对上述两个疑问进行必要的展开。

疑问一:“刑法主观主义”能否等同于“主观恶性”或者“主观归罪”?我们并不否认,“教唆犯独立性说”的理论基础是“刑法主观主义”,二者之间具有亲近性。但是,将“刑法主观主义”等同于“主观恶性”或者“主观归罪”的见解是不能令人接受的。不容忽视的是,“我国刑法学界对主观主义的刑法理论一向怀有偏见,认为这种理论是一种破坏刑事法治的体系,并将其与人治相联系,导致在理论上出现了重客观轻主观的苗头”②。众所周知,刑法客观主义与刑法主观主义的分歧,体现在刑法评价对象的对立上。前者认为,犯罪本质只能从犯罪人的外部行为或者结果中去寻找。后者则认为,行为人的内部要素即反复实施犯罪行为的意思或者性格的危险性,或者说,“虽然现在还没有实施犯罪行为,但具有将来实施犯罪的社会危险的性格就是犯罪的本质”③。但上述只是学术史意义上的理解,现代刑法主观主义则是以责任主义为基础的。④ 它强调的是“如果行为人没有责任能力,没有故意、过失以及不具有实施合法行为的期待可能性,其行为便不构成犯罪,对行为人就不得科刑。”⑤虽然“刑法主观主义”在观察人的行为时,重视主观因素,例如动机、意思、性格与人格的考量,这亦通常被人们诟病。然而,它同时认为,只有当犯罪人的危险性格征表为外部的行为时,才能对之科处刑罚。在此意义上,主观主义学者所提出的“犯罪征表说”,实际上不仅贯彻了“无行为不处罚”这一法治原则,还颇有现代人的权利保障的

---

① 钱叶六:《共犯的实行从属性之提倡》,载《法学》2012 年第 11 期。

② 童德华:《国外现代刑法学中主、客观主义源流论》,载《浙江社会科学》2001 年第 3 期。

③ [日]大谷实:《刑法总论》,黎宏译,法律出版社 2003 年版,第 28 页。

④ 参见郭泽强:《我国刑法中主观主义地位的界定——兼与张明楷教授周光权博士商榷》,载《法学》2005 年第 5 期。

⑤ 张明楷:《新刑法与客观主义》,载《法学研究》1997 年第 6 期。

意蕴。由上观之,建立在责任主义基础之上的主观主义并非主张主观归罪,而是主客观相统一地认定犯罪。

疑问二:“教唆犯独立性说”是否只注重“主观恶性”？在理论上有“教唆犯独立性说之立场侧重于处罚行为人之恶性而与处罚犯罪行为为基本原则的立场有违”的说法。[①] 然而,如果我们认真观察一下,“教唆犯独立性说”并未声明对于教唆犯的处罚不需要特定的行为。进一步考察,我们还不难发现,“教唆犯独立性说”的基本精神正是从教唆者的角度去要求自身行为对于法益侵害的因果关系,而不是如“教唆犯从属性说”所设想的可以将对于教唆犯处罚的正当性依附在正犯的可罚性上面。在此意义上,“教唆犯独立性说”下的教唆行为必须是与法益侵害结果具有特定因果关系的行为,否则不予处罚。所以,若要求符合刑法学的基本原则,则非“教唆犯独立性说”莫属。

“教唆犯独立性说”坚持教唆者应当对教唆行为本身负刑事责任,这与“教唆犯从属性说”相比较,它的学术方向是正确的:它严格贯彻个人责任主义;坚持其违法性应当独自进行判断,其可罚性不是对他人的犯罪行为起促进作用而是应当对自己的该当于构成要件的不法行为负责。但是,“教唆犯独立性说”也存在着问题:混淆了共犯行为与实行行为的限线。在“教唆犯独立性说”看来,教唆行为本身就具有实行性,其着手以开始实行教唆行为为标志。然而,如此见解是无法令人接受的。正如学者所指出的那样,“包括独立性说的论者在内,都认为刑法分则规定的构成要件本身就是实行行为的定型,而刑法总则有关共犯行为的规定是对分则中的基本构成要件行为的修正,二者是完全不同的行为类型。相对于正犯的实行行为,教唆行为在侵害性上具有间接性、依附性和不现实性,离开正犯的实行行为,教唆行为永远不会对法益造成现实的、紧迫的危险,至于侵害法益的现实结果的不会发生就更不用说了”[②]。进一步分析,将教唆行为视同实行行为的观点,极有可能会瓦解共同犯罪的理论体系。

“教唆犯独立性说”坚持违法性应当进行独自判断,这无疑是正确的。但是如何“独自判断”是离不开法益性质、状况之考量的。从刑法以法益保护为基本目的出发,逻辑上自然可以形成的结论是:唆使侵犯不同性质法益的教唆行为应当具有不同程度的危害性;教唆行为的危害性大小从根本上取决于该行为所指向的法益重要程度。在此意义上,绝对意义上的“教唆犯独立性说”并不可取。无论如何,我们不能断言,任何性质的教唆行为都具有可罚性。在此意义

① 参见黄荣坚:《基础刑法学》,中国人民大学出版社 2009 年版,第 551 页。

② 钱叶六:《共犯的实行从属性之提倡》,载《法学》2012 年第 11 期。

上,对重大犯罪进行教唆的应提倡“教唆犯独立性说”,该教唆行为具有可罚性;对性质较轻以及轻微的犯罪进行教唆的行为不具有可罚性。简言之,我们应当提倡“教唆犯相对独立性说”。

对重大犯罪进行教唆的行为,提倡“教唆犯独立性说”不仅符合刑法学上法益原理,还符合国际社会当前所奉行的“轻轻重重”的刑事政策。独立教唆犯是否处罚,这在很大程度上是由一个国家所奉行的对刑事立法、司法具有指导作用的刑事政策所决定的。当下,国际社会所普遍奉行的刑事政策正沿着“两极化”方向发展。该刑事政策的基本精神就是对于性质严重的犯罪要实施严厉的刑事政策;对于性质较轻以及轻微的犯罪要实施宽缓的刑事政策。事实上,“西方各国的刑法改革也都遵循了这一刑事政策”①。我们不难理解,对重大犯罪进行教唆的行为予以犯罪化,应当是“两极化”刑事政策是在共同犯罪领域的具体实践。

对重大犯罪进行教唆的行为,提倡“教唆犯独立性说”能够获得实证法的支持。在日本刑法,就有只对重大犯罪而不对轻微犯罪的教唆者予以处罚的规定:“仅应判处拘留或者科料之罪的教唆犯和从犯,在没有特殊规定时,不处罚。”在德国《刑法》第30条第2款也有类似的规定,“教唆犯重罪未遂的,依照第30条第1款处罚。”该条旨在说明,唆使他人犯重罪的行为,才予以处罚。

对重大犯罪进行教唆的行为,提倡“教唆犯独立性说”与其他的刑法规定具有契合性。在西方国家,普遍存在着区分“轻罪与重罪”的立法现象。该区分的意义,体现在实体法上就是为区分刑事可罚性的等级服务的。仅以德国《刑法》为例:“重罪的未遂总是应当受刑罚处罚的,轻罪的未遂仅仅在明确规定的情况下,才应受刑罚处罚。教唆未遂和其他一些处在参加犯罪之前阶段的情况,在重罪时应当受到刑事惩罚,但是在轻罪时一般不会受到刑罚惩罚。公职资格的丧失和选举制度的丧失也以类似的方式与这个区分相联系。”②再如,根据德国《刑法》第30条第2款的规定,受处罚的某些特定的被视为共同正犯、教唆犯和帮助犯的初期阶段的犯罪预备行为也都局限于重罪:约定实施重罪的行为、扬言实施重罪的行为、接受他人重大犯罪请求的行为才构成犯罪。③ 其实,这种

---

① 邓文莉:《“两极化”刑事政策下的刑罚制度改革设想》,载《法律科学(西北政法学院学报)》2007年第3期。

② [德]克劳斯·罗克辛:《德国刑法学总论》(第1卷),王世洲译,法律出版社2005年版,第173页。

③ 参见[德]汉斯·海因里希·耶赛克、[德]托马斯·魏根特:《德国刑法教科书》,徐久生译,中国法制出版社2001年版,第855页。

“区别对待”的做法在其他刑法制度中普遍存在。比如,减刑、假释、累犯、时效等。限于篇幅,在此不再一一说明。

本书所倡导的“教唆犯独立性说”并不意味着“教唆犯应当成为一种独立的犯罪形式,应当在刑法分则中专设一个教唆罪。”①这是因为教唆行为作为唆使他人犯罪的行为,与具体个罪不同,它并无专门的法益或者说其法益具有不确定性。再者,本书所倡导的“教唆犯独立性说”虽然主张教唆行为的可罚性取决于其行为本身,但这并不意味着它与正犯行为无任何关联。事实上,教唆犯对正犯的依附性还是存在的。这不仅因为“教唆犯的故意必须是具体的。其故意必须是针对特定的行为和应当促成行为决意的特定行为人。一旦被煽动的人员范围不能从个体上进行确定,即排除教唆”②。还因为教唆犯与正犯共同指向同一法益,这就决定了它必须与正犯行为相结合才能构成完整的犯罪形态。其既遂与否取决于正犯行为是否达致既遂状态。最后还因为教唆行为并非独立的犯罪形式,这就决定了它与正犯行为必须共用同一罪名及其法定刑。

(三)教唆犯既遂标准之我见

教唆犯既遂标准的认定,分为以下两种情形。下面就这两种情形,谈谈自己不够成熟的看法:

1. 当被教唆的人没有犯所教唆的罪时,其犯罪既遂如何认定

对此,传统刑法理论上有两种不同的观点。持“共犯(教唆犯)独立性说”的学者认为,教唆犯的犯罪行为仅止于教唆,一经教唆完毕,其犯罪行为就已经终了,不论被教唆人是否实行教唆犯所教唆的犯罪,均构成犯罪既遂。③ 持“共犯从属性说”的学者内部看法不尽一致。主流观点认为,该意义上的教唆行为连犯罪都不成立,就无从谈起既遂、未遂问题了。但有学者认为,该意义上的教唆行为应当成立预备犯罪:“由于被教唆犯没有实施任何犯罪行为,教唆犯显然不可能从属于被教唆的人。教唆犯没有实施具体犯罪的着手行为。因此,不可能构成未遂犯、中止犯、既遂犯,只能以预备犯论处。”④

但是如前所述,“共犯的属性”只是解决狭义共犯的成立范围问题并非犯罪

---

① 杨兴培:《犯罪构成原论》,中国检察出版社2004年版,第393页。

② [德]汉斯·海因里希·耶赛克、[德]托马斯·魏根特:《德国刑法教科书》,徐久生译,中国法制出版社2001年版,第833页。

③ 参见耿文田:《教唆犯论》,商务印书馆1935年版,第56~57页。

④ 徐光华:《犯罪既遂问题研究》,中国人民公安大学出版社2009年版,第277页。

既遂的标准问题，因而将其与教唆犯既遂关联起来并不妥当。所以说，“共犯的属性”对犯罪既遂标准的主张是应当遭到批判的。另外，认为该意义上的教唆行为皆不成立犯罪的观点也是存在问题的。如前所述，在法理层面上，对“重大犯罪”进行教唆的应提倡“共犯独立性说”。因而，教唆行为是否成立犯罪还应当进行辩证地分析，不可作出简单划一的结论来。

本书亦不赞同该意义上的教唆行为是预备行为的见解。预备行为是就犯罪停止形态意义而言的，是为自己实施犯罪创造便利条件的行为。因而，作为引起他人犯罪意图的教唆行为是无法成为预备行为的表现形式的。即便我们将该意义上的教唆行为理解为“为他人预备”的行为，但该行为实质上应是从犯（帮助犯）行为。这恰如日本学者所指出的那样：“准备实现他人的基本构成要件的他人预备，如有正犯的实行行为，姑且不论是否成为从犯，总之不是预备行为。”①

2. 当被教唆的人实施了所教唆之罪时，其犯罪既遂如何认定

当被教唆的人实施了所教唆之罪时，其犯罪既遂如何认定？针对此种情形，学界普遍认为，应当结合刑法对于具体犯罪的既遂形态的要求予以判断，教唆犯既遂标准的判断与实行犯既遂标准的判断并无二致，它同样离不开刑法对犯罪既遂标准的具体设定。换言之，教唆犯的既遂与否取决于被教唆人（实行犯罪的人）是否完成了犯罪，其既遂应当以被教唆罪的既遂为依据。

但在本书看来，上述结论有违刑法学的基本常识。在刑法理论上，犯罪既遂、未遂形态是犯罪实行阶段的停顿形态，其成立前提是行为人已经着手了能够引起具体犯罪结果发生的实行行为。然而，教唆行为在刑法理论上并非实行行为，“着手教唆”并非“着手实行”，它只是与实行犯的犯罪决意之间存在因果关系，它与具体的犯罪结果之间并不存在因果关系。既如此，就不宜将“具体犯罪结果”的发生作为教唆行为的既遂标准。在此意义上，教唆犯是不存在传统意义上的既遂、未遂问题的。

需要特别指出的是，笔者否认教唆犯存在既遂、未遂形态，并不意味着教唆行为本身不存在就完成与否的问题。事实上，当教唆者将自己的教唆内容完整地传达给被教唆者时，即应理解为教唆行为已经完成；如果基于各种原因，教唆内容没有完整地传达给他人的，即应理解为教唆行为未完成。

还需要强调指出的是，我们否认教唆犯存在既遂、未遂形态，并不意味着被

① ［日］山中敬一：《刑法总论Ⅱ》，成文堂1999年版，第614页。

教唆者的既遂、未遂状况对教唆者的刑事责任不产生影响。事实上，这种影响应当是客观存在的，这不仅因为教唆行为与正犯的决意之间存在因果关系，还因为在通常情况下，教唆者使得被教唆者所产生的犯罪决意越强，被教唆者实现既遂形态的可能性就越大，亦即教唆行为与被教唆者的实行行为所实现的犯罪停顿形态存在着一定的因果关系。是故，我们完全可以将被教唆者的既遂、未遂状况作为教唆者处罚的量刑情节。需要补充的是，影响教唆人刑事责任的因素不限于被教唆者的既遂、未遂形态，教唆的方式、手段，被教唆人是否实施了犯罪行为也能对其刑事责任产生影响。

五、共同正犯之既遂问题研究

“共同正犯”亦被称为“共同实行犯”，在我国刑法理论上被描述为两人以上共同故意实施某一具体犯罪实行行为的犯罪形态。近些年来，我国学者围绕着该犯罪形态的不同侧面进行了较为深入的研究，形成了不少理论共识。比如，共同正犯的本质问题、共同正犯的处罚根据问题、共同正犯的基本形态问题、共同正犯的身份问题、共同正犯的错误问题，等等。但在对困扰司法实践的“共同正犯的既未遂”问题上尚缺乏较为深入的探讨，不同观点仍处于理论纠缠之中，亟须予以进一步的思考。

（一）由“整体既遂说”到“既遂、未遂并存说”的演进

众所周知，“部分行为全部责任”，这是共同犯罪的归责原则。受此原则的影响，在“共同正犯的既遂、未遂”问题上，传统的观点采“整体既遂说”。该观点认为，“部分行为全部责任”作为共同犯罪的归责原则应当适用于所有的共同犯罪，即其中一人行为既遂的，其他犯罪人也应当成立既遂。比如，有学者认为，“共同犯罪责任的基本原则是部分行为全部责任，它应当普遍适用于共同犯罪，无论是结果犯、危险犯，还是行为犯。共犯具有一定的独立性不能成为部分共同犯罪的既遂与未遂标准可以予以变通的充足理由”①。“对于亲手犯或行为犯，不能根据个人情况分别判定是既遂还是未遂，而应当将所有的共犯行为作为一个整体来看，只要其中一人的行为达到了既遂，其他的共同正犯都应承担既遂的刑事责任。”②此说得到了众多学者的赞同，并在新近的论述中也时有

---

① 朱本欣：《共同犯罪中犯罪未遂与中止的比较研究》，载《法学评论》2003 年第 3 期。

② 童伟华：《犯罪构成原理》，知识产权出版社 2006 年版，第 348 页。

体现。[①] 我国审判实践中也大抵持该观点。[②]

然而，随着理论研究的演进，传统的“整体既遂说”受到了挑战，形成了“既遂、未遂并存说”。该说认为，部分实行犯既遂的，能否适用“部分行为全部责任”的处罚原则，认定所有的共同实行犯均构成既遂，不可一概而论，而应当视共同实行犯所实施的犯罪类型而定。至于在何种情况下可以“既遂、未遂并存”，尚有以下不同的学术见解：

1.“行为犯”之“既遂、未遂并存说”。持该说的学者认为，以犯罪行为是否完成作为既遂未遂标志的犯罪（行为犯）不适用“部分行为全部责任”的处罚原则。“在这类犯罪里，不但可能是全体共同实行犯都构成既遂或未遂，以及未遂与中止并存，而且可以出现未遂和既遂并存的情况。”持该说的学者同时指出，以犯罪结果发生与否为既遂未遂标志的犯罪（结果犯）适用于“部分行为全部责任”的处罚原则：“在此类犯罪中“全体共同实行犯的行为是一个有机的整体，每个人的行为都是处于整体行为有机体中而与犯罪结果具有因果联系的原因行为。”[③]

2. 亲手犯之“既遂、未遂并存说”。该观点认为，原则上在共同正犯中应当贯彻“部分行为全部责任”原则，但对于亲手犯而言，则不适用。在亲手犯的共同犯罪中，将犯罪行为实施完毕并达到既遂的人，才成立犯罪既遂，没有亲手将犯罪行为实施完毕的人，则不成立犯罪既遂。马克昌先生就持该见解：“对具有一定特殊情况的共同犯罪——亲手犯（在犯罪性质上通过他人的行为不能成为实行犯的犯罪）的共同犯罪，似不宜按照上述原则处理。因为亲手犯只有具有一定的身份或特殊情况的人亲身实行犯罪行为，才能完成犯罪。对亲手犯的共同实行犯来说，如果有人未完成犯罪，有人完成了犯罪，就应分别情况，对完成犯罪者论以犯罪既遂，对未完成犯罪者论以犯罪未遂，这才与亲手犯的原理相符合。”[④]

（二）“整体既遂说”之反思

如前所述，“整体既遂说”之所以认为共同正犯人中任何一人的行为导致了

---

① 参见王俊平：《“共同实行犯的既遂与未遂形态并存说”之质疑》，载《法学评论》2009 年第 2 期；吴波等：《对“亲手犯之共同正犯既遂与未遂形态并存说”的质疑》，载《法学》2011 年第 2 期。

② 参见最高人民法院刑事审判第一庭、第二庭编：《刑事审判参考》（第 1 辑），法律出版社 2004 年版，第 34～35 页。

③ 赵秉志：《刑法专论》（上编），高等教育出版社 2002 年版，第 329 页。

④ 马克昌：《犯罪通论》，武汉大学出版社 1999 年版，第 594 页。

某种犯罪既遂所要求的构成要件要素的实现,那么该犯罪的其他所有参与者亦成立犯罪既遂,是因为其将"部分行为全部责任"原则奉为处理"共同正犯"的圭臬。其实,"部分行为全部责任"原则有着独到的内涵,论者存在着重大误读,以致得出不够妥当的处理。

众所周知,"共同犯罪"是数人之协力加功于犯罪事实的犯罪形态;其相对于单独犯罪而言,具有一定的特殊性。即在多人参与同一个犯罪的情况下,并不要求所有参与人都去亲自实施犯罪的实行行为。这其中包括仅仅教唆他人实行犯罪者、仅仅帮助他人实行犯罪者,以及仅仅实施部分实行行为者。需要指出的是,即便所有参与人都去亲自实施犯罪的实行行为,也与单独正犯有着不同,即各行为人亲自实施的行为可以只是该罪全部构成要件的一部分①。也就是说,如果抛开其他行为人所实施的行为而单独考察该行为,并不足以认定其行为完全符合单独实行犯的构罪条件。但基于教唆行为(帮助行为)通过实行行为引起了法益侵害,与实行行为及其结果之间存在着因果关系;共同实行行为之间存在相互合作、相互利用、相互配合的关系,在学理上就应对上述行为(教唆行为、帮助行为、部分实行行为)予以整体考察,理应追究"部分行为者"的刑事责任。在这一点上,无论是"犯罪共同说",还是"行为共同说",抑或是"犯罪意思共同说"是具有基本共识的。有鉴于此,立法者以及刑法理论在技术上就塑造了"部分行为全部责任"的归责原则:即便某个行为人只参与实施了犯罪过程的一部分行为(教唆行为或者帮助行为),或者分担实施了部分实行行为,也要对整个犯罪结果承担全部责任。需要强调指出的是,"部分行为全部责任"归责原则只是要求实施"部分行为的参与人"对整个犯罪结果承担全部责任,但这并不意味着"一人既遂则全部既遂"。但在我国有不少学者对此持有相反的认识。比如,有人认为"共同参与者中有一名参与者或者一部分参与者的行为即使未遂,但因他人的行为达到了既遂时,共同参与者的全体成员都负既遂的责任"②。"在追究共同正犯的刑事责任时,应采取'部分行为全部责任'原

---

① 共同正犯的实行行为不仅有"分担组合"形式,还有每个人都实施完整的构成要件行为的情形,即所谓"重复的共同正犯"。虽然个体的实行行为是完整的构成要件行为,但由于共同体的整个行为样态因数人共同实施而成为至少在量上始终有别于单独正犯实体,仍然是属于"部分"实行,在法律评价上也应不同。如数人同时或相继轮流向同一目标开枪的情形下,虽然其中一个人的开枪本身足以单独致害,但数人的重复行为却依然在一个整体的意义上对目标起作用。这种作用在于,此中复数行为在更大程度上提高或保证了结果实现的"成功率",或者说在整体上增加了被害人被害的风险和概率。可见,个人的行为也同样是整个致害行为的有机组成部分,每个个体都应该对最终结果承担全部责任,即使其行为并不是直接致害力。

② 贾济东:《外国刑法学原理(大陆法系)》,科学出版社 2013 年版,第 390 页。

则。换句话说,共同犯罪的整体性决定了在共同正犯中只要有一人既遂,其他行为人均应以既遂论处。”①对此,笔者不以为然。这是因为,共同犯罪是一种非常复杂的犯罪形态,在共同正犯内部存在“共同实行过限”“承继的共同正犯”“亲手犯的共同正犯”等特殊情形。在上述情形中,虽然“部分行为者”依据“部分行为全部责任”的归责原则要对整个犯罪行为负责,但并不意味着部分行为者要承担犯罪既遂的责任。下面针对上述特殊情形逐一展开分析:

1.“共同实行过限”。“共同实行过限”又被称为共同实行过剩,是指超出共同的犯罪故意又犯其他罪,即个别参与人在共同实行犯罪的过程中,实施了超出共同故意范围的犯罪行为的情形。例如,甲、乙二人共同商议对张三实行伤害。在伤害的过程中,乙产生杀人的犯罪故意并导致张三的死亡。在本案中,乙的行为成立故意杀人(既遂)罪是不存在任何疑问的。如根据“一人既遂则全部既遂”,甲的行为亦应成立犯罪既遂。可是,在本案中,甲并无杀人的犯罪故意,其行为又怎能成立故意杀人罪既遂呢?这也就说明,将“部分行为全部责任”理解为“一人既遂则全部既遂”并不妥当。

需要补充解释的是,甲的行为不成立故意杀人罪的既遂,并不意味着甲对被害人的死亡不承担任何责任。其承担责任的依据在于,从客观上来看,其故意伤害行为与乙所实施的故意杀人行为形成“合力”,具有“助推”作用;从主观上看,其对乙所实施的故意杀人行为存在着认识的可能性。是故,甲的行为应当成立故意伤害(致死)罪,对被害人的死亡承担刑事责任。

也许有人会提出这样的质疑:共同犯罪的责任仅限于共同的行为决意所包含的范围;超越共同的行为决意而实施的行为,只能被视为个人单独行为。据此,甲、乙应当分别成立故意伤害罪、故意杀人罪,并不成立共同犯罪,是无法适用“部分行为全部责任”的归责原则的,也就不会适用“一人既遂则全部既遂”来认定甲的行为成立故意杀人罪的既遂。可是如此见解已经遭到了众多学者的抛弃,被认为忽视了甲(故意伤害行为)、乙行为(故意杀人行为)之间所存在的相互利用、相互合作的共同关系。② 现在已经很少有人接受关于“共同实行过限”的通说见解,转而支持“部分犯罪共同说”或者“行为共同说”。

2.“行为对象分担”的共同犯罪。一般而言,共同实行行为都是针对同一行为对象实施的。例如,甲、乙二人共同对丙进行杀害,乙开枪并未击中,而甲击

---

① 叶良芳:《实行犯研究》,浙江大学出版社2008年版,第166页。

② 参见冯军、肖中华主编:《刑法总论》(第2版),中国人民大学出版社2011年版,第347页;黎宏:《刑法学》,法律出版社2012年版,第260~264页。

中丙导致其死亡。在本案中甲、乙均为故意杀人既遂。但这不是“一人既遂则全部既遂”的适用结果,而是因为甲、乙的共同行为导致了既遂结果的发生。然而,当共同实行行为所指向的行为对象,及于多个的情况下,问题就没有那么简单了。例如,甲、乙、丙三人共谋闯入出租屋内对张三、李四进行杀害。三被告人在着手之前还进行了犯罪分工:由甲对张三进行杀害、由乙、丙二人对李四进行杀害。很明显,本案中的行为对象就不止一个。我们还可以继续假设:在犯罪过程中,张三成功脱逃幸免于难。李四则被杀害。本案中的乙、丙二人成立故意杀人既遂不存多少疑问。关键的问题是,本案中的甲是否也能根据“一人既遂则全部既遂”原则,与甲、乙共同成立犯罪既遂呢?如果作出肯定的回答,这将意味着张三是否死亡,都不影响甲的行为成立犯罪既遂。可是,依犯罪既遂处理,这与张三没有死亡这一基本事实明显不符。再者,如此处理,将不利于甲中途停止犯罪,也不利于保护张三的生命权益。

由上分析,在“行为对象分担”的共同犯罪中,运用“一人既遂则全部既遂”解决问题是行不通的。应该分别考察,即应当具体考察各自担当的行为对象是否受到现实的侵害。当然,这样做并不是对“部分行为全部责任”的否定。基于甲、乙、丙之间存在的共犯关系,甲对乙、丙的行为所造成的既遂结果仍要承担刑事责任。但不宜说,甲的行为成立犯罪既遂。构成犯罪既遂,要求行为人必须着手实行。本案中甲尚未着手对被害人李四进行杀害,其行为就不宜以犯罪既遂论处。

3. 承继共同正犯。承继共同正犯,是和原始共同正犯相对应的概念,是指某人(先行者)已经着手实施特定犯罪的一部分实行行为,在实行行为尚未全部终了之际,其他人(后行者)在与先行者取得意思联络之后,将剩下的行为实施完毕的共犯形态。在承继共同正犯的场合,虽然后行为人是在中途介入犯罪并没有亲自实施先行行为,但是当其和先行者取得意思沟通之后,积极利用先行行为所形成的某种状态单独实行或者与先行者共同实行犯罪的,后行者应就犯罪整体成立共同犯罪。亦即即便后行者只是实施了犯罪的部分行为,也要对犯罪的整体(全部)行为负责。

当然,在学界也有反对承继共同正犯之概念的。其主要理由是:(1)共犯的处罚根据在于共犯参与惹起了犯罪结果。在承继的共同正犯中,后行为人对先前行为及结果没有因果影响力,其不应对先行行为及其结果承担责任;①(2)共

① 参见[日]山中敬一:《刑法总论Ⅰ》,成文堂1999年版,第810页。

同正犯要求有共同实行的意思与共同实行的事实，后行为人对参与之前先行行为人的行为与结果虽然了解，但不表明有共同实行的事实。① 但在笔者看来，全然否定承继共同正犯是没有多少道理的。否定说的症结就在于，没有认识到承继的共同正犯的特殊性，它总是囿于“原始共同正犯”的成立条件来评判后行为人是否应当对先行为人所实施的行为及其结果承担责任，自然会得出否定的结论。毫无疑问，这样的逻辑并不可取。

不容回避的问题就在于，要求后行为人对先行行为承担责任的依据是否如同“肯定说”所指出的那样呢？在其看来，后行为人对参与之前的先行为人所实施的实行行为以及由该行为所产生的结果应当承担责任。其理由主要是：(1)二者有共同的“犯罪意思”。这是因为后行为人了解先行为人的意思，并且和行为人之间也有相互的意思了解。② (2)二者有共同的“犯罪行为”。这是因为，后行为人利用先行为人已经造成的事态。③ (3)包括结合犯和结果加重犯在内，将一个犯罪分解为两种情况加以分析是不可能的。既如此，后行为者就要对该犯罪的整体承担刑事责任。④ 然而，“肯定说”存在的缺陷也是非常明显的。其所提出的上述理由均似是而非，难以抵御对方的此类反驳：“在先行者已经引起某种结果之后，说其介入进来的后行为和该结果之间具有因果关系，是承继的共同正犯，要求后行者对该行为承担刑事责任，显然违背了因果关系的方向性原则的”。“如果仅仅因为后行者利用先行者的行为和结果的意图，所以，其和先行者之间构成共同正犯的话，那么，就会出现完全依据后行者的主观恶性定罪的可怕后果。”⑤至于“肯定说”以“一罪不可分”为由，要求后行为者对先行者的行为及其后果承担刑事责任同样是值得商榷的：罪名虽然仅仅是一个，但这并不意味着该罪名的实行行为不具有复数特征。众所周知，诸如复行为犯、结合犯之类的犯罪实行行为在刑法理论上，其犯罪行为均被理解为具有复数特征。

综上分析，探求“后行者对先行者的行为及其后果”承担刑事责任的理论依据不应在传统的“因果关系”“共同的犯罪意思”等范畴内“兜圈子”，去寻求答案，必须另辟蹊径，否则是无解的。本书认为，后行者之所以要对先行者的行为

---

① 参见[日]团藤重光：《刑法纲要总论》，创文社 1979 年版，第 366 页。

② 参见[日]西原春夫：《刑法总论》，成文堂 1995 年版，第 336 页。

③ 参见[日]福田平：《刑法总论》，有斐阁 1976 年版，第 201 页；[日]木村龟二：《刑法总论》，有斐阁 1984 年版，第 408 页。

④ 参见[日]曾根威彦：《刑法的重要问题总论》，成文堂 1994 年版，第 336 页。

⑤ 黎宏：《刑法总论问题思考》，中国人民大学出版社 2007 年版，第 531 ~ 532 页。

及其后果承担责任就在于其犯罪的最终实施乃至完成利用了先行者的行为及其后果所造成的某种状态,使得该状态为其犯罪的实施产生了重要的影响力。在法理上,“行为人就他的支配力所造成的利益侵害部分负责任,并不是行为人要亲自实施或参与实施构成要件所规定的每一个行为,而是也可以利用他人先前该当于构成要件的行为来实现该当于构成要件的利益侵害”①。再者,我们也可以进行刑事政策方面的分析。不难理解,承继共同犯罪一般存在于以下两种情形之中。情形之一是,先行者实施的行为以及造成后果所造成的某种状态为犯罪的整体完成提供了条件,此时他人要求主动介入。情形之二是,先行者在实施部分行为以及造成后果所造成的某种状态后,基于特定条件将无法完成犯罪的整体行为,其需要他人的介入。针对上述情形,如何能最大限度地阻止后行者不去实施犯罪呢？其中一个重要方法可以是采用相对严厉的刑事政策来遏制其实施犯罪的欲念。即尽管后行者与先行行为及其后果造成的某种状态不存在因果关系;与先行者不存在共同的犯罪意思,但只要后行者利用先行行为及其后果造成的某种状态实施后续行为,后行者就应当对先行者的行为及其后果承担刑事责任。如此对策,就可以使得后行者不去“承继性”地实施犯罪。这恐怕是“后行者对先行者的行为”承担刑事责任的又一理论依据之所在。

在此需要明确的是,后行者虽然要对先行行为及其后果造成的某种状态承担责任,但是责任的承担并非没有边际。假如先行者行为的结果对于后行者所利用的“某种状态”是“过剩的”“多余的”,那么后行者就不能对该“过剩的”“多余的”结果负责。在大多数犯罪中,先行行为及其产生的结果正是后行者所欲利用的“某种状态”。比如在诈骗罪中,先行者所实施的“虚构事实或者隐瞒真相的行为”所产生的结果是“被害人信以为真”。该结果也正是后行者所利用的“某种状态”。有的犯罪中则不然。比如,在抢劫罪中。先行者所实施的暴力行为产生的致人重伤、死亡的结果,就不是后行者中途介入夺取财物所欲利用的“某种状态”,其所利用的某种状态仅仅是“被害人不能反抗的状态”,无须出现被害人重伤、死亡的结果。所以,后行者对被害人重伤、死亡的结果并不承担责任。换言之,即便后行者与先行者就犯罪的整体成立共犯关系,也不意味着其要对先行为所造成的一切后果都要承担刑事责任。更遑论“一人既遂则全部既遂”了。

① 黄荣坚:《基础刑法学》(第3版)(下),中国人民大学出版社2009年版,第537页。

（三）亲手犯不存在既遂、未遂并存之反思

所谓亲手犯（亲身犯），是指犯罪的实行行为只能由正犯本人去实施，无法将他人当作工具来实现犯罪构成要件的犯罪。脱逃罪、强奸罪被认为是典型的亲手犯。该犯罪形态的根本特征就在于犯罪构成要件的实现必须由其本人去亲自实施。

在亲手犯的共同正犯的既遂、未遂问题上，通说认为亲手犯既然属于共同正犯的范畴，那么根据共犯正犯的归责原则——“部分行为全部责任原则”，对于亲手犯就不能根据个人情况分别判定是既遂还是未遂，而应当将所有人的行为作为一个整体来对待，即只要其中一人的行为达到了既遂状态，其他人的犯罪行为也应当为犯罪既遂形态。也就是说，通说是否认亲手犯既遂、未遂并存的。为此，通说的支持者还进行了较为详细的论证。但本书难以认同。

1. 否认“亲手犯既遂、未遂并存”，这是刑法设定共同犯罪的应有之义。论者指出，在共同犯罪中，各共犯人的行为存在相互鼓励、相互支持的关系，正是这样的关系才能使得犯罪行为得以较为顺利地进行。所以在理论上便要求所有的共犯均应当对整体的行为承担刑事责任。作为共同犯罪中的亲手犯的共犯也不能例外，即只要其中的任何一个亲手犯成立既遂的，其余的亲手犯也应当成立犯罪既遂。①

笔者不同意上述论证。论者在此，只是注意到了亲手犯共同犯罪与一般共同犯罪的共同之处但是没有注意到二者的不同之处。我们并不否认，无论是亲手犯的共同犯罪还是一般的共同犯罪，行为人之间的行为都存在相互鼓励、相互支持的关系。但是该“关系”就能决定在亲手犯共同犯罪中，一人既遂则其他共犯也既遂吗？问题似乎没有那么简单。

其一，在亲手犯共同犯罪中，行为人的“犯罪目的”是独立的。某些犯罪之所以是亲手犯，必须由本人实施，其原因在于他人代为实施将无法实现自己的犯罪目的。这就决定了即便在亲手犯共同犯罪中，不同的亲手犯其犯罪目的都是独立的，具有不可代替性。比如，在脱逃罪中，行为人的目的是本人“脱离监狱的监管，”绝非其他人“脱离监狱的监管”。因而，在数人实施的共同脱逃罪中，尽管数个人的行为之间在客观上互相配合、互相利用，从而为其他人脱逃成功施加了积极影响，但是这并没有导致其犯罪目的的趋同。行为人的脱逃目的

---

① 参见童伟华：《犯罪构成原理》，知识产权出版社 2006 年版，第 348 页。

是各自的、独立的。这与数人共同实施的非亲手犯罪存在着很大的不同。比如在共同故意杀人罪中,行为人的行为不仅在客观上存在着相互鼓励、相互支持的关系,而且不同行为人的犯罪目的是完全一样的,即非法剥夺被害人的生命。根据我国刑法规定,判断犯罪既未遂是判断行为人的"犯罪目的"是否"得逞"①。因而,亲手犯共同犯罪既遂、未遂的判断具有自己的特殊性,不能混同于一般的共同犯罪。

我们注意到论者的如下辩解:"即使在非亲手犯的共同犯罪中,也不能排除每个人均有自己特定的犯罪目的,即犯罪目的具有个体性,但也认为,只要一人行为达到既遂,全体共犯人均应对犯罪既遂承担刑事责任。例如,甲、乙、丙三人共同实施盗窃行为,三人均具有非法占有他人财物的目的,而不是义务为他人服务,当盗窃行为完成之后,甲被抓获,乙、丙携带赃物逃走。此种情形下,虽然甲分文未得,但对甲的盗窃所得以共同犯罪的全部数额计算,并成立犯罪既遂,刑法理论与实务对此并没有争议。但是,甲实施盗窃行为的最终目的是自己得到财物,就甲个人而言,其犯罪目的并未实现。"②但在本书看来,论者在此混淆了"犯罪目的"与"预期目的"的界限。就本案而言,三人的"犯罪目的"应当是共同的,即非法占有他人的财物。对财物进行分赃仅仅是被告人的"预期目的"而已。

其二,在亲手犯共同犯罪中,亲手犯的法益具有特殊性。亲手犯所侵犯的法益具有非物质性,具有"可循环性"。具体表现为该法益受到共犯中一人侵害后,其他共犯仍有可能对该法益予以再度侵害。这就会导致数人侵害同一个法益与独自一人侵害同一个法益,其所产生的社会危害性会有很大的不同。以脱逃罪为例。在脱逃罪的共同犯罪中,虽然各行为人所指向的法益均是"监管秩序"。但是,"共犯中脱逃既遂"并不意味着"共犯中他人便不能脱逃既遂"。换言之,"数人脱逃既遂"与"一人脱逃既遂"对"监管秩序"所造成的破坏存在质的不同。在强奸罪(亲手犯)的共同犯罪中更是如此。"数人强奸既遂"与"一人强奸既遂"对被害人所造成的危害很显然是不同的。在此意义上,我们对亲手犯共同犯罪既遂、未遂的判断应当逐自、个别进行,只有这样才能鼓励共犯中止犯罪,以期更好地保护法益。非亲手犯则不然。在非亲手犯的共同犯罪中,

---

① 在我国学界,有学者反对将"犯罪目的"作为犯罪既遂的标准。笔者认为,如将"犯罪目的"理解为行为人预期目的,当然是应当反对的。但是,如将"预期目的"限定为对刑法意图维护的权益进行实际侵害时,将"犯罪目的"理解为犯罪既遂的标准则是妥当的。本书正是在后种意义上使用"犯罪目的"的。

② 徐光华:《犯罪既遂问题研究》,中国人民公安大学出版社 2009 年版,第 269 ~ 270 页。

其法益受到共犯中一人侵害后，其他人就不可能对该法益进行再度侵害。以共同故意杀人罪为例。被害人的生命一旦被共犯中的任何一人剥夺，其他共犯就无法予以剥夺。在此意义上，对非亲手犯共同犯罪既遂、未遂的判断就没有必要去个别进行，即在既遂、未遂的判断上应当贯彻“一人既遂则全部既遂”原则。

2. 否认“亲手犯既遂、未遂并存”将会避免一些不合理的现象。为此，论者举例说，几个人帮助一人强奸妇女，实行犯强奸既遂，其他共犯也要负强奸既遂责任；而在几个人轮奸妇女时，其中部分人强奸成功，部分强奸未成功，强奸未成功的共犯，实际上对强奸成功的共犯的强奸行为同样也起了一定的作用，并且自己又亲自实行这一犯罪，危害本来更大，但却反而要负强奸未遂责任，受到比较轻的处罚，这于情于理都说不通。①

上述分析似乎有一定的道理。但是，仔细想来上述分析还是存在问题的。论者认定帮助他人强奸妇女既遂的，该帮助者的行为就成立强奸妇女既遂。很显然这与论者所持的“共犯从属性说”立场有关系。但是，如此理解，并不符合我国的法律规定。在我们看来，判断一个国家的刑法是采用“共犯独立性说”还是“共犯从属性说”最为关键的一点就是考察，根据其刑法规定，在被教唆人没有实行犯罪行为的情况下，教唆行为是否成立犯罪？作出肯定性规定的，该国刑法采用的是“共犯独立性说”；作出否定性规定的，则是“共犯从属性说”。根据这样的判断标准，根据《刑法》第29条第2款的规定，很显然我国《刑法》并未采用“共犯从属性说”，而是“共犯独立性说”。再者，根据我国《刑法》的相关规定，在共同犯罪中起辅助作用或者次要作用的，应当对其从轻、减轻或者免除处罚。该规定给我们传达的信息是：对从犯应当按照实行犯所触犯的罪名负刑事责任；追究其刑事责任时，应当比照实行犯从轻、减轻或者免除处罚。也就是说，透过我国的《刑法》规定，我们是无法得出实行犯既遂、帮助犯亦成立犯罪既遂的结论的。本书进一步认为，对轮奸未成功的犯罪行为按照犯罪未遂处理并不会发生论者担心的罪刑不均衡的问题。这是因为根据我国《刑法》的相关规定，对其只是可以从轻、减轻处罚，而无免除处罚的规定。然而，对帮助他人实施强奸行为可以视其情节予以免除处罚。换言之，帮助他人实施强奸行为所受到的刑事处罚会轻于轮奸未成功的犯罪未遂行为。

3. 否认“亲手犯既遂、未遂并存”并不意味着对于没有将“个人的”犯罪行为实施完毕的人不能从宽处罚。承认“亲手犯既遂、未遂并存”就意味着那些没

---

① 参见叶高峰主编：《共同犯罪的理论及其应用》，河南人民出版社1990年版，第235～238页。

有将犯罪行为实施完毕的行为人按照犯罪未遂,可以得到从宽处理。这是合情合理的。但是,否认“亲手犯既遂、未遂并存”将意味着那些没有将犯罪行为实施完毕的行为人很难得到从宽处理的结果。针对这样的问题,论者辩解说,对于那些没有将犯罪行为实施完毕的行为人按照犯罪既遂处理,同样可以从宽处理,“甲、乙、丙三人共同实施脱逃行为,三人共同脱逃成功与仅有其中一人脱逃成功对法益的侵害效果显然是不同的。基于此,对于未脱逃成功的人在刑罚的适用上予以一定的从宽处罚是有一定合理性的。……但这种从宽处罚,并非基于犯罪未遂而作出的从轻处罚”①。可是,如此解释难免给人以捉襟见肘之感:论者一方面指出“对于未脱逃成功的人”在刑罚的适用上要从宽处理,另一方面又认为该从宽处理的依据不在于其具有未遂情节而是其他情节。可是,对其从宽处理的其他情节究竟又能是什么呢?

4. 否认“亲手犯既遂、未遂并存”不会对共同犯罪中止形态理论构成冲击。论者认为,承认“既遂与未遂并存”将会导致“既遂与中止”的局面,这有悖于传统的共犯罪中止理论。② 论者指出,根据传统的共犯罪中止理论,成立犯罪中止不仅要求共犯本人停止犯罪,还应要求其有效地阻止其他人继续实施犯罪或者有效地防止犯罪结果的发生,这根本不会出现“既遂与中止”的局面。但在笔者看来,上述认识是对共同犯罪的整体性予以机械的、绝对的理解的结果。毋庸讳言,在通常情况之下,共同犯罪人所指向的行为对象不仅是同一个,而且所追求的犯罪结果也只是一个。在此类共同犯罪中不会出现“既遂与中止”的局面。

但共同实行犯的形态是复杂的。即在个别共同犯罪中,行为人所指向的行为对象并非完全一致,行为人所追求的犯罪结果也并非完全一致,针对这样的共同犯罪即“犯罪结果具有相对独立性”的共同犯罪就不宜坚持传统的共同犯罪中止理论,应当尊重共同实行犯的差异性,应当区别对待,不应抱残守缺。即对于“犯罪结果具有相对独立性”的共同犯罪,成立犯罪中止,只需自动放弃本人的犯罪意志和犯罪行为即可。

5. 否认“亲手犯既遂、未遂并存”不会制造对集团犯罪首要分子进行处理上的难题。论者指出:“犯罪集团的首要分子并不直接参与集团成员实施的犯罪的实行行为,这对于那些组织规模庞大、结构复杂的犯罪组织来说更是如此。在这种情况下,按照肯定说,就会出现处理上的难题。例如,某犯罪集团的首要

---

① 徐光华:《犯罪既遂问题研究》,中国人民公安大学出版社 2009 年版,第 272 ~ 273 页。

② 参见吴波、贾楠:《对“亲手犯之共同正犯既遂与未遂形态并存说”的质疑》,载《法学》2011 年第 2 期。

分子甲指使手下人采取轮奸的方式来报复拒不缴纳‘保护费’的乙。在犯罪实行过程中，一部分人强奸成功，另一部分人则因意志以外的原因而未得逞。对于首要分子甲来说，认定为强奸罪没有疑问，问题在于：甲属于强奸罪的既遂还是犯罪未遂？究竟应该按照哪一部分实行犯来确定首要分子的犯罪形态？显然不无疑问。”①但在本书看来，其“不无疑问”是没有多少道理的。这是因为首要分子作为犯罪集团的领导者、组织者，既不是实行犯的教唆者，也不是实行犯的帮助者，且不说“共犯从属性”是否符合我国刑法实际，即便根据“共犯从属性”理论，也无法由实行犯的既遂、未遂形态来决定其既遂、未遂形态。换言之，其既遂形态应当独立判断，应当以集团成员是否根据其“命令”“指示”“授意”去实施犯罪。一言以蔽之，否认“亲手犯既遂、未遂并存”是不会制造对集团犯罪首要分子进行处理上的难题的。

（四）简单的结语

如前所述，本书赞同在某些共同实行犯中，犯罪既遂形态、未遂形态可以并存的观点。但是，“既遂未遂并存说”提出，在“行为犯”的共同实行犯中，犯罪既遂形态、未遂形态是可以并存的，这是笔者所不能赞同的。从根本上来说，这是因为“行为犯”，也应属于“结果犯”的范畴，它不宜作为独立的犯罪既遂形态而存在。详细论述，请参见前面相关章节的内容。换言之，所谓“行为犯”的共同实行犯也就是“结果犯”的共同实行犯；不能因为其共同实行的是“行为犯”，就承认犯罪既遂形态、未遂形态可以并存；某共同实行犯既遂形态、未遂形态是否可以并存与其所属的犯罪形态类型并无多少关联。

尽管本书主张，某些特殊类型的共同犯罪的既遂应当根据共同犯罪人的不同情况进行个别判断，但这绝不意味着否认“部分行为全部责任”在共同犯罪上的普适性。我们同样承认共犯行为之间存在着相互利用、相互配合、相互合作的关系。正是存在着这样的关系，方为“部分行为全部责任”在共同犯罪的适用提供了依据。但是，犯罪既遂形态问题是非常复杂的问题，不可在“部分行为全部责任”原则下，抹杀犯罪既遂形态判断的独立性；不可从“部分行为全部责任”原则衍生出“一人既遂则全部既遂”的结论来。

---

① 王俊平：《“共同实行犯的既遂与未遂形态并存说”之质疑》，载《法学评论》2009年第2期。

第六章 “不能犯”理论研究中的若干误区

所谓“不能犯”，是指行为人出于犯罪的意思而实施了某行为，但是该行为，从其性质上来看，不可能引起危害结果的行为。[①] 在大陆法系刑法理论中，“不能犯”的认定与未遂犯中的“危险判断”紧密相关。在某种意义上，未遂犯中的“危险判断”其实就是“未遂犯”与“不能犯”的区分问题。对此，在其刑法学中形成了不同的学说观点。从大的方面来说，有“主观说”与“客观说”之分。而在“主观说”内部又存在“纯粹主观说”与“抽象危险说”之别，在“客观说”内部则存在“具体危险说”与“客观危险说”之别。在上述学说见解中，由于主观主义刑法学已经处于穷途末路之势，使“纯粹主观说”失去了原有的影响，以致其在世界各国的刑法理论上仅具有学说史上的意义。当下最主要的学说对立，集中体现在“具体危险说”和“客观危险说”之争，有关“危险判断”的争论也主要是在二者之间展开的。

在相当长的一段时间内，我国刑法学界是不关注“不能犯”、未遂犯中的“危险判断”这一问题的。这也许与我国《刑法》对“不能犯”并无专门规定有关。但近些年来，随着德日刑法理论的不断引介，尤其是“去苏俄化”思潮的影响，我国不少刑法学者开始关注“不能犯”问题。对该问题的研究，主要集中在以下几个方面：(1)“不能犯”与“未遂犯”如何区分的问题。该问题其实就是未遂犯中的“危险判断”如何判断的问题。在该问题上学界出现了多种见解。大体上有三种观点：“抽象危险说”、“具体危险说”和“(修正的)客观危险说”。其中，“具体危险说”和“(修正的)客观危险说”在我国产生了较大的影响。[②] 更有学者构

---

① “不能犯”有多重含义。本书仅仅是就狭义上的“不能犯”而言的，即针对不成立犯罪的情形而言的。

② 参见郑军男：《不能未遂犯研究》，中国检察出版社 2005 年版，第 298 页；张明楷：《刑法学》（第 2 版），法律出版社 2003 年版，第 301 页。

建了自己的学说见解。[1] (2)“不能犯”与我国刑法学理论中的“不能犯未遂”是否为同一个概念。在此问题上，有学者主张，既然“不能犯”不具有可罚性，我国刑法学中的“不能犯未遂”就不应当具有存在的合理性，应予以取消。[2] (3)“不能犯未遂”与“普通犯未遂”是否为同一个概念。

本书围绕上述争点问题对“不能犯”相关问题进行研究，旨在澄清有关认识误区，以就教于学界同人。

一、误区一：“不能犯”与“未遂犯”之关系

(一)未遂犯中“危险判断”学说述评

在未遂犯“危险判断”这一问题上，我国的通说实际上是赞成“纯粹主观说”的。这是因为我国通说观点强调行为人在犯意支配下实施的任何行为(反自然的行为除外)，都应当以犯罪论处，而不考虑该行为客观上是否真的对社会造成危害。这与“纯粹主观说”的基本立场是完全相同的。我国相关的司法解释也持相同的看法。例如，1994 年 12 月 20 日最高人民法院《关于执行〈全国人民代表大会常务委员会关于禁毒的决定〉的若干问题的解释》(已失效)第 17 条规定，对于不知道是假毒品而当作毒品走私、贩卖、运输、窝藏的，应当以走私、贩卖、运输、窝藏毒品犯罪(未遂)定罪处罚。根据该规定，即便行为人走私、贩卖、运输、窝藏的是假毒品，也成立犯罪未遂。我国的司法实践也有这方面的判例。[3]

但该说被认为有主观归罪之嫌，是刑法主观主义的产物。因而，“纯粹主观说”随着主观主义刑法学的没落，也就逐渐失去了原有的影响，成为一种仅具有历史符号意义的学说，取而代之的则是“抽象危险说”。“抽象危险说”又被称为主观的危险说，它认为应当以行为人在行为当时所认识到的事实为基础，以一般人的见地判断有无危险；如果按照行为人的计划实施行为具有发生结果的危险性，就是未遂犯；即使按照行为人的计划实施行为也不具有发生结果的危险性，则是不能犯。[4]

---

① 参见张明楷：《刑法学》(第 4 版)，法律出版社 2015 年版，第 358 页；黎宏：《刑法学》，法律出版 2012 年版，第 248 页。

② 参见陈兴良：《不能犯与未遂犯——一个比较法的分析》，载《清华法学》2011 年第 4 期。

③ 最高人民法院刑一庭编：《刑事审判参考》(第 5 辑)，法律出版社 1999 年版，第 53 页；参见陈兴良：《不能犯与未遂犯——一个比较法的分析》，载《清华法学》2011 年第 4 期。

④ 参见马克昌：《比较刑法原理》，武汉大学出版社 2002 年版，第 565 页。

“抽象危险说”在我国刑法学界产生了一定的影响,有学者从我国刑法的性质、主观未遂理论的合理性、刑法规范的属性等多个角度对其观点的合理性进行了多维论证。该学者认为,划定未遂犯所采用的标准应当是“抽象危险说”,“既然我国刑法是一部主观主义刑法,我们就应当在此基础上继续坚持主观的未遂理论,在判断危险时就应当着眼于行为的危险。因此划定我国的未遂圈所采用的标准应当是抽象危险说。即以行为人在行为时所认识的事实为基础,从一般的立场来判断行为有无危险,如果一般人认为按照行为人的计划实施行为具有发生结果的危险,那么就是未遂犯,反之则是无罪的行为”①。

客观而言,该学者的论证是有一定道理的。但问题在于,该学者执其一端而忽视了“抽象危险说”所存在的弊端,即“抽象危险说”会将客观上完全没有危险性的行为,仅仅因为行为人的错误认识就认为存在法益侵害的危险,便作为犯罪论处。该说受到了其他学者的批评。对此,论者岂能视而不见?比如,有学者就认为:“抽象危险说不是根据行为的客观事实判断该行为有无法益侵害的危险,而是根据行为人的认识内容来判断有无危险。于是,只要行为人认识的事实‘是一般人认为有危险的事实’,不管客观事实如何,都认定为有危险。”②与之类似的批判还有:“抽象危险说为了纠正主观说的缺陷,将危险性的内容作为实现犯罪的危险性内容客观地进行把握,但是,对该危险性的判断,仅仅以行为人的认识内容或者计划内容为基础,所以,也并没有脱离主观主义的窠臼。”③毫不夸张地说,“抽象危险说”所存在的上述缺陷无疑是致命的,它与“犯罪行为的本质是法益侵害”这一铁则存在着尖锐的冲突。也正是该致命缺陷的存在才促成了“具体危险说”“客观危险说”等学说的产生。因而,无视“抽象危险说”的致命缺陷这显然是不可取的。

在未遂犯“危险判断”上,在我国还有不少学者赞同“具体危险说”,“采用具体危险说,并非完全根据行为人的主观认识而是根据社会一般人是否感到有发生法益侵害的危险作为区分可罚的不能犯未遂与不可罚的非罪行为的标准,这能够将刑法的处罚范围限制在符合刑法目的的范围内,这既体现了当代刑法谦抑性的特点,又不忽视法益保护的要求,因而更具有合理性”④。类似的见解还有:“在现阶段,根据我国刑法的精神、刑法理论学说的现状和社会形势似乎

① 赵秉志主编:《刑法论丛》(第12卷),法律出版社2007年版,第139页。
② 张明楷:《刑法学》(第5版),法律出版社2016年版,第354页。
③ [日]大谷实:《刑法总论》,黎宏译,法律出版社2003年版,第283页。
④ 赵秉志:《论不能犯与不能犯未遂问题》,载《北方法学》2008年第1期。

采用‘具体危险说’较为妥当，即以行为时一般人所认识到的事实以及行为人所特别认识到的事实为基础，以行为时为标准，从一般人的立场出发，考察在该种情况下实施行为是否有发生结果的危险，如果有危险就成立不能犯，如果没有危险就不构成犯罪。”[①]“需要以行为时为基准，按照一般人的感觉或者行为人的特别认识，结合经验知识或者与此紧密相关的因果法则，判断危险是否存在。如果能够得出肯定结论的，是未遂犯；如果结合上述要求，仍然难以确定危险存在的，只能成立不能犯。”[②]

但在笔者看来，即便“具体危险说”具有论者所及的上述优势，也无以证明该说的妥当性。首先，刑法所保护是法益，并非“一般人的安全感自身”。“对于连这种完全不伴有客观危险性的不安全感都要作为处罚的对象是不必要的。”[③]而该观点提出“根据社会上的一般观念、社会人的感觉来判断危险的有无”，这明显有违“对法益侵害的危险性是实行行为的本质”这一基本立场。再者，“具体危险说”以“行为当时一般人可能认识的情况与行为人特别认识到的情况为基础，立足于一般人的见地具体地判断结果发生的危险性，认为肯定结果发生的危险性的场合，为未遂犯；否定的场合，为不能犯”[④]。可是，“一般人或者说一般人的标准”究竟什么？更为致命的是，一旦以“一般观念”来判断危险的有无，这其实就意味着一旦行为人在犯罪意图支配下所实施的外部行为对法秩序（社会秩序）产生威胁，破坏了法的平稳，对一般人的心理产生了影响，就应当以犯罪论处，而不考虑该行为是否在客观上能够产生侵害法益的危险。然而，上述意义上的心理影响在很大程度上是法律适用者拟制的产物因而具有恣意性。这诚如学者所言：“到底一般人会不会觉得这样的事实是危险的，恐怕根本不可能会有一个确定的答案，假使我们要让这一个相像的旁观者知悉哪些事实条件，所以到头来根本就是取决于法官的恣意。”[⑤]进一步分析之，“具体危险说”还会导致在科学上完全没有危险的行为被认定为有危险性，同时也会导致依据科学的因果法则有法益侵害危险的行为，因该危险没有为一般人的社会观念所感知，而否认其客观上的危险性。这无疑割裂了科学上的可能性与法律上的可能性之间不可分离的关系。毕竟一般人的经验法则或者观念往往并不符合客

---

① 廖万里：《我国刑法中的不能犯界说——以危险判断学说为基准》，载《法商研究》2005 年第 2 期。

② 周光权：《区分不能犯和未遂犯的三个维度》，载《清华法学》2011 年第 4 期。

③ ［日］前田雅英：《刑法总论讲义》，东京大学出版会 1996 年版，第 152 页。

④ ［日］山中敬一：《刑法总论》，成文堂 1999 年版，第 694～695 页。

⑤ 蔡圣伟：《评 2005 年关于不能未遂的修法》，载《政大法学评论》2006 年第 91 期。

观实际,甚至完全是不符合因果法则的。如果在科学上完全没有法益侵害的可能性,而以一般人具有畏惧感、不安感为前提予以处罚,这是过度行使刑罚权的表现。

本书还注意到“具体危险说”的另一“有力”支撑。持“具体危险说”的学者认为,具体危险说与刑法规范的认识紧密相关。其认为,刑法是针对一般人的行为规范,既然如此在判断行为有无发生结果的危险时,就应当以行为人认识到的事实以及一般人可能认识到的事实为基础进行判断,就应当站在行为时的立场以一般人的见地为基准进行判断:“如果认为刑法规范是行为规范,那么针对的对象是一般人,在判断行为的性质时就应当立足于行为时,以社会一般人的观念为标准加以衡量;如果将刑法规范理解为裁判规范,那么针对的对象就是法官或者科学的一般人,在判断行为的性质时就应当立足于行为后,以科学的因果法则来加以衡量。”①在此基础上,论者指出刑法规范首先是行为规范,进而认为在危险的判断上应当确立一般人的标准:“刑法可以认为是制裁规范,然而毫无疑问,其中同时含有规范国民行为的机能,并且这还莫说是刑法的本质性目的。只不过是在属于实定法的刑法中,其制裁性机能表现于前,命令性机能隐藏于后罢了。制裁可以说是刑法的第二位性质。”②“由于刑法规范是行为规范,所以在对行为性质进行分析时,应当立足于行为时,根据一般人的立场进行判断。”③

毋庸置疑,关于刑法规范的性质究竟是行为规范还是裁判规范抑或兼而有之,这是一个颇具争议的问题。④ 但在本书看来,刑法规范的性质如何,不应该影响到未遂犯中的“危险判断”。这是因为,在刑法理论上,将刑法规范理解为行为规范,其旨在强调刑法规范是禁止或者命令行为人实施一定行为为内容的规范;将刑法规范理解为裁判规范,其旨在强调刑法规范不仅约束公民的行动,还能规范法官的裁判活动,它是法院和法官认定行为人是否成立犯罪的依据而已。实际上,行为规范与裁判规范是具有同一性的,二者的区分只是视角转换的结果,二者均统一于罪刑法定的基本原则之下,二者同为认定犯罪成立与否的标准。我们不能人为地将其对立起来,否则就会出现认定犯罪成立的极大随意性。由此观之,将刑法规范理解为行为规范,进而主张“具体危险说”,或者将

---

① 赵秉志主编:《刑法论丛》(第12卷),法律出版社2007年版,第93页。
② 赵秉志主编:《刑法论丛》(第12卷),法律出版社2007年版,第98页。
③ 赵秉志主编:《刑法论丛》(第12卷),法律出版社2007年版,第98页。
④ 参见马克昌主编:《近代西方刑法学说史略》,中国检察出版社2004年版,第96~97页。

刑法规范理解为裁判规范，进而主张“客观危险说”，这其实是在否认刑法规范的同一性，进而会导致认定犯罪的随意性。

从大陆法系刑法理论来看，在未遂犯中“危险判断”的问题上，“客观危险说”同样是一种颇具影响力的学说。“客观危险说”也被称为“绝对不能、相对不能说”。该说将未遂犯的处罚根据归结于现实的法益侵害的直接危险，认为行为人意图侵害的结果始终都不可能实现，即绝对不能的场合，成立不能犯；由于特定的状况行为侵害的结果只是偶然不能实现，即相对不能时，成立未遂犯。该说的特点有二：一是对结果发生的危险进行客观的判断，与行为人的意思、计划完全没有关系；二是法益侵害的危险不是事前而是主张从事后的立场进行判断。“客观危险说”被认为最符合以行为主义和权利侵害说为理论基础的客观未遂论的历史原型，同时它契合刑法谦抑主义。① 因而，“客观危险说”在刑法理论、判例实践中的地位突显。② 但同时该说也被认为存在着不少问题，最为突出的问题在于，其判断结局是所有没有造成结果的行为都是绝对不能，因而所有的未遂犯都成为不能犯。因为“对事物的经过进行事后的、科学的考虑时，一切都是必然的，没有发生结果都是必然的。使他人吞服毒药但后来他人因服用解毒剂而得救的，因为没有瞄准而没有打中他人的，因被害人身体移动没有打中的，都是符合因果法则的必然归结的，只是行为当时行为人没有预测到而已。在这个意义上，所有的未遂犯都是不能犯。既然现行法的立场是承认未遂犯，就不能允许贯彻事后科学的判断。”③前田雅英教授对此也表达了同样的旨趣。他指出，从事后判断，任何没有发生犯罪结果的未遂犯都是有理由和原因的，那么，就有可能导致所有的未遂都属于不能犯的结局，这和现行法处罚未遂的规定难以认为是吻合的。④

近年来，我国学者在未遂犯的“危险判断”问题上，注意纠正“客观危险说”“具体危险说”所存在的上述问题，注意“扬长避短”。这表现为既没有完全采取“具体危险说”，也没有完全采取“客观危险说”，而是更多地将“客观危险说”“具体危险说”予以有机整合形成自己的见解。比如，有学者认为，行为是否具有法益侵害的紧迫危险，应当以行为时存在的所有客观事实为基础，站在行为时，根据客观的因果法则进行判断。他进一步认为，危险的判断不是事后判断，

---

① 参见[日]中山研一：《刑法总论》，成文堂 1982 年版，第 426 页。

② 参见[日]西原春夫：《犯罪实行行为论》，成文堂 1988 年版，第 117 页。

③ [日]西原春夫：《犯罪实行行为论》，成文堂 1988 年版，第 119 页。

④ 参见[日]前田雅英：《刑法总论讲义》，东京大学出版会 2006 年版，第 156 页。

在进行判断时要对客观事实进行一定程度的抽象,要舍弃细微的、对危险判断通常不起关键作用的具体事实;对没有发生侵害结果的原因进行分析时,要考察具备何种要素时会发生侵害结果以及行为当时具备该种要素的可能性。张教授还将其观点明确为“客观危险说”:只有当行为人主观上具有罪过,客观上实施的行为具有侵害法益的危险时,才能认定为犯罪未遂;行为人主观上具有犯意,其客观行为没有侵害法益的任何危险时,就应当认定为不可罚的不能犯,不得追究行为人的刑事责任。[①] 另有其他学者也持有完全相同的看法,“既然未遂犯中的危险是一种现实的、具体的危险,那么在危险判断上,就必须以行为时所存在的各种事实为基础,以行为时为标准,从科学的立场来加以判断”[②]。钱叶六教授认为,“‘危险’有无的判断,应当以事后查明的行为时存在的全部客观事实为判断资料,站在行为时的立场,根据客观的因果法则具体地判断行为是否具有导致构成要件结果发生的现实可能性为标准;行为客观上具有发生结果的可能性,只是意外地、偶然地导致结果没有发生的,成立未遂犯;行为当时确定地不可能发生结果或者发生结果的可能性极低的,是不能犯”[③]。

由此可以看出,上述见解既不同于“具体危险说”(“具体危险说”主张以行为时一般人和行为人本人所能认识的事实为基础,而上述见解主张以行为时客观存在的全部事实为基础),也不同于“纯粹的客观危险说”(该说主张从事后即裁判时的立场出发,判断是否存在危险)。而上述见解则主张以行为时存在的全部事实为基础,在事前对发生结果的概率进行预测。

在本书看来,上述见解为试图克服“具体危险说”与“客观危险说”存在的不足所做的努力应当是值得肯定的,而且本文也赞同其主张的“应当根据客观的因果法则,而不能根据行为人或者一般人的观念判断危险的有无”这一基本认知。但问题在于,该说将判断资料限定为行为时存在的全部事实即意味着允许无视其他一些客观存在的事实,这是否还能做到依据科学的因果法则来判断危险呢?这是否还为因果法则的应有之义呢?这不无疑问。无论如何“自然科学意义上的判断原则上是以正确认识可能的所有事实为前提的”[④]。再者,上述见解主张对客观事实进行一定的抽象,要舍弃“细微的、对危险判断通常不起关

---

① 参见张明楷:《刑法学》(第4版),法律出版社2015年版,第358页。

② 黎宏:《刑法学》,法律出版2012年版,第248页。

③ 钱叶六:《未遂犯与不能犯之区分》,载《清华法学》2011年第4期。

④ [韩]金浩基:《不能未遂中的错误 $ 结果发生的不可能 $ 危险性》,载《比较刑事法研究》2007年第9卷。

键作用的具体事实"。可是,舍弃这些"具体的事实"的标准是什么?抽象的程度应当限定在什么范围?对此,论者语焉不详。更为关键的是,被抽象后的事实很难保证是客观事实的本来面目,以抽象后的事实作为判断资料将无法如实地展现案件事实的真实面貌。这将与"客观危险说"的基本立场相去甚远。再者,论者主张,对危险的判断"要考察具备何种要素时会发生侵害结果以及行为当时具备该种要素的可能性"。可是,该"可能性"又如何去把握?恐怕又会出现"仁智互见"的纷乱局面。

(二)重构:"定型说"的一种尝试

在本书看来,予以正确解决"未遂犯"和"不能犯"如何区分的问题,首先应当正视有关"未遂犯"和"不能犯"如何区分的学说争点。其争点主要是涉及以下几个方面:一是关于危险的"判断资料",即是以行为人认识的事实为判断资料还是以一般人认识到的事实抑或行为时存在的客观事实为判断资料;二是关于危险的"判断时点",即是站在行为时的立场进行事前判断还是站在行为后的立场进行事后判断;三是关于危险的"判断主体",即是以行为人为主体还是一般人为主体抑或以科学的因果法则为主体。①

在本书看来,在"判断资料"的问题上,基于"具体危险说""抽象危险说"所存在的上述缺陷,本书赞同应当以行为时所存在的客观事实作为判断资料;在"判断时点"问题上,既然"判断资料"应当限定于"行为时存在的客观事实",本书亦就赞同行为时的立场。再者,将"判断时点"限定于行为时,也是政策上的考虑,"事实上,立法者在立法时就作了政策上的决定,即只处罚在行为时具有一定危险的行为。只要这种政策决定没有不当,那么,在结果发生前需要以未遂进行处罚的场合,就必须以行为时的危险判断为必要。在刑法解释上,'实行时的危险性判断'就是必须要坚持的"②。"法规范只能够在行为当时发挥作用,至于行为后的事件进展,就只受制于自然界的因果法则,人类社会的规范就不再能够对之产生任何的影响。因此,一个行为的不法要素应该是在行为当时便已经被确定;至于行为后才发生的事实(因果流程以及随后被引起的结果)则不再是属于行为规范的对象。"③

在"判断主体"的问题上,本书则主张应当抛开"具体危险说""抽象危险

---

① 参见[日]前田雅英:《刑法总论讲义》,东京大学出版会2006年版,第146页。

② [日]前田雅英:《刑法总论讲义》(第4版),东京大学出版会2006年版,第152页。

③ 蔡圣伟:《评2005年关于不能未遂的修法》,载《政法大学评论》第2006年第91期。

说”“客观危险说”之争，应当转向“定型性”[①]，即某行为是否具有危险性，应当看该行为是否具有构成要件上的“定型性”。众所周知，某一性质的行为具有构成要件上的“定型性”，这是该性质的行为成立未遂犯的必要前提。也就是说，某一性质的行为是否成立未遂犯，最终取决于行为本身的危险，而该种危险就是体现在构成要件上的“定型性”上。既如此，那么，与之相反的“不能犯”则应当不具有构成要件上的“定型性”，即作为不成立犯罪意义上“不能犯”，其在任何情况下对相关法益都不具有现实的危险性，任由其发展下去，对立法者创设犯罪构成要件所要保护的法益，自始至终未能构成客观上的危险，其在根本上未能启动因果进程而绝对不可能导致危害结果。在此意义上，“不能犯”就是构成要件上的“定型”的不能。再者，将构成要件上的“定型性”作为判断标准，完全符合刑法规范的设立宗旨。刑法规范为了防止危害结果的发生，就必然要防范行为人实施符合构成要件的行为，防范某一性质的行为具有构成要件上的“定型性”，而那些不具有构成要件上的“定型性”行为则是刑法规范所不予理睬的，可成立“不能犯”。

根据本书的上述理解，构成要件上的“定型性”判断应当是规范判断，是构成事实欠缺与否的判断。所谓“构成事实”的欠缺，是指行为事实不具备成立行为主体、行为对象、行为手段、行为状况的基本要求，以至于行为客体绝对不存在，或者行为的手段根据因果法则不可能对存在的客体造成损害的情形。具体而言，“构成事实”的欠缺包括以下几种情形：

1. 行为主体的事实欠缺。所谓“行为主体的事实欠缺”是指不具有特殊身份的人实施了以特殊身份为构成要素的犯罪。比如，行为人不是国家工作人员而接受他人贿赂的，就是欠缺了成立受贿犯罪的主体事实，因而成立不能犯。

2. 行为对象的事实欠缺。所谓“行为对象的事实欠缺”是指行为当时不存在作为构成要素的客体。比如，行为人对尸体、稻草人进行刺杀，就是欠缺了成立故意杀人罪的行为对象事实，因而成立不能犯。

3. 行为手段的事实欠缺。所谓“行为手段的事实欠缺”是指行为人使用的手段并非作为构成要素的方法。比如，用砂糖对他人进行杀害的，就是欠缺了

---

① 需要提请读者注意的是，本书的“定型说”与日本刑法学者团腾重光提出的“定型说”具有不同的含义。根据张明楷教授的介绍，团腾重光提出的“定型说”将普通的一般人的危险感作为判断危险的基准。其与抽象危险说所得出的结论往往是相同的。从实质上看，其与具体的危险说事实上没有本质区别。（参见张明楷：《未遂犯论》，中国法律出版社、日本国成文堂 1997 年版，第 282 ~ 283 页。）

成立故意杀人罪的行为手段的事实,因而成立不能犯。

4. 行为状况的欠缺。所谓“行为状况的欠缺”是指行为当时并不存在作为构成要素的特定的行为状况。比如,行为人在非禁渔期捕鱼的,就是欠缺了成立非法捕猎罪的行为状况事实,因而成立不能犯。

在此需要指出的是,上述情形有可能会出现“竞合”现象。出现“竞合”现象的,对行为人更应当认定为“不能犯”。还需要进一步明确的是,导致“构成事实”的欠缺,这应来源于行为人的主观上的“认识错误”,如此理解方能不过度背离“不能犯”的初始意义。还需明确的是,此处的“认识错误”应当限定于“重大无知”。所谓“重大无知”,是指基于行为人的愚昧,或者基于对基本生活经验的缺乏,而误认为其行为能够产生危害结果。基于“重大无知”实施的行为会完全偏离科学意义上的因果法则,它不同于事实上的认识错误。

根据本书所主张的构成要件上的“定型说”“纯粹主观说”“抽象的危险说”所认定的“未遂犯”都会因为“构成事实”的欠缺而成立不能犯。比如,行为人出于杀人的意图让他人喝下砂糖的行为。在“纯粹主观说”看来,其行为成立未遂犯;行为人本想用毒药毒杀乙,但却误将砂糖当作毒药使用的场合。在“抽象危险说”看来,其行为成立未遂犯。但依据构成要件上的“定型性”,上述行为皆因为“行为手段事实的欠缺”,不成立未遂犯,只能成立不能犯。

二、误区二:“不能犯”与“不能犯未遂”之关系

众所周知,在我国传统的刑法理论中并不存在“不能犯”这一概念,只是存在“不能犯未遂”这一概念。“不能犯未遂”被认为是行为人对有关犯罪事实认识错误而使得犯罪行为不可能达到既遂的情况。它被认为是未遂犯中的一种情况。“不能犯未遂”在理论上又被进一步区分为“工具不能犯未遂”和“对象不能犯未遂”。① 由此带来的问题是,“不能犯”与“不能犯未遂”二者之间是什么关系?二者是否为同一个概念?在此问题上,我国有不少学者将“不能未遂

① 所谓“工具不能犯未遂”,是指犯罪人由于认识错误而使用了按其客观性质不能实现犯罪人犯罪意图、不能构成既遂的犯罪工具,以致犯罪未遂的情形。比如,误将白糖等无毒物当作砒霜等毒药去杀人;误用空枪、坏枪、臭弹去射杀人。所谓“对象不能犯未遂”,是指由于行为人的错误认识,使得犯罪行为所指向的犯罪对象在行为时不在犯罪行为的有效作用范围内,或者具有某种属性使得犯罪不能既遂只能未遂。例如,误认尸体为活人开枪射杀,误认为空包内有钱而扒窃;误认为被害人在卧室而射击,误认男子为女子而实施强奸。我国刑法理论通说认为,不管是“能犯未遂”还是“不能犯未遂”原则上都是可罚的,只是“能犯未遂”往往比“不能犯未遂”具有较大的社会危害性,对“不能犯未遂”的处罚较“能犯未遂”轻。

犯”与“不能犯”视为同一个概念,认为“不能犯未遂”就是“不能犯”,“不能犯”就是“不能犯未遂”,二者同为“没有危险性”的行为。比如,根据我国通说的阐释,“误用空枪、坏枪、臭弹去射杀人”的行为、“误认为空包内有钱而扒窃;误认为被害人在卧室而射击”的行为,均成立“不能犯未遂”,应当以犯罪论处。然而,有学者认为,行为是否构成未遂犯,应首先考虑该行为是否具有侵害法益的危险性,而不是考虑行为人主观上有无犯罪的故意,也不是考虑行为人原本打算实施的行为是否具有侵害法益的危险性。而通说恰恰在这方面存在问题,不考虑行为在客观上是否有侵犯法益的危险,最终导致客观上完全不可能侵犯法益的行为也成立犯罪未遂。[①] 该学者进一步指出,通说所及的“误用空枪、坏枪、臭弹去射杀人”的行为,“误认为空包内有钱而扒窃;误认为被害人在卧室而射击”的行为均不成立犯罪未遂,应当以无罪论处。[②] 由此观之,该学者是将“不能犯未遂”理解为不成立犯罪意义上的“不能犯”。也有学者表达了类似的看法,在其看来,刑法理论无须区分“能犯未遂”与“不能未遂犯”,只需承认“不能犯”就够了,“既然我国刑法理论上逐渐采用具体危险说或者客观危险说,因此笔者倾向于采日本的模式,区分未遂犯与不能犯:对于没有客观危险的不能犯不予处罚,具有客观危险但未达到犯罪既遂的情形,都成为未遂犯。在未遂犯中,不再区分能犯未遂与不能犯未遂”[③]。

笔者认为,“不能犯”与“不能犯未遂”的确有相同之处,即二者皆会由于行为的工具、行为对象等方面的原因,使得该行为客观上不可能产生现实的危害结果。但是,二者之间还是存在着根本区别的,断不可将二者混为一谈。二者的区别点就在于,行为有无“危险性”上。其“危险性”既体现在该行具有“定型性”上,又体现在其“预防的必要性”上。换言之,成立“不能犯未遂”不仅要求行为人已着手实施构成要件的行为,其实施的行为具有“定型性”。即行为人所实施行为和危害结果之间存在着一般意义上的因果关系,而且还要求该行为具有预防上的必要性。职是之故,“不能未遂犯”的核心问题就在于如何判断一个客观上不能发生危害结果的行为具有“预防的必要性”?

本书认为,某行为虽然在特定情形下从因果法则的角度看不会产生危害结果,但这并不能就简单地认为该行为不具有“预防的必要性”。在本书看来,当某一性质的行为只需行为人对其进行略微修正后予以实施便能够发生危害结

① 参见张明楷:《刑法学》(第 4 版),法律出版社 2015 年版,第 354 页。

② 参见张明楷:《刑法学》(第 4 版),法律出版社 2015 年版,第 359 页。

③ 陈兴良:《不能犯与未遂犯》,载《清华法学》2011 年第 4 期。

果的，或者其他人实施此行为时并不必然会出现相同的认识错误进而能够发生危害结果的，便可认为该性质的行为具有"预防的必要性"，进而可以成立"不能犯未遂"。"某种行为被评价为是不能犯，意味着这种行为无害，再次发生可以容忍；某种行为，一旦成立未遂犯，意味着这种行为，即便没有造成任何损害，也会使公众感到震惊，触及国民规范意识的底线，因而需要处罚，以此坚决杜绝他人效仿，防止其再次发生"①。

那么，哪些（客观上不能发生危害结果的）行为经过修正后能够产生危害结果呢？根据本书的理解，基于主观上的"认识错误"而导致危害结果偶然不能发生的行为，则是可以进行修正的。也就是说，"不能犯未遂"的"危险"来自行为人的"认识错误"，而这种"认识错误"只是导致危害结果在特定情形下没有发生，具有"偶然性"。需要着重说明的是，此处的"认识错误"不同于主观上的"重大无知"，它容易被纠正。换言之，虽然这次行为的实施因为行为人的"认知错误"而导致危害结果没有发生，然而无法保证行为人再次实施时或者其他人实施时就不会发生危害结果。其基本道理就在于，主观上的"认识错误"以及特定情境条件的欠缺在很多案件中是很难重演的偶然事件。更为重要的是，"危害结果"偶然不发生的，则意味着行为性质与危害结果之间存在着一般意义上因果关系，只需行为人再次实施或者其他人实施时对行为进行略微调整，就能引发危害结果的发生。在此意义上，尽管在特定情形下，某一性质的行为并没有产生危害结果，但这些不能导致危害结果发生的"特定情形"并不是行为人所能认知或者掌控的。因此，这样的行为模式如果重演，在不同的时空背景下，谁也无法保证下一次的法益不被侵害。职是之故，只要一个人或者其他人致力于法益的侵害，在彼种情形下就可能导致危害结果的发生，就足以表明该行为具有"预防上的必要性"，刑法就不能置之不理。无论如何，刑法是不会将法益当作赌注的。如果放任此种行为不加以处罚，将会使刑法规范的适用完全取决于偶然，导致刑法规范的效力被严重削弱，进而严重损及刑法用以保护法益的基本机能。是故，对此类行为应当以犯罪论处，成立"不能犯未遂"。依本书之见，以下几类行为可以成立"不能犯未遂"：

1. 某行为虽然在具体个案中不能发生危害结果，但只是由于认识的错误使得行为对象偶然没有遭受到侵害的。换言之，某行为虽然在具体个案中没有发生危害结果，但导致危害结果未发生因素的出现在统计学上具有较低的概率

① 周光权：《区分不能犯和不能犯未遂的三个维度》，载《清华法学》2011 年第 4 期。

性。比如,行为人甲进行扒窃,乙的口袋内碰巧没有财物。再如,甲闯进乙的房间内进行枪杀,乙碰巧没有在家。

2. 某行为虽然在具体个案中不能发生危害结果,但只是由于认识上的错误使得行为工具不能产生危害结果的。比如,行为人甲用空弹、臭弹对他人进行射击的。

3. 某行为虽然在具体个案中不能发生特定的危害结果,但只是由于认识上的错误使得该行为的性质不具有犯罪意义上的社会危害性程度的,即在此情形之中,行为手段本身含有危险,仅仅是在手段效果上不能发生犯罪之结果而已。比如,行为人朝被害人的静脉内注入不足量的空气。

需要补充说明的是,除了极个别的国家(如日本),大多数国家的刑法理论还是将“不能犯”与“不能犯未遂”视为两个不同概念的,只是在概念的界定的上有着分歧性意见而已。这也折射出,我国刑法学应当分别承认“不能犯”与“不能犯未遂”这两个概念。比如,德国《刑法典》第23条第3款规定:“行为人由于对行为对象和手段的认识错误,其行为根本不能实行终了的,法院可免除其处罚,或酌情减轻其处罚。”根据该规定,刑法似乎是认为,所有的“不能犯”都成立犯罪。尽管如此,在德国刑法理论中,“不能犯”被认为不单单指成立犯罪的“可罚的不能犯”(相当于本书中的“不能犯未遂”),还包括不成立犯罪的“不可罚的不能犯”(相当于本书中的“不能犯”)。[①] 再如,韩国《刑法典》第27条规定,“因实行的手段或者对象错误,致使结果不可能发生,如果存在危险性,仍予处罚,但可以减轻或者免除处罚。”根据此规定,在目前的韩国刑法学界,是普遍区分“不能犯”与“不能犯未遂”这两个概念的:“不能犯是指不仅事实上不可能发生结果而且也不具有危险性因而不可罚的行为,而不能犯未遂则是指虽然在事实上不可能发生结果但因具有危险性而以未遂犯加以处罚的情况”[②]。“不能犯与不能未遂尽管在事实上不可能发生结果这点上具有相同性,但不能犯作为着手实行阶段之前的状态原本就不是刑法意义上的行为;而不能犯未遂则是已经进入着手实行阶段并具有实质不法之内容的‘危险性’的犯罪现象。”[③]再如,根据瑞士《刑法典》第23条第1款规定,“行为人实施重罪或轻罪的方法或对象事实上不可能使犯罪行为实施终了的,法官以自由裁量减轻处罚”;该条第2款又规定,“行为人因无知而行为的,法官可免除其刑罚”。在本

① 参见贾济东:《外国刑法学原理(大陆法系)》,科学出版社2013年版,第330页。
② [韩]李在祥:《刑法总论》(第4版),博英社2000年版,第378页。
③ [韩]金日秀、许辅鹤:《韩国刑法总论》(第11版),博英社2006年版,第524页。

书看来，从该条两款的关系考察，第1款应当是指“不能犯未遂”；而第2款指的是“因无知”而构成的“不能犯”。

三、误区三：“不能犯未遂”与“普通未遂犯”之关系

在某些国家的刑法中，由于其重视行为人的主观意识，强调行为人本身的危险性，遂认为“不能犯未遂”虽然不可能实现预期的犯罪结果。但在“不能犯未遂”中，行为人通过客观行为所表现出来的犯罪故意和人身危险性与“普通未遂”并无不同，并且不能达到既遂也是由于行为人意志以外的原因，所以在其看来，“不能犯未遂”与“普通未遂”并没有任何区别，应当予以同等处罚。持该种观点的有新加坡、加拿大、印度等国家。比如，1971年加拿大《刑法》第24条规定：“任何人计划犯罪并未实施计划而未作为或者不作为，无论依据当时之情况是否有可能犯罪，均为犯罪未遂。”[①]

我国《刑法》并没有“不能犯未遂”与“普通未遂”的划分，但在我国传统刑法理论中，“不能犯未遂”与“普通未遂”（能犯未遂）被认为是两个不同的概念，亦获得了学界的广泛认可：所谓“能犯未遂”，是指犯罪行为有实际可能达到既遂，但由于行为人意志以外的原因未能达到既遂而停止下来的情况；所谓“不能犯未遂”，是指因犯罪人对有关犯罪事实认识错误而使犯罪行为不可能达到既遂的情况。[②]

但近年来也有学者撰文明确提出应当否定“不能犯未遂”这一概念。比如，有学者认为，“不能犯的概念不宜作为犯罪未遂的一种类型来使用；事实上，未遂都是由于某种原因而不能既遂，故也没有必要将犯罪未遂分为‘能犯未遂’与‘不能犯未遂’”[③]。在学界也有类似的见解。[④] 更有论者较为详细地陈述了其理由：第一，这种概念不科学。从词义上容易得出行为无社会危害性因而不应受到刑罚惩罚的结论；“不能犯未遂”与“普通未遂犯”在具体场合都是没有造成，也“不能”造成特定的危害结果，理论上研究二者之间的区别，既很困难也无多大实际意义，也不能科学地说明处罚不能犯未遂的根据。第二，这种理论对我国司法实践无实际意义。因为不能犯未遂的理论并不能直接解决其刑事责任问题。不能犯未遂的刑事责任问题，归根到底要依靠“事实错误”的原则来解

---

① 贾济东：《外国刑法学原理（大陆法系）》，科学出版社2013年版，第330页。

② 参见马克昌主编：《犯罪通论》，武汉大学出版社1999年版，第455页。

③ 张明楷：《刑法学》（第4版），法律出版社2015年版，第359页。

④ 参见陈兴良：《不能犯与未遂犯》，载《清华法学》2011年第4期。

决。第三,不能犯未遂的提法没有法律根据,因为我国刑法并未规定标准的“一般未遂”和特殊的“不能犯未遂”。因此,所谓不能犯未遂的划分应予否定。①

对上述看法,有学者持不同观点。指出:“不能犯未遂”与“普通未遂”是两个不同的概念,这主要体现为两个方面:一是导致二者犯罪未遂的原因不同。二是二者的社会危害性不同。“能犯未遂与不能犯未遂相比,客观上造成犯罪结果的可能性更大,而且往往可以造成不能犯未遂里一般不具有的实际损害结果。进一步探究可以发现,二者客观上的危害性、危险性的不同,主要是在于这两种未遂里导致未遂的‘意志以外原因’有所不同。”②

本书主张将犯罪未遂应当分为“不能犯未遂”与“普通未遂”两种情形。这是因为导致“不能犯未遂”的“犯罪意志以外的原因”是行为人的认识错误,而导致“普通未遂”的原因则与行为人的主观认识无关。也就是说,在“普通未遂”中,不仅行为人所采用的行为手段、行为工具具有产生危害结果的基本属性,而且其行为已经有效地指向了行为对象。其行为最终没有既遂是因为“警察的介入”“被害人的反抗”“被害人的逃避”之类的与行为人的认识错误无关的因素。

需要着重指出的是,“不能犯未遂”与“普通未遂”(能犯未遂)虽然是两个不同的概念,但其区别之处仅仅在于“犯罪意志以外的原因”的不同。该学者认为,较之于“不能犯未遂”,“普通未遂”具有更为严重的社会危害性。但在本书看来,该种认识是值得商榷的。在刑法理论上,社会危害性程度被认为取决于行为人的主观恶性程度与客观危害大小。而在“不能犯未遂”“普通未遂”中,很难说行为人的主观恶性程度与客观危害大小肯定存在着实质上的差别。至于说,论者以“不能犯未遂”不能造成任何危害结果,而“普通未遂”(能犯未遂)能够造成危害结果为由,来说明“普通未遂”具有更为严重的社会危害性,这同样是不能令人信服的。我们并不否认,“普通未遂”通常能够造成其他意义上的危害结果,而“不能犯未遂”通常不会造成其他意义上的危害结果,但是该危害结果的出现与否只是会影响到其他犯罪是否能够成立,并不会影响到二者的刑事责任。岂能说二者在社会危害性程度上存在差异?再者,我们讨论“不能犯未遂”与“普通未遂”(能犯未遂)能否导致“危害结果”,必须将“危害结果”限制在一定范围内。这是犯罪未遂形态的应有之义。否则,无论是“不能犯未遂”还是“普通未遂”(能犯未遂)都可能会产生其他意义上的危害结果。

① 参见利子平:《“不能犯”质疑》,载《现代法学》1985 年第 1 期。

② 赵秉志:《论不能犯与不能犯未遂问题》,载《北方法学》2008 年第 1 期。

综上所述,“普通未遂犯”与“不能未遂犯”的界限,应该以行为后所调查清楚的该行为因果序列中的一切事实为基础,根据犯罪意志以外的原因的基本属性进行判断。如果行为是基于主观上的认识错误而导致危害结果没有发生的,成立“不能未遂犯”;基于其他因素导致危害结果没有发生的,则成立“普通未遂犯”。例如,在行为人甲基于杀人的故意向被害人乙开枪但未能致被害人死亡的场合。如果是诸如枪里没有子弹,或被害人在枪支的射程之外这些事实不能致被害人死亡的,则认为行为成立“不能未遂犯”;如果由于被害人的及时躲闪或医院的救助,而未出现被害人死亡结果的,则应当认为成立“普通未遂犯”。

第七章　中止犯减免处罚的根据研究

我国《刑法》第24条规定："在犯罪过程中，自动放弃犯罪或者自动有效地防止犯罪结果发生的，是犯罪中止。对于中止犯，没有造成损害的，应当免除处罚；造成损害的，应当减轻处罚。"根据该规定，我国《刑法》对中止犯的处罚，是根据犯罪行为是否造成了损害而定，或者予以减轻处罚，或者予以免除处罚。那么，我国《刑法》对中止犯予以减免处罚的根据是什么？该问题回答的是，为什么行为人基于自己的意思中止了犯罪，立法者就要给予其减轻处罚或者免除处罚的优待？这被认为是中止犯研究的首要问题。这是因为该问题的正确回答将直接关系到中止犯成立条件的认定与适用范围的宽窄，特别是关系到中止犯之"自动性"的准确理解。这诚如学者所言，对中止犯减免处罚根据的看法不同，"自动性"判断标准的宽严掌握就会不同。它能够制约、指导对"自动性"的判断与掌握。[①] 为此，德日刑法理论对此多有较为详细的探讨。然而，我国刑法理论长期以来对此并没有给予足够的重视，其在中止犯理论研究中并没有一席之地。

令人欣慰的是，上述研究现状近年来得以改观，我国刑法理论开始对此进行较为深入的探讨。不过，该探讨大都是囿于德日刑法学中的理论认识进行的，将德日刑法理论奉为圭臬。不容争辩的事实是，德日刑法理论与我国刑法理论在犯罪构成体系上存在着严重抵牾，这必然会由此带来"水土不服"的问题。再者，即便植根于我国本土刑法理论所形成的某些探讨也存有不少疑问。有鉴于此，对"中止犯减免处罚根据"予以重新思考、探讨显得尤为必要。本书旨在此方面作出一些努力，以就教于学界各位同人。

一、域外学说借鉴的理论窘境：由"综合说"到"刑罚目的说"

（一）"综合说"之反思

在德日刑法理论中，关于中止犯减免处罚的根据大体上可以分为三种主

---

① 参见周光权：《论中止自动性判断的规范主观说》，载《法学家》2015年第5期。

张:第一种主张是法律说。该说是在犯罪成立要件的范围内寻求中止犯减免处罚的根据,或者是说在犯罪论的框架内联系犯罪成立的要素,来解释中止犯减免处罚的根据。这其中又包括违法性减少、消灭说;责任减少、消灭说;违法性、责任减少(消灭)说。第二种主张是刑事政策说。该说是从刑事政策的角度即预防犯罪的角度来说明中止犯减免处罚的根据。第三种主张是综合说。即同时采用上述两种学说来诠释中止犯减免处罚的根据,这其中又包括违法性减少、消灭说与刑事政策说的并合,责任减少、消灭说与刑事政策说的并合,以及违法性减少、消灭说,责任减少、消灭说与刑事政策说的结合。[①] 在上述三种主张中,“综合说”在德日刑法理论中获得了更多学者的认同,居于通说地位。[②]

在当下,我国刑法理论对中止犯减免处罚根据所做的研究基本上是借鉴德日刑法理论中的“综合说”来进行的,并以此来诠释我国《刑法》中止犯减免处罚的根据。比如,有学者便是运用综合说中的“法律说与政策说”来解释该“根据”的:未遂犯和中止犯在客观侵害方面上是完全一样的,仅仅因为一个是行为人意志以外的原因而未得逞,而另一个则是因为行为人自动放弃犯罪而未得逞,导致它们在刑事处罚上大不相同。可见,在决定中止犯的减免这一问题上,起最为关键作用的应当是行为人的主观责任的减少。然而,我国《刑法》对于中止犯,不仅予以减轻处罚,还规定可以免除处罚。就免除刑罚而言,运用责任减少说是难以解释清楚的。这是因为“减少”不等于“免除”,因此有必要再从刑事政策的角度予以理解说明。也就是说,将责任说和政策说予以结合起来的综合说是较为可行、稳妥的。[③] 还有的学者则是运用违法性减少、责任减少与刑事政策(特殊预防)说的并合说来解释该“根据”的:与既遂犯相比较,中止犯的违法性、有责性均有所减少,仅据此就能够对中止犯减轻处罚。由于其能够自动性地回归到合法性的轨道上,致使对其进行特殊预防的必要性得以丧失,因而对中止犯的处罚应当予以免除。因而,本书也采取了并合说。但不过是违法性减少、责任减少与缺乏特殊预防必要性(量刑目的说)的并合说。[④]

尽管学者们在“综合说”的具体内容上存在某些不同,但其基本观点是一致的,都是将德日刑法理论中的“综合说”中的某些认识理解为我国《刑法》中止

---

① 至于这些不同种学说的具体内容,请参见张明楷:《未遂犯论》,法律出版社 1997 年版,第 326 页以下。

② 参见马克昌:《比较刑法原理》,武汉大学出版社 2002 年版,第 590 页。

③ 参见黎宏:《刑法学》,法律出版社 2012 年版,第 253 页。

④ 参见张明楷:《刑法学》(第 5 版),法律出版社 2016 年版,第 364 页。

犯减免处罚的根据。但在笔者对此提出自己的观点：

其一,“综合说”的逻辑路径存在着不少弊端。首先,“综合说”放弃犯罪论的分析与思考,通过弱化犯罪构成体系的评价,借助于其之外的刑事政策的方式,对违法性、责任的减少、刑事政策进行机械的排列组合,进而将中止犯的处罚根据予以分散,这在方法论上并不可行。这是因为,“综合说”貌似可以颇为全面地诠释中止犯减免刑罚的根据,但是其在融合相关学说优点的同时,也必然会融合各种学说的缺陷或者说不足。

其次,“综合说”之所以被提出,大抵是因为违法性、有责性减少并不能为中止犯的免除处罚提供根据,于是以“刑事政策”予以“补强”。可是,该说仍然不能回答以下问题:为什么在违法性、有责性减少后,再辅之以所谓的刑事政策,就必然要对中止犯免除处罚而不是减轻处罚呢?

再次,“综合说”所提出的中止犯减免处罚的根据具有多元性,这同样值得商榷。从相关论述来看,不难看出,对中止犯予以“减轻处罚”“免除处罚”所设置的根据并不相同。前者是违法性、有责性的减少,后者则是违法性、有责性的减少与刑事政策因素的结合。显而易见,论者在此将中止犯减免处罚的根据予以分离,其处罚根据具有多元化特征。然而,如此探讨令人疑窦丛生:难道说,在对中止犯减轻处罚的情况下,立法者就没有刑事政策(预防犯罪)方面的考虑吗?对中止犯予以减轻处罚就没有一般预防、特别预防的功利效果吗?由此观之,我们不能认为中止犯免除处罚的根据与中止犯减轻处罚的根据有所不同,否则会分别确定两种中止犯的成立条件。然而,如此“确定”将与刑法规定构成冲突。

最后,“综合说”的某些论述存在一些自相矛盾之处。譬如,论者认为“行为人自动中止危害行为可以表明,不需要借助国家机关,行为人就能自动地回归到合法性的轨道上,因而就没有必要对其进行特殊预防,所以自应对其免除处罚”。既如此,论者为什么不直接将特殊预防这一刑事政策作为处罚根据呢?为什么还要将“责任减少”“综合”进去呢?再如,该论者认为,与未遂犯比较,中止犯的违法性实际上并没有减少。因为二者都可能表现为:威胁了某种法益、对法益造成了某种损害。然而依据刑法,对没有造成损害结果的犯罪未遂,“可以从轻或者减轻处罚”,对同样没有造成损害结果的犯罪中止则是“应当减轻处罚或者免除处罚”。在此意义上,将违法性的减少作为对中止犯减免处罚的根据,欠缺应有的说服力。[①] 论者还认为,当行为人有责性地实施了不法行为时,其责任就已经成为客观存在的事实。这种已经客观存在的责任是根本不可能因为事后的中止行为而减少。换言之,责任的大小在犯罪既遂后或者行为终结之时就已经被固定,事后的行为无法改变已经固定的责任。[②] 从上述论述来看,论者是否认中止犯的违法性、有责性有所减少这一基本事实的。既如此,论者又怎能将违法性、责任减少作为中止犯减免处罚根据的组成部分呢?我们不得而知。

其二,“综合说”与我国《刑法》中的犯罪构成体系存在着严重的抵牾。所谓犯罪构成体系,是指组成犯罪构成的各种要件按照一定顺序和层次组成的有机整体。“犯罪构成体系”旨在解决两个方面的问题:一是解决犯罪的成立要考虑哪些要件。二是解决在认定犯罪时该按照什么顺序来考虑这些要件,从而为人们认定犯罪提供分析思路和方向。中外刑法学针对上述问题有着不同的解决方案,由此形成了不同的犯罪构成体系。在德日刑法学中,其犯罪构成体系具有三阶层特征。其认为在犯罪的认定上,必须按照构成要件符合性、违法性、有责性(责任)的顺序进行。即在判断某一行为是否构成犯罪时,必须经过三次评价:构成要件符合性是事实评价,是指案件的客观事实须符合刑法所规定的具体犯罪的构成要件;违法性是法律评价,是指符合构成要件的行为须与整体法秩序之间存在着矛盾或者冲突;有责性(责任)是主观评价,是指能够对实施了符合构成要件的违法行为的人进行道义上的谴责或者非难。

需要说明的是,任何类型犯罪构成体系的创制都不可能完全游离于一个国家的刑法规范之外。尽管说,犯罪构成体系的创制,对刑法规范并不具有完全的依赖性,但完全脱离一个国家的刑法规范所创制的犯罪构成体系,肯定是“镜中花,水中月”。这一点早已获得德日刑法学界的广泛认同。比如,德国刑法学者就认为,犯罪构成是一个没有独立意义的概念。它只是法律方面的东西,并非现实的东西。[③] 德日犯罪构成体系的形成同样并非理论杜撰的产物,而是从法律中推导出来的,或者至少与法律相一致。[④] 比如,德国《刑法典》总则就很清楚地规定了犯罪的一般成立要件:其第16条第1款和第2款,第17~20条使

---

① 参见张明楷:《刑法学》(第5版),法律出版社2016年版,第361页。

② 参见张明楷:《刑法学》(第5版),法律出版社2016年版,第362页。

③ 参见[苏]A. H. 特拉伊宁:《犯罪构成的一般学说》,王作富等译,中国人民大学出版社1958年版,第16页。

④ 参见赵秉志主编:《外国刑法原理(大陆法系)》,中国人民大学出版社2000年版,第66页。

用了“行为”(TaT),第11条第1款第5项,第26、27条使用了“违法行为”(rechtswidrige tat),第32条关于正当防卫的规定和紧急避险的规定,用正当化事由排除了符合构成要件的行为的违法性。由此表明,违法性是犯罪概念的基本要素;第17条第1句关于可避免的禁止性错误的规定、第19条关于儿童的责任能力的规定和第20条关于因精神障碍而无责任能力的规定以及第46条第1款第1句关于责任是量刑基础的规定,表明“有责性”是犯罪概念的法律标志之一;最后从第11条第1款第5项、第16条第1项和第22条使用的“构成要件”(Tatbestand)一词中,可以推导出,必须在法律上的构成要件中确定所有犯罪形式的标志。

既然“违法性”“有责性(责任)”是德日刑法犯罪构成体系的基本概念,且犯罪构成体系在整个犯罪论中具有特殊的地位,它势必会成为分析各种犯罪形态(“犯罪未遂形态”“共犯形态”“罪数形态”)的基本工具。由此,我们也就不难理解,德日刑法学在探讨中止犯减免处罚根据时为什么会将“违法性”“有责性”的减少或者消灭作为分析工具。

然而,与德日犯罪构成体系不同,我国《刑法》中的犯罪构成体系并不包括“违法性”“有责性(责任)”之类的概念。与德日犯罪构成体系的形成一样,我国四要件的犯罪构成体系同样具有法律根据。对此,我国有刑法学者对此曾作了非常详细的分析。他指出,我国《刑法》规定完全不同于德日刑法。德日犯罪构成体系与我国《刑法》第13、14、22～25条所规定的犯罪构成要件之间,有着无法调和的冲突与矛盾。[①] 也就是说,中外刑法的不同规定以及据此而形成的不同的犯罪构成体系决定了德日刑法学中的“违法性”和“有责性(责任)”在我国《刑法》犯罪构成体系中并没有一席之地。这也同样决定了我们无法将“违法性”和“有责性(责任)”嫁接过来,将其“一以贯之”地作为分析各种犯罪形态的基本工具,进而也就无法将其作为中止犯减免处罚的根据。

其三,“综合说”与我国的“刑事政策”具有不同的学术语境。在德日刑法理论中,“刑事政策说”在解释中止犯减免处罚根据这一问题上,具有一定的影响力。其基本观点是,对中止犯予以减免刑罚处罚,不是考虑其违法性、有责性减少或者消灭,而是有预防犯罪发生的政策方面的考虑,或者是说为了给已经踏上犯罪道路的行为人搭架起一道能够“返回的金桥”[②]。在刑事政策说的内部又有“一般预防刑事政策说”和“特殊预防刑事政策说”之分。前者认为,刑

---

① 参见彭文华:《德、日犯罪构成论体系与我国刑法规范的内在冲突》,载《法学》2010年第5期。

② [日]早稻田司法考试研究室:《刑法总论》,早稻田经营出版社1990年版,第92页。

法设立中止犯并减免刑罚处罚,会鼓励更多的人停止犯罪。[①] 后者则认为,“对中止犯作出减免刑罚的规定,是为了鼓励其减少、消灭其人身危险性或者说再犯可能性,不再继续实施犯罪活动”[②]。

“刑事政策说”确实可以从一个侧面说明德日刑法中中止犯减免处罚的根据。[③] 但是,如将其作为我国《刑法》中止犯减免处罚的根据则是不够谨慎的。首先,“刑事政策说”自身就存在不少重大缺陷。[④] 其次,即便其本身不存在任何缺陷,将其作为我国《刑法》中止犯减免处罚的根据也是不可取的。这是因为,德日国家中的刑事政策与我国的刑事政策具有各自不同的内涵。在德日国家,“刑事政策被视为一种理论体系或者学说,因而刑事政策就是某个作者的思想和观点”[⑤]。刑事政策在我国则被视为党和国家政策体系的重要组成部分,是与犯罪行为进行斗争的指导方针,是以打击犯罪、预防犯罪为目的而制定的政治措施,是“一种高于刑法的政治考量”[⑥]。

简言之,中外的刑事政策具有不同的基本内涵,具有各自的学术语境,此“刑事政策”非彼“刑事政策”。如果我们完全不顾上述不同,运用“刑事政策”来解释我国《刑法》中止犯减免处罚的根据,肯定会存在“水土不服”“南橘北枳”的问题。这很容易让人们产生歧义:对中止犯予以减免处罚有“政治上的考量”,是在执行党和国家的某种政治策略。

其四,“综合说”不符合我国《刑法》的立法实际。德国刑法对中止犯的处罚是应当免除处罚,日本刑法对中止犯的处罚则是应当减轻处罚或者免除处罚。在此意义上,法官在减轻处罚或者免除处罚的范围内是享有自由裁量权的。由是观之,“综合说”综合运用违法性、责任、刑事政策等多种因素来解释对行为人是减轻处罚还是免除处罚,这对于德日刑法而言具有一定的合理性。

相对于日本刑法而言,我国《刑法》对中止犯是减轻处罚还是免除处罚是有明确规定的,并没有赋予法官多少自由裁量权。根据我国《刑法》第 24 条的规定,对中止犯是减轻处罚还是免除处罚,这完全取决于犯罪行为是否造成了损害。即犯罪行为造成损害的,对行为人减轻处罚;没有造成损害的,对行为人则免除处罚。在此意义上,“综合说”与我国《刑法》的上述规定是不契合的。进

---

① 参见[日]中野次雄:《刑法总论概要》,成文堂 1979 年版,第 119 页。
② [日]木村龟二:《刑法总论》,有斐阁 1997 年版,第 369 页。
③ 参见张明楷:《未遂犯论》,法律出版社 1997 年版,第 328 页。
④ 参见张明楷:《刑法学》(第 5 版),法律出版社 2016 年版,第 329 ~ 332 页。
⑤ 严励:《中国刑事政策的建构理性》,中国政法大学出版社 2010 年版,第 11 页。
⑥ 卢建平:《刑事政策与刑法》,中国人民公安大学出版社 2004 年版,第 11 页。

一步而言,如果我们将“综合说”作为解释我国《刑法》中止犯减免处罚的根据,这不禁会让人提出疑问:“综合说”究竟是根据什么事实对一部分中止犯予以减轻处罚,而对另一部分中止犯免除处罚?其所根据的事实是否为“造成损害”?如果回答不是,这将与我国《刑法》规定相冲突。如果回答是,则没有必要考虑“综合说”中的诸多因素。一言以蔽之,“综合说”并不能为我国《刑法》中止犯的减免处罚提供充分的说理依据。

(二)“刑罚目的说”之批判

“刑罚目的说”是联邦德国普通法院判例所采用的观点,在德国刑法理论中占据主导地位。在“刑罚目的说”看来,行为人的中止行为消灭了刑罚目的,立法者由此作出减免规定,这是对中止犯予以减免处罚的首要根据。在其内部又有两种不同的认识。一种认识认为,对中止犯免除处罚既能实现一般预防的目的,也能实现特殊预防的目的,因此对中止犯没有必要处罚。比如,有学者认为,在中止犯的场合,因为没有发生犯罪结果,也就不存在对其进行积极一般预防的必要性;由于行为人在关键的时刻又回归到了对法规范忠实的立场,是故也没有对其进行特殊预防的必要性,于是,对中止犯应当予以免除处罚。[①] 另一种认识则认为,行为人的中止行为消灭了刑罚目的,立法者由此作出免除刑罚的规定。在其看来,行为人的中止行为体现了其对法的忠实,复归了合法化,无须对其进行感化,对中止犯免除处罚能够实现特殊预防的目的,因此对中止犯没有必要予以处罚。比如,有学者认为,对中止犯之所以免除刑事处罚,是因为行为人在关键的时刻通过自己的行动回归到了合法性的立场,肯定了法的有效性,即便对其不予刑事处罚也不会对特殊预防这一刑罚目的造成任何损害。[②]

“刑罚目的说”对我国学界产生了重大影响。我国有学者在论述中止犯减免处罚根据时,就倡导“基于刑罚预防目的的责任减少说”。他认为,在中止犯的场合,其责任的的确确有所减轻。但又考虑到责任毕竟是和刑罚紧密相关的,因而除“责任减少说”之外,从刑罚目的的视角诠释其减免处罚的根据也是非常有必要的。[③] 庄劲博士则肯定对中止犯减免刑罚,是为了实现积极的一般预防:一旦立法者撤销中止犯的刑事处罚,则意味着该停止行为的动机是值得

---

① Vgl. C. Roxin, Strafrecht Allgemeiner Tell, Band Ⅱ, C. H. Beck, 2003, S. 481f.

② Vgl. E. Schmidhauser, Strafrecht Allgemeiner Tell (Lehrbuch), 2. Auff., J. C. B. Mohr, 1975, S. 623f.

③ 参见周光权:《论中止自动性判断的规范主观说》,载《法学家》2015 年第 5 期。

赞赏的。这有助于激励国民实施守法行为，养成自觉守法的习惯，进而实现预防犯罪的目的。①

在本书看来，借鉴德国“刑罚目的说”，将其作为我国《刑法》中止犯减免处罚的根据是存在重大弊端的：

其一，“刑罚目的说”无法解释我国《刑法》对中止犯减轻处罚的情况。恰如前文所述，我国《刑法》对中止犯的处罚是分两种情形的。一是对中止犯减轻处罚，二是对中止犯免除处罚。这就要求作为对中止犯减免处罚的根据应当全面涵括上述两种情形，否则就具有片面性。然而，“刑罚目的说”只能够解释刑法为什么要对中止犯予以免除处罚的情形，而对中止犯予以减轻处罚的情形无法解释。

其二，“刑罚目的说”将“特殊预防”“一般预防”的目的已经实现作为对中止犯予以免除处罚的根据，本身也是存在疑问的。

首先，将没有“特殊预防”的必要作为对中止犯予以免除处罚的根据是难以立足的。其道理就在于，自动的中止并不必然反映出中止者的人身危险性大大减弱甚至丧失。其实，中止行为只是关涉到具体情形之下的某一具体犯罪。而行为人的人身危险性具有持续性、不间断性，关涉到其将来犯罪的可能性。上述差异意味着，行为人在某一犯罪活动中是否成立犯罪中止，与他将来是否会继续实施犯罪，是没多少关系的。也就是说，既然中止者的人身危险性并没有必然消除，我们就无法否认对其有进行特殊预防的必要性，我们也就不宜从特殊预防的角度来探讨中止犯减免处罚的根据。

其次，将对中止犯免除处罚与“一般预防”联系起来也是不够合理的。一方面，犯罪中止毕竟是犯罪行为。假如对之免除刑罚处罚，就无法震慑那些效尤者。这是因为一些企图不法者可能会认为，只要在犯罪既遂之前停止下来，刑罚就对我无可奈何。而且，在犯罪行为已经实施的情况之下，如果没有更为可信、充分的理由就对行为人不进行刑罚处罚，这难免会使得公民对法律丧失信赖感，从而会破坏刑罚的积极一般预防功能。另一方面，从强化法规范意识的角度来说，一般预防的实现与对中止犯的免除处罚也构成悖论。一般而言，刑罚越是严厉，就越能给公众塑造深刻的印象，也就因此越能强化公众的法规范意识。因此，只要是有犯罪行为发生，不管犯罪结果是否发生，就存在一般预防的必要性。在此意义上，将“一般预防”的目的已经实现，作为对中止犯予以免

① 参见庄劲：《犯罪中止自动性之判断——基于积极一般预防的规范性标准》，载《政法论坛》2015年第4期。

除处罚的根据是经不住推敲的。

二、“本土化”解释之症结:由单一“刑事政策说”到“社会危害性说”

(一)单一“刑事政策说”之检讨

有学者认为,对我国“中止犯减免处罚的根据”进行理论探讨,应当全面转向刑事政策。其基本思路是,无论是刑法的总体设计还是刑法的具体规定都无法摆脱特定刑事政策的指导,那么,对中止犯进行减免处罚的规定就必然有特定刑事政策的考虑。论者由此提出,“对中止犯减免处罚的根据是基于引导其在关键的时刻及时地予以自我否定、避免犯罪既遂来救助法益、保护法益这一刑事政策目的而创立的”[①]。不难理解,在论者看来,鼓励犯罪人去“救助法益、保护法益”是一项刑事政策,该刑事政策便是对中止犯减免处罚的根据。

在本书看来,单一“刑事政策说”将对中止犯减免处罚的根据归结为鼓励犯罪分子去“救助法益、保护法益”具有一定的合理性。立法者对中止犯减免处罚的确有鼓励犯罪人救助法益、保护法益之考量。无论如何,保护法益这是刑法的基本机能之一,而鼓励犯罪人救助法益、保护法益不失为保护法益的一种重要手段。再者,论者提出的在中止犯中,其违法性、责任并没有减少的观点也为本书所赞同。

但是,该说也存在一些值得商榷的方面:其一,能否将“(救助)保护法益”理解为我国的一项刑事政策?将其理解为刑事政策是否符合我国语境?这不无疑问。其二,如前所述,“(救助)保护法益”,这是刑法的基本机能之一。也就是说,任何刑法规范的设立无不蕴含着对法益的(救助)保护。如果我们将“(救助)保护法益”理解为中止犯减免处罚的根据,这岂不是意味着任何一项刑法规范都体现着“(救助)保护法益”这一刑事政策呢?其三,如果将“(救助)保护法益”理解为中止犯减免处罚的根据,则意味着犯罪既遂后,行为人对所侵害的法益予以恢复、修补的行为都应当予以减免处罚。其道理很简单,该行为对法益予以恢复、修补的行为同样是一种“(救助)保护法益”的行为。可是,我国《刑法》对此行为并无减免处罚的普遍规定。由此看来,将“(救助)保护法益”作为中止犯减免处罚的根据是不够妥当的,是经不住细加推敲的。

---

① 李立众:《中止犯减免处罚根据及其意义》,载《法学研究》2008 年第 4 期。

（二）“社会危害性说”之省思

在我国也有学者抛弃德日刑法理论中的“违法性”“有责性”“刑事政策”之类的概念，而是在我国传统刑法理论即“犯罪本质乃社会危害性”的理论框架内，从主观、客观两个侧面来揭示对中止犯予以减免处罚的根据。比如，有学者就认为，对中止犯的减免理由应当从主、客观方面展开：就第一方面而言，行为人基于本人的意愿放弃犯罪或者有效防止犯罪结果的发生，可以表明行为人的主观恶性变小；就第二方面而言，因为行为人停止了犯罪行为，从而避免了犯罪结果的发生，可以表明犯罪行为的客观危害性已经减小。再者，主观恶性较小与客观危害较小的这一基本事实还能表明行为人的人身危险性程度已经变轻。①

“社会危害性说”立足于我国刑法理论的语境探讨中止犯减免处罚的根据，对其进行“本土化”解释，并试图消弭“综合说”的一系列弊端，这是应当予以肯定的。然而，“社会危害性说”也存在着一些严重问题，值得我们重视。

其一，“中止犯主观恶性变小”这一考量是难以立足的。依据我国《刑法》第24条的规定，中止犯中的“自动”并不必然包括行为人主观上具有悔改意思、主观的真挚性。在此意义上，中止犯罪者的主观恶性如何，并不影响中止犯的成立。再者，如果注重行为人的“主观恶性”，难免就会认为只有基于伦理上的能够予以宽恕的动机而停止犯罪的才能成立中止犯。但是，这不利于鼓励行为人及时停止犯罪。

其二，“中止犯的客观危害减小”这一考量同样是难以立足的。中止犯减免处罚的根据，就其本质而言，是“中止犯的处罚轻于未遂犯，其内在依据究竟是什么”的问题。如此一来，我们就无法断定“中止犯的客观危害小”。这是因为中止犯与未遂犯客观上都存在着侵犯法益的具体危险，而且二者均没有出现既遂形态。由此看来，二者的客观危害并无什么不同。

其三，即便“中止犯的主观恶性变小”“中止犯的客观危害减小”也无法使得“社会危害性说”成为对中止犯减免处罚的根据。“中止犯的主观恶性变小”“中止犯的客观危害减小”充其量只是能够较好地解释为什么对中止犯可以减轻处罚。但将其作为对中止犯予以免除处罚的根据，则是不能够完全令人信服的。试问：对主观恶性小、客观危害小的犯罪行为就一定要免除处罚吗？如果

---

① 参见陈兴良：《本体刑法学》，商务印书馆2001年版，第514页。

我们不能给予完全肯定的回答,"社会危害性说"则无法成为对中止犯予以减免处罚的可信根据。

三、一种新的尝试:功利主义规则的考察

功利主义被认为是以行为的目的和效果来衡量行为价值的学说:行为和实践的正确性与错误性只是取决于这些行为和实践对受其影响的全体当事人的普遍福利所产生的结果;所谓行为的道德上正确与错误,是指该行为所产生的总体善或者恶而言,而不是指行为本身。[①] 功利主义主要是作为评价某一行为或者某一社会制度的价值标准而使用的。其所倡导的功利主义被认为是社会统治的基础。其强调的是,既然个人就是要追求自身的最大幸福,对于政府而言它也就应该满足大多数人追求的最大幸福。

功利主义渗透到法律领域便形成功利主义法学。功利主义法学强调人的一切行为取舍都在于功利的权衡,功利原则既是法律的出发点,也是法律的归宿地。立法者应以此作为理论根据制定法律,法律实施的基础同样也是功利主义。

当把功利主义与刑法评价予以结合时,就形成了功利主义的刑法价值观。在德日国家,"功利主义与量刑论融合,便形成了功利刑,与不法论融合便形成了功利主义的违法观"[②]。功利主义在我国刑法学中同样也受到重视:国家之所以设置刑罚,主要是因为刑罚能够让受刑人感受到痛苦,使其成为遏制犯罪的力量,实现其预防犯罪发生的目的。其中,贝卡里亚、费尔巴哈意图通过刑罚的威吓而预防犯罪的发生;龙勃罗梭、菲利则意图通过矫正而预防犯罪的发生。无论是威吓抑或是矫正,均意味着刑罚对功利效果的孜孜追求。[③] 刑法具有功利性,这是不言自明之事。但如果将刑法的功利性仅仅定格于刑罚目的即"预防犯罪"这一点上,这显然是不够全面的。在本书看来,刑法的功利性除了通过刑罚的适用以预防犯罪这一基本方面外,还应包括其他一些方面:通过刑罚适用上的牺牲与让步(比如,对犯罪分子的"从轻处罚、减轻处罚或者免除处罚")来避免更大的犯罪损失;及时发现犯罪线索;节约司法资源;或者实现人道主义,等等。所有这些都应当被理解为刑法功利主义。另一方面,通过刑罚适用

---

① 参见[美]汤姆·L.彼彻姆:《哲学的伦理学》,雷克勤等译,中国社会科学出版社1990年版,第108页。

② 冀洋:《刑法主观主义:方法论与价值观的双重清理》,载《法制与社会发展》2016年第3期。

③ 参见陈兴良:《本体刑法学》,商务印书馆2001年版,第642~643页。

的强化(如对犯罪分子的“从重处罚”)来预防犯罪的发生,也应当被理解为刑法功利主义。一言以蔽之,但凡通过刑罚适用的变通性(表现为“从轻处罚、减轻处罚、免除处罚、从重处罚”),即通过有限度地牺牲罪责刑相适应原则的方式,来换取特定社会效果的,都是刑法功利主义的范畴。

反观我国《刑法》的规定,功利主义色彩还是比较浓厚的。毫不夸张地说,无论刑法的总则规范还是分则规范,均有功利主义的“影子”。比较典型的是《刑法》总则中的自首、立功制度。该制度的设置旨在节约司法资源、及时查处案件、发现犯罪线索等。《刑法》分则方面的例子也比较多。例如,《刑法》第241条的规定,收买被拐卖的妇女、儿童,按照被买妇女的意愿,不阻碍其返回原居住地的,对被买儿童没有虐待行为,不阻碍对其进行解救的,可以从轻处罚。根据立法者的解释,收买被拐卖妇女儿童的行为“有各种不同的情况,上述规定有利于减少阻力,有利于解救和保护被拐卖的妇女、儿童”[①]。这样的考虑无疑是一种功利主义。再如,《刑法》第383条第3款规定:“犯第一款罪,在提起公诉前如实供述自己罪行、真诚悔罪、积极退赃,避免、减少损害结果的发生,有第一项规定情形的,可以从轻、减轻或者免除处罚;有第二项、第三项规定情形的,可以从轻处罚。”这一规定既有利于最大限度地挽回犯罪行为给国家所造成的损失,也有利于司法机关及时查清犯罪事实。这样的考虑无疑也是功利主义。值得注意的是,近年来,“刑法功利主义”色彩在我国《刑法》中又有了进一步的发展,甚至出现了“去罪化”的现象。即当行为人对“犯罪行为”实施救济行为时,刑法就对其不以犯罪论处。这无疑是“刑法功利主义”的表现。比如,《刑法修正案(七)》对逃税罪增加“经税务机关依法下达追缴通知后,补缴应纳税款,缴纳滞纳金,已受行政处罚的,不予追究刑事责任”的规定。《刑法修正案(八)》新增的拒不支付劳动报酬罪有“经政府有关部门责令支付仍不支付的”的限制。同时,《关于办理受贿刑事案件适用法律若干问题的意见》有“国家工作人员收受请托人财物后及时退还或者上交的,不是受贿”的规定。上述规定无疑是在激励行为人以自身的努力恢复被破坏的刑法法益,弥补自己行为给刑法法益所造成的损害。对此,笔者深以为然。刑法“功利主义”具有强大的激励功能,能够激励行为人与国家、被害人之间进行有效的合作,进而能够消除或者减少犯罪损失,救济刑法法益,我们相信“功利主义”在今后的刑法立法、司法解释中必定有良好的发展空间。

① 高铭暄、赵秉志主编:《新中国刑法立法文献资料总览》(上),中国人民公安大学出版社1998年版,第642页。

既然刑法在设定“从轻处罚、减轻处罚、免除处罚、从重处罚”时，立法者都考虑了功利主义。那么，规定中止犯减免处罚时当然也存在着一定的功利主义，这种功利主义的内容究竟是什么？这是需要加以研究的问题。

在本书看来，对中止犯减免处罚，其功利性根据就在于通过与犯罪分子的“妥协”“让步”来减少“既遂结果”的量乃至避免“既遂结果”的发生。在阻止“既遂结果”发生的外在因素（如警察的出现、犯罪分子犯罪能力突然丧失等）缺失的情形之下，即在犯罪分子完全控制着犯罪局面，公（私）救济力量无以发挥作用的犯罪过程中，如何让法益的侵犯者转变为法益的保护人，便成为立法者殚精竭虑的问题。无疑的是，立法者鼓励现场的犯罪分子放弃继续实行犯罪或者采取有效措施防止“既遂结果”的发生，这不失为一种无奈、理智的选择。也就是说，在刑法法益面临“孤立无援”的情形之下，立法者只能通过“减免处罚”的承诺，对行为人进行一定的利益诱导，寄希望于犯罪分子予以自我否定，才有可能诱使行为人放弃犯罪行为的完成，进而减少“既遂结果”的量乃至避免“既遂结果”的发生。与之相反的情形则是，当客观上犯罪无法完成，存在着制约犯罪完成的外在因素，《刑法》是不可能通过减免处罚的“优惠”，来鼓励犯罪分子中途放弃犯罪或者有效地防止犯罪结果发生的。因而，在本书看来，对客观上不能完成犯罪，但行为人自认为能够完成犯罪而停止犯罪的情形，不得被认定为“中止犯”，否则与中止犯“减免处罚的根据”不符。

其实，当刑法法益面临侵害、公（私）救济力量缺位的情况下，刑法功利主义往往就会“派上用场”，这是中外刑法的普遍规定。比如，为世界各国刑法所普遍规定的“正当防卫”与“紧急避险”便是有力的例证。众所周知，在“正当防卫”与“紧急避险”的规定中，都有对“防卫过当”和“避险过当”行为予以减免处罚的规定。在此需要进一步指出的是，刑法理论对“防卫（避险）过当”减免处罚根据认识这一问题上，通常将其归结为防卫（避险）情况的复杂性。比如，有学者在论述防卫过当减免处罚的根据时认为，防卫者一般是在紧急的情形下实施防卫行为的。在该过程之中，情况错综复杂。因而，在具体的案件中，防卫者对不法侵害的性质、强度往往难以准确地进行判断……因而，在实施防卫行为的过程中，防卫者不可能完全自由地自始至终地对防卫的强度予以准确的把握。[①] 可是，在如此复杂的情况下，刑法是根本不可能期待行为人采用合适手段的。换言之，在此种情形之下，防卫人由于欠缺主观罪过的前提是无法构成犯

① 参见马克昌主编：《犯罪通论》，武汉大学出版社1999年版，第771页。

罪的,这根本就不存在减免处罚的问题。如此说来,防卫过当所处罚的,是指防卫人在没有慌乱的情况下所采取的行为。由此看来,上述见解不足为信。在本书看来,之所以对防卫(避险)过当减免处罚,应当是一种刑法功利主义的考虑。即在合法权益或者说更为重要的法益面临紧急情形或者说在其他救济力量严重缺位的情况下,有必要采取特殊措施予以保护:尽管防卫者、避险者的行为造成了一定的危害结果(或者说不当的结果),但为了奖赏(鼓励)其救济合法法益、重大法益的行为,应当给予其某种优惠待遇即减轻处罚乃至免除处罚。

最后需要说明的是,将中止犯减免处罚的根据归结为“功利主义”规则在刑法中的具体运用有着以下意义:

第一,使得中止犯的认定变得相对容易许多。传统见解将中止犯认定的重心是放在“自动性”这一要素上,提出中止犯的核心要素是“自动性”。但是,在考察“自动性”这一问题上并不容易,学界也并未形成这一共识,这致使中止犯的认定出现“仁智互见”的局面。然而,如将中止犯减免处罚的根据归结为“功利主义”便可以使得问题的解决变得相对容易一些。这是因为根据“功利主义”,认定中止犯的核心要素应是根据行为当时的情况,考察有无阻碍“既遂结果”发生的公(私)救济力量。该救济力量有无的考察较之于“自动性”的认定要容易许多。这是因为“自动性”毕竟属于行为人主观心理的范畴,具有主观性、内在性,而“救济力量”具有客观性、外在性。

在“自动性”的认定上,值得研究的问题还有,当行为人自认为能够完成犯罪,且客观上也能够完成犯罪的,是否一律认定为“中止犯”呢?对此学界存有很大的争议,但运用本书的“减免处罚”的根据解释之,则相对容易许多。下面结合若干典型情形对该问题予以阐述:

1.行为人在实施犯罪的过程中,出现了可以实现其预期收益的“替代行为”,从而停止犯罪的情形。比如,被告人甲基于性侵的意思对被害人进行暴力侵害。在性侵的过程中,被害人许诺只要被告人停止性侵,她会自愿和被告发生性关系。被告人于是停止了该次性侵行为。在两人“休息”之际,正好有两个行人经过此地。被害人于是大声呼喊而获得救援。

在本案中,被告人甲停止性侵的行为,是否具有“自动性”?毫无疑问,在本案中,行为人是能够完成犯罪的。但能否据此就认定其行为具有“自动性”呢?在本书看来,本案中的被告人并没有消除与被害人发生性关系的意念,当被告人发现真相后仍然会对被害人进行性侵害。也就是说,刑法所保护的被害人的性权益仍然处于危险之中,行为人并没有采取某种措施来防止“既遂结果”的进一步发生。其行为在刑法上不值得鼓励,并不符合刑法对中止犯减免处罚的根据。是故,其行为不具有“自动性”。

2. 行为人的犯罪欲望被提前得以满足,使得其再继续实行犯罪没有多少意义可言,从而停止犯罪的情形。比如,甲曾承诺要将其房子遗赠给其保姆。为能够尽快得到遗产,该保姆欲将慢性毒药放入给甲所开的药物之中,意图杀害甲。恰在此时,甲提前将房子赠给了该保姆,该保姆于是停止了这次投毒行为。

在本案中,被告人保姆中途停止了投毒行为,是否具有“自动性”?根据通常的理解,行为人在没有任何心理压力下停止犯罪,其行为应具有“自动性”,从而应当成立“中止犯”。可在本书看来,问题似乎没有那么简单。在本案中,行为人之所以停止犯罪,是因为其提前得到了甲的房产。该事实的存在使得甲的生命已经处于安全状态。既然如此,刑法就没有必要用减免刑罚处罚的方式来鼓励行为人停止犯罪。因而,在本书看来,行为人的行为不具有“自动性”,不能成立中止犯。

3. 行为人在实施犯罪过程中另起犯意,为实施其他犯罪而放弃原犯罪的情形。比如,甲基于杀害其前妻及其新男友的目的在某偏僻场所埋伏下来。甲看见新男友后,便冲上去用匕首猛刺其小腹。这时其前妻也来到该地方,甲便扔下新男友去杀害其前妻,于是新男友因此而得以幸存。

在本案中,被告人本可以将新男友杀掉,但为了能追杀其前妻,而放弃了对新男友的进一步侵害,新男友方得以幸存下来。那么,其行为是否具有“自动性”?根据传统的理解,似乎可以得出肯定的结论来。但在本书看来,新男友的生命法益与前妻的生命法益具有等价性,前妻的生命法益并不值得刑法特别保护。也就是说,对被告人减免处罚并不能保护更重要的刑法法益。因而,刑法并不鼓励被告人放弃对新男友的侵害。在此意义上,被告人的行为不具有“自动性”,其行为不能成立中止犯。

再如,行为人放弃入室盗窃是为了跟踪一位途经此地的年轻女性,试图在某一偏僻的场所对其进行性侵。该行为同样不具有“自动性”。这是因为刑法不可能鼓励行为人放弃轻微的法益侵害而去实施重要的法益侵害。顺便指出的是,行为人放弃重要的法益侵害而去实施轻微法益侵害的,其行为应当被认定为具有“自动性”。比如,行为人放弃对甲的杀害而对乙进行伤害的,其行为就具有“自动性”。

第二,在某种意义上,有助于更好地保护刑法法益。采用“综合说”将会不当缩小中止犯的适用范围,这不利于对刑法法益的保护。根据“综合说”,如果行为人缺乏真挚的努力,即便其行为避免了危害结果的发生,其行为也不能被认定为中止犯。[①] 然而,如此理解,显然不利于刑法法益的保护。如采用本书的立场,只要行为人在客观上减少了“既遂结果”的量或者完全避免“既遂结果”的发生,其行为就应当被认定为中止犯。如此理解,是利于刑法法益保护的。

根据传统的刑法理论,“有效性”是成立中止犯的条件之一。所谓“有效性”是指行为人采取某种措施有效地防止了犯罪结果(既遂结果)的发生。也就是说,在传统刑法理论看来,犯罪结果(既遂结果)一旦发生,将不能成立中止犯。对此本书是赞同的。不过,需要强调的是,只要行为人在主观上具有避免“既遂结果”发生的意图并为之付诸行动,即便其中止行为造成了其他意义上的损害,对其也应当予以奖励,只有这样做才能够最大限度地保护刑法法益。再者,针对不同情形的中止犯在处罚上也应当予以区别对待,这同样是为了更好地保护刑法法益,是刑法功利主义的内在要求,即对没有造成任何损害的中止犯,予以免除处罚;对造成损害的中止犯,则予以减轻处罚。

在此需要进一步解释的是,笔者之所以主张,适度扩张中止犯的认定范围有助于更好地保护刑法法益。这是因为相对于犯罪未遂、犯罪既遂而言,我国《刑法》对中止犯的处罚是具有“特殊优惠”的。当犯罪人知晓对中止犯处罚具有“特殊优惠”时,往往会基于自身利害的权衡,自动停止犯罪或者对刑法法益进行“救济”,这有助于刑法法益避免受到现实的损害或者更大的现实损害。在此意义上,有条件地扩大中止犯的成立范围,或者说有条件地扩大“特殊优惠”的范围,这将有助于刑法法益的保护。如果过度收缩中止犯的成立范围,就会缩小“特殊优惠”的范围,犯罪人往往就会将犯罪实施完毕出现犯罪既遂形态,这不利于对刑法法益的保护。

第三,有助于走出认定“共犯中的中止犯”的误区。一部分共同犯罪人已经既遂,而另一部分共同犯罪人自动放弃继续实行犯罪的,[②]这是否构成中止犯?这在学界有着不同的认识。“综合说”将主观恶性减轻作为认定中止犯的核心

---

① 例如,有论者认为,行为人对准被害人的腹部猛刺几刀,在被害人的哀求下,行为人自己开车将被害人送到医院,却告诉医生说“自己不是犯罪人,不知道是谁刺伤了被害人”,行为人仅是单纯存在将被害人送到医院的努力,这种程度的行为尚不足以认定为防止结果发生的真挚努力,所以不能成立中止犯。再如,有论者认为,明明自己可以去买解药,由于觉得路远,便指使他人去买,尽管同样阻止了被害人死亡结果的发生,但这种情况行为人不具有真挚性,不能成立中止犯。

② 比如,数人共同轮奸被害女性,被害人苦苦哀求其中一个行为人甲说自己不行了,甲见被害人确实可怜,于是放弃了奸淫。

要素，于是着眼于行为人主观恶性减轻因而承认部分共犯人构成中止犯。[①] 也有学者对此不以为然。在其看来，对自动放弃继续实行犯罪的行为人应当以既遂犯论：只有使法益躲过了所有共犯人魔爪的人，才值得作为中止犯接受减免处罚的奖励。[②]

在本书看来，"综合说"基于行为人"主观恶性减轻"之由，就认为其行为成立中止犯，这是经不住推敲的。无论如何，行为人自动停止犯罪的，并不意味着已经形成的"主观恶性"会发生变化，也不意味着其主观上的可谴责性必然会得以降低。诚如学者所指出的那样，中止行为之前发生的犯罪行为所具有的客观危害与行为人当时的主观恶性，既不可能回溯性地被减少，也不可能被消灭。[③]

与之相反的观点同样是值得商榷的。根据本书的见解，"部分共犯人自动放弃继续实行犯罪的"，是放弃对刑法法益予以进一步侵害的行为，其行为自然是值得鼓励的，应当被认定为中止犯。这既有利于对刑法法益的保护，也符合对中止犯予以减免处罚的根据，与刑法功利主义具有契合性。

---

① 参见马克昌主编：《犯罪通论》，武汉大学出版社 1999 年版，第 595 页。

② 参见李立众：《中止犯减免处罚根据及其意义》，载《法学研究》2008 年第 4 期。

③ 参见李立众：《中止犯减免处罚根据及其意义》，载《法学研究》2008 年第 4 期。

第八章　中止犯中的“自动性”研究

我国《刑法》第24条第1款规定：“在犯罪过程中，自动放弃犯罪或者有效地防止犯罪结果发生的，是犯罪中止。”该法条中的“自动”在刑法理论上被称为“自动性”（或者“任意性”），被认为是中止犯的本质特征。由于该条并没有明确什么是“自动”，以至于“在中止犯的三个特征里，最值得讨论的，也是问题最多的，就是‘自动性’（或者‘任意性’）”①。

关于“自动性”的认定问题，国外刑法理论尤其是德日刑法理论探讨得较为深入，存在“心理判断说”与“规范判断说”两种理论学说。其中“心理判断说”包含“主观说”“客观说”“折中说”“限定的主观说”。基于“心理判断说”的基本内容，已经为我国刑法学界所熟悉，这里只是介绍一下“规范判断说”。相关资料显示，“规范判断说”以德国学者罗克辛教授所主张的“犯罪人理性说”最为典型。该说立足于刑罚目的理论，认为中止犯特权的原理在于对合法性的回归、内心的逆转，“只有在这个条件下，那些承担未遂的刑事可罚性的根据才能被取消。”②就如何认定“合法性的回归”这一问题上，他提出了“犯罪人理性”的具体标准，认为只有违反罪犯理性的中止行为才具有“自动性”。即在其看来，如果行为人停止犯罪活动是其经过分析、权衡后的结果，其行为就不具有“自动性”；当行为人对犯罪行为予以不理性、不合情理放弃的，则具有自动性。例如，“行为人以为被发觉，出于理性考虑而放弃犯罪的，不具有任意性。行为人因为害怕、悔悟等原因而停止犯罪的，是违背了正常犯罪规则的非理性行为，具有自动性”③。

需要强调说明的是，“客观说”“折中说”“限定的主观说”，基于其自身的内

---

① 陈兴良、周光权：《刑法学的现代展开》（第2版），中国人民大学出版社2015年版，第288页。

② ［德］克劳斯·罗克辛：《德国刑法学总论》（第2卷），王世洲等译，法律出版社2013年版，第447页。

③ 陈家林：《外国刑法通论》，中国人民公安大学出版社2009年版，第474～475页。

在缺陷,[①]在我国刑法学界并没有产生多大的影响。在上述学说中,对我国刑法理论真正产生重大影响的是“主观说”,居于通说地位。比如,有人认为,“犯罪中止的自动性,是指行为人出于自己的意志而放弃了自认为当时本可继续实施和完成的犯罪”[②]。学者们还对通说观点作了进一步的阐述,使其更加清晰化。“犯罪中止的自动性是以犯罪分子自认为有可能将犯罪进行到底为前提的。这里的‘自认为’是犯罪分子的一种主观认识状态,而不以客观情况为转移。如果犯罪分子自认为有可能把犯罪进行到底,即使客观上其犯罪行为不可能进行到底而放弃犯罪的,仍应以犯罪中止论处。犯罪分子自认为不可能把犯罪进行到底,即使客观上其犯罪行为有可能进行到底而放弃犯罪,仍应以犯罪未遂论处”[③]。“客观上存在阻止犯罪继续的轻微事实障碍,但从一般人的立场来看,并不足以阻止犯罪的进行,但行为人选择放弃的场合,属于‘自动’中止;客观上存在犯罪继续的严重外部事实,但行为人并未认识到这一点而放弃本次犯罪的场合,属于‘自动’中止”[④]。

不过,随着我国刑法理论研究的深入,人们逐步认识到,“主观说”无法判断这里的“可能”与“不可能”,也无法处理在客观上“可能”但在伦理上“不可能”的问题,例如,行为人原本想在黑夜里抢劫他人财物,但实施暴力后发现对方是自己父亲而放弃的,是“可能”,还是“不可能”?由于上述问题的存在,以至于近些年来该说逐渐失去了应有的影响力。时下,学界较为一致地认为,“自动性”作为心理学上的行为人认识,都应当对其进行“规范检验”。可以说,近年来,我国刑法理论界在“自动性”研究上,取得了一些新的认识,大都是对“规范判断说”予以借鉴的产物,试图揭示出规范判断的实质内涵。本书的撰写旨在对上述研究现状进行反思的基础上,对“自动性”的内涵予以进一步的阐释。

一、“规范判断说”之流弊分析

(一)对中止犯中的“自动性”应当进行“目的限缩”

倡导“目的限缩”的论者认为,中止犯的“自动性”的文本含义宽泛,需要引入立法目的对“自动性”的含义进行限缩,“就中止犯的自动性而言,所谓目的限

---

① 参见张明楷:《刑法学》(第5版),法律出版社2016年版,第365页。

② 高铭暄、马克昌主编:《刑法学》(第7版),北京大学出版社、高等教育出版社2016年版,第158页。

③ 陈兴良:《本体刑法学》,商务印书馆2001年版,第512页。

④ 黎宏:《刑法学》,法律出版社2012年版,第255页。

缩就是指立足于刑法规制中止犯的立法目的来限缩自动性的含义”①。为此该论者还从不同角度论述了“目的限缩”的合理性：

1. 对中止犯的自动性进行“目的限缩”能充分体现对中止犯自动性的价值判断。在论者看来，采用规范目的会使得立法者成为价值判断的主体，能够充分体现立法者的认识和需要，“根据刑法规范的目的对中止犯自动性的文本含义加以限缩。既考虑了行为人的认识和需要，也顾及了立法者的认识和需要，因而能充分体现对中止犯自动性进行的价值判断”②。

2. 对中止犯的自动性进行“目的限缩”能够为认定中止犯自动性提供相对确定的标准和依据。论者认为，由于规范目的往往源自规范本身，因而目的限缩是符合刑法规范的立法本意的，这无疑为认定中止犯的自动性提供了法律依据。法律依据无疑更具有说服力、确定性。③

3. 对中止犯的自动性进行目的限缩有利于维护刑法的安定性。为此，论者指出，刑法规范总是体现立法目的的，因而根据立法目的进行解释能够弥补刑法规范在形式上的缺陷与不足，进而厘清刑法规范间的界限，有助于维护刑法的可预测性和安定性。④

论者在充分肯定“目的限缩”的基础上，还进一步揭示了刑法设立中止犯的立法目的，“刑法设立中止犯并且对其定性与处罚区别于未遂犯，目的在于对犯罪人的危险人格在犯罪过程中实现良性转化给予必要的褒扬与奖励。至于褒奖的力度，与惩罚的差异度成正比，与行为人的危险人格的良性转化程度直接攸关”⑤。为此论者认为，当行为人停止犯罪能够表明其危险人格由恶向善发生质的转化乃至于无再犯可能性时，才能认定“自动性”的成立。

然而，在本书看来，用立法目的来限缩“自动性”的成立范围是值得商榷的。

首先，用立法目的限缩“自动性”的成立范围，这在刑法的解释上无疑属于主观解释论的范畴。但是，主观解释在解释论上被认为是存在致命缺陷的，对此张明楷教授有着较为深刻的说明。⑥ 然而，论者无视主观解释所存在的缺陷，而用立法目的限缩“自动性”的成立范围，其做法难免有草率的成分。其实，论者所列举的“目的限缩”的意义也是微不足道的：其一，“目的限缩”虽然能够揭

① 彭文华：《中止犯自动性的目的限缩》，载《法学家》2014 年第 5 期。

② 彭文华：《中止犯自动性的目的限缩》，载《法学家》2014 年第 5 期。

③ 参见彭文华：《中止犯自动性的目的限缩》，载《法学家》2014 年第 5 期。

④ 参见彭文华：《中止犯自动性的目的限缩》，载《法学家》2014 年第 5 期。

⑤ 彭文华：《中止犯自动性的目的限缩》，载《法学家》2014 年第 5 期。

⑥ 参见张明楷：《刑法学》（第 5 版），法律出版社 2016 年版，第 29 页。

示立法者的意图,但是,揭示立法意图本身就是不科学的。一方面,刑法是成文法。刑法是通过语词表达立法精神与目的的,因此解释者应当通过立法者所使用的语词的客观意义来发现立法精神与目的,而不是根据立法者的事前或者事后的想法来发现立法精神与目的。另一方面,探求立法目的,往往探求起草者的原意,起草者便成为刑法的有效解释者。但是如此一来,这容易形成人治,而不利于法治。其二,刑法具有安定性,但是它同时必须适应社会发展的需要。换言之,论者片面追求刑法的安定性并不可取。

其次,将中止犯的立法目的设定为“对犯罪人的危险人格在犯罪过程中实现良性转化给予必要的褒扬与奖励”没有法律依据,这是主观妄断的产物。我们注意到,论者对其主张的“立法目的”所进行的论证:中止犯的自动性要求犯罪人的危险人格实现自我消解,这是实现刑罚目的的要求,是贯彻相关刑事政策的需要。但在本书看来,该论证只是对“立法目的”的理论探讨,很难说这就是“立法目的”。毕竟“立法目的”应当存在于相关法律文件(草案)之中。

最后,将中止犯的立法目的设定为“对犯罪人的危险人格在犯罪过程中实现良性转化给予必要的褒扬与奖励”在理论上也是难以立足的。其道理就在于,自动的中止并不必然反映犯罪人的危险性人格会发生良性转换。其实,犯罪中止行为只是一个片段性的概念,它只是涉及具体情形之下的具体犯罪。而危险人格则是一个持续性的概念,它涉及将来的犯罪可能。这种差异意味着,行为人在具体犯罪中是否构成中止,和他将来的危险人格是否会继续存在,是没多少内在关联的。

(二)对中止犯中的“自动性”的判断应当采用“规范主观说”

“规范主观说”我国一些学者所倡导。相关学者一方面认为,相比“客观说”和“限定主观说”,“主观说”更为合理。另一方面认为,“主观说”不是伦理动机上的悔悟或规范意识的觉醒,也不是我国学者所通常理解的心理学上的行为人认识,而必须被规范地理解。他进而将“规范主观说”的基本内容归结为两个方面:(1)判断行为人是否基于“己意”时,必须建构认定行为人“自律”的规范标准;(2)判断是否基于“己意”,必须考虑对停止犯罪行为认定为任意性并给予奖励,这是否有利于犯罪预防。[①] 换言之,在其看来,要肯定“自动性”,就必须同时满足以下两个条件:其一,行为人在内心作出放弃犯罪或防止结果发

---

① 参见周光权:《论中止自动性判断的规范主观说》,载《法学家》2015 年第 5 期。

生的自由选择时,其主观意思能够足以被评价为一定程度上的责任减少,这是中止自动性判断的心理学尺度;其二,将这种主观意思认定为基于“己意”有助于实现预防目的,这是中止自动性判断的规范维度。唯有上述两个条件同时具备,行为人停止犯罪才能被认定为“己意中止”。

“规范主观说”与“目的限缩说”在“自动性”的判断上,都反对侧重于心理考察的“主观说”,都主张对“自动性”的成立范围予以合理的限缩,这是二者相通之处。不过,“规范主观说”较之于“目的限缩说”在限缩的程度上似乎有着更高的要求:“行为人内心放弃犯罪的‘反常’意思决断能够被规范地评价为心态逆转,且有助于实现特别预防及一般预防目的时,才能认定其具有自动性”①。

不过,在笔者看来,“规范主观说”在以下几个方面还存在商榷的余地:

1. 有无设定两个“规范标准”的必要

在一些学者看来,被认定为“自动性”的行为,需要同时符合两个“规范标准”,即“自律性”标准和“预防性”标准。即当行为人停止犯罪的决定是一种“反常的决定”(如故意杀人的实行者因为同情被害人而停止犯罪的)时,就被认为具有“自律性”,而当行为人停止犯罪的决定是在“情理之中”,就被认为不具有“自律性”;当对行为人予以奖励有利于犯罪预防,行为就被认为具有“预防性”。

但在笔者看来,上述见解存有商榷的余地。其一,当行为人“自律性”地将犯罪停止下来时,在一些学者看来行为人的心态已经发生“逆转”。可问题是,既然行为人心态已经发生逆转,还有必要对其进行犯罪的特殊预防吗?为何要在“自律性”标准之外又设置“预防性”的标准呢?其二,基于“反常决定”而停止犯罪的理解为“自律性”。但何谓“反常决定”,论者并没有给出一个明确的界定。这恐怕又是一个“仁智互见”的问题。

2. “预防性”标准的依据是否合理

从持“规范主观说”的学者观点来看,其之所以为“自动性”的认定赋予“预防性”的标准,是因为其依托中止犯减免处罚的根据。在论述中止犯减免处罚根据时,该学者认为在中止犯的场合,行为人基于自动性而实施中止行为的,其责任确实有所减轻。但又考虑到责任和刑罚是紧密联系的概念,责任减少而减免其刑就是合理的。因而,除“责任减少说”之外,从刑罚目的角度理解中止犯减免处罚的根据也是必要的。②

---

① 周光权:《论中止自动性判断的规范主观说》,载《法学家》2015 年第 5 期。

② 参见周光权:《论中止自动性判断的规范主观说》,载《法学家》2015 年第 5 期。

然而在本书看来，将“刑罚目的说”作为我国《刑法》中止犯减免处罚的根据是存在重大弊端的：

其一，“刑罚目的说”无法解释我国《刑法》对中止犯减轻处罚的情况。我国《刑法》对中止犯的处罚是分两种情形的。一是对中止犯减轻处罚，二是对中止犯免除处罚。这就要求作为对中止犯减免处罚的根据应当全面涵括上述两种情形，否则就具有片面性。然而，“刑罚目的说”只是能够解释刑法为什么要对中止犯予以免除处罚的情形，而对中止犯予以减轻处罚的情形无法解释。

其二，“刑罚目的说”将“特殊预防”的目的已经实现作为对中止犯予以免除处罚的根据，本身也是存在疑问的。其道理就在于，自动的中止并不必然反映中止者人身危险性的丧失。[①] 也就是说，既然中止者人身危险性并没有必然消除，我们就无法否认对其有进行特殊预防的必要性，我们也就不宜从特殊预防的角度来探讨中止犯的处罚根据。

3. 没有“特殊预防”的必要就没有“一般预防”的必要吗？

众所周知，刑罚目的在理论上被划分为特殊预防与一般预防两个方面，“制定、适用和执行刑罚，既要考虑特殊预防，也要考虑一般预防，二者不可偏废。如果舍弃了其中的任何一个方面，都将使刑罚的目的难以实现”[②]。也就是说，从刑罚目的理论的基本常识出发，对“自动性”的认定绝对不能仅仅考虑特殊预防，还应考虑一般预防。绝不能仅仅因为行为人不具有特殊预防的必要，就想当然地认为没有一般预防的必要，进而对行为人减轻处罚甚至免除处罚。换言之，即便行为具有“自律性”，对行为人没有进行特殊预防的必要，也不一定就要对行为人进行“奖赏”，对其予以减轻处罚甚至免除处罚，还应考虑“一般预防”这一重要因素。

需要强调的是，不能简单地认为，对行为人没有特殊预防的必要就没有一般预防的必要，毕竟一般预防与特殊预防在预防对象上是完全不同的。这已经成为学界的基本认知。然而，有学者认为，“行为人既然有这种出于自发、诚挚而放弃犯罪的行为（或防止结果的努力），从特别预防的角度而言，无须以处罚行为人作为隔离或矫正手段，从一般预防而言，不予处罚也不至于引发社会大

---

① 如前所述，犯罪中止行为只是一个片段性的概念，它只是涉及具体情形之下的具体犯罪。而人身危险性则是一个持续性的概念，它涉及将来的犯罪可能。这种差异意味着，行为人在具体犯罪中是否构成中止，和他将来是否会继续犯罪，是没多少关系的。

② 赵秉志、吴振兴主编：《刑法学通论》，高等教育出版社 1993 年版，第 350 页。

众的效仿”[①]。事实上,犯罪中止毕竟是犯罪行为,若对之免除刑罚,就无法震慑效尤者。再者,只要是有犯罪行为发生,不管犯罪结果是否发生,就存在一般预防的必要性。这道理应同样适用于中止犯。

(三)对中止犯中的“自动性”的判断应当以“犯罪的理性策略”为参考

论者视野下的“犯罪的理性策略”,是指以实现广义的犯罪收益的最大化为目标的策略,也就是坚定地、最大化地实现广义犯罪收益的策略。在论者看来,中止自动性的判断标准应当以犯罪理性策略为参照:如果行为人停止犯罪只是出于犯罪谋略上的考虑,即为了实现犯罪收益最大化的“战术暂停”,便不可能属于自动中止;若根据行为人当时对犯罪情势的认知和评价,其停止决意违背实现犯罪收益最大化的策略,则具有中止的自动性。论者进一步认为,“犯罪的理性策略”具有三个方面的特征:提高犯罪收益、降低犯罪成本、坚定的犯罪意志。当行为人违背这三方面的特征而停止犯罪的,具有中止的自动性;基于这三个方面的特征而停止犯罪的,则不具有自动性。为此,论者还对上述三个特征做了如下的阐述:在“提高犯罪收益”这一特征上,论者认为以下情况都符合提高犯罪收益的理性策略,因而都不具有中止的自动性:(1)发现无法得到犯罪收益而停止犯罪;(2)为了追求更大的犯罪收益而停止原来的犯罪;(3)为追求更具实现可能性的犯罪收益而停止原来的犯罪。在“降低犯罪成本”这一特征上,论者认为这里的犯罪成本是广义的,包括为实施犯罪而在精神与物质上的付出,也包括因此而面临的精神与物质上的损失。若为了控制犯罪成本而停止犯罪,不构成自动中止。主要包括以下情形:(1)因害怕被抓捕、揭发而停止犯罪;(2)因发现犯罪成本过高而停止犯罪;(3)因发现成本更低的途径而停止犯罪。在“坚定的犯罪意志”这一特征上,论者认为,缺乏执行犯罪策略的坚定意志而停止犯罪的,具有自动性。这又包括两种情形:(1)行为人因害怕刑罚威慑而停止犯罪的;(2)行为人因为羞耻、同情、后悔或对犯罪场面的恐惧而停止犯罪的。

应该说,依据“犯罪的理性策略”所得出的某些结论是正确的,比如,因为羞耻、同情、后悔或对犯罪场面的恐惧而停止犯罪,具有“自动性”,成立中止犯。再如,发现无法得到犯罪收益而停止犯罪,不具有“自动性”。但其问题在于:

其一,“犯罪理性策略”是否真的客观存在。在论者看来,所有的犯罪人都

① 周光权:《论中止自动性判断的规范主观说》,载《法学家》2015年第5期。

是充满理性的，都是有谋略的，其犯罪是为了提高犯罪收益、其犯罪都要注重犯罪成本、其犯罪是有坚强的犯罪意志的。但这样的论断是不尽符合实际情况的，这是在将犯罪人理性高度理想化、类型化的结果，缺乏现实意义。事实上，有些犯罪人犯罪是没有什么预期收益的，往往也不计犯罪成本，有些犯罪人本身其犯罪意志就是不坚定的，不乏“懦夫”之类。由是观之，“犯罪理性策略”论是片面的，并不能对所有的犯罪人作出较为满意的解释。

其二，“犯罪理性策略”与中止犯的设立根据相悖。尽管中止犯的设立根据在学界有着不同的认识，但无论如何，“鼓励犯罪人中途停止犯罪、有效地防止犯罪结果的发生”，这应是设立中止犯的应有之意。可是，根据“犯罪理性策略”说，即便行为人“中途停止犯罪、有效地防止犯罪结果的发生”，但这是为了提高犯罪收益、降低犯罪成本或者不能显示其犯罪意志弱化，则不能成立犯罪中止。这样的结论显然难以立足，与中止犯的设立根据大相径庭。

（四）对中止犯中的“自动性”的判断应当“逐步判断”

提出“逐步判断”见解的学者认为，犯罪心理是一种复杂的现象，单纯从心理意义上认定和评价“自动性”，难以得出妥当的结论，故需要进行规范的判断，实质的标准是行为人是否回到合法性轨道，因而没有特殊预防的必要。据此，该学者认为，在判断具体的行为是否具有“自动性”时，要以犯罪中止的法律性质（免除处罚的根据）为指导，同时可以采取逐步判断的方法：首先采取“限定主观说”进行判断，在“限定主观说”得出否定结论时，再根据“主观说”采用弗兰克公式进行判断；在“主观说”得出的结论不符合犯罪中止的法律性质，或者难以得出合理结论时，再以“客观说”为标准进行判断。①

可以看出，该学者基于对“客观说”“主观说”“限定主观说”的批评，是不赞同采用“客观说”“主观说”“限定主观说”中的任何一种学说来判断某一具体的行为是否具有“自动性”的，而是主张“综合运用之”。该观点虽克服了单纯采用某一种学说来判断“自动性”的弊端，但从论者所主张的判断顺序（先是“限定主观说”，然后是“主观说”，最后是“客观说”）来看，“客观说”具有“兜底性”和“归结性”，这无疑是将其作为判断行为是否具有“自动性”的最后标准。换言之，在“自动性”的判断上，论者其实是在主张“客观说”的。这难免会存在论者本人所直陈的客观性的弊端，“其判断标准与‘自动性’这一主观要素不相符

---

① 参见张明楷：《刑法学》（第5版），法律出版社2016年版，第366页。

合。换言之,是否具有自动性,只能根据没有既遂的原因对行为人本身产生的影响进行判断,而不能根据没有既遂的原因对一般人产生的影响进行判断"①。此为其一。其二,该学者主张的"判断顺序"虽然非常明确,但是该"判断顺序"的依据是什么?对此语焉不详。其三,论者将犯罪中止的法律性质(免除处罚的根据)理解为"没有特殊预防"的必要,也是值得商榷的。这是因为根据我国《刑法》的规定,是否成立中止犯不可或缺的条件是是否出现了既遂意义上的危害结果。也就是说,即便行为人自动停止了犯罪行为,行为人没有特殊危险性,没有特殊预防的必要,但是当其行为造成了上述意义上的危害结果,也是不能成立中止犯的。由此看来,论者将中止犯的法律性质(免除处罚的根据)理解为"没有特殊预防"的必要在法律上并无任何根据。

二、对"自动性"的再诠释

如前所述,如何理解和认定"自动性",这在国外理论上存在着不同的学说。其中,对我国刑法理论和司法实践产生重大影响的是"主观说"。"主观说"的基本内容是,行为人自认为本可以继续实施和完成犯罪,出于本人意志而停止犯罪的具有自动性。弗兰克公式"能达目的而不欲为中止,欲达目的而不能为未遂"的表述就是最为精确的概括。该说还进一步认为,如果行为人的主观认识和客观事实不一致,以行为人的认知为标准,只要行为人相信有条件完成犯罪,即使在他人看来或者客观上已不可能完成,仍具有自动性;如果行为人自认为不能继续完成犯罪,即使在他人看来或者客观上还能继续,亦不具备自动性。②

在本书看来,"主观说"在认定"自动性"的基本方向上是可取的,因为所谓"出于本人的意志"本来就是属于主观的范畴,自然应当从主观上予以阐释,这完全符合刑法的文本意义。当然,该说也存在论者所论述的一些问题或者说弊端,但这些问题和弊端是可以补救、解决的。换言之,问题和弊端的存在并不能从根本上颠覆其合理性。当下,"主观说"所遭受的指责大致有以下几个方面:

1. 对中止自动性的判断不全面,可能过于扩大中止犯的成立范围。在批评者看来,只要停止犯罪是被告人自己决定的,或者只要行为人有停止犯罪的内心动机就被认定为中止犯,这是不够妥当的,会不当地扩展中止犯的成立范围。

但是本书对上述看法实不敢苟同。其道理就在于,扩大或者缩小中止犯的

① 张明楷:《刑法学》(第5版),法律出版社2016年版,第365页。

② 参见陈兴良主编:《刑法学》(第3版),复旦大学出版社2016年版,第123页。

成立范围本身是不存在问题的。换言之，我们不能以“中止犯的成立范围”的“宽窄”如何来判断学说的合理性与否。

2. 仅仅依靠行为人停止犯罪的内心意思来决定是否成立中止，存在着过于依赖被告人口供的缺陷。但在本书看来，行为人停止犯罪是否基于内心的意思，取决于证据规则的合理运用，是刑事诉讼中的证明问题，这与“主观说”本身没有多少关系。其实，“限定主观说”也存在这样的问题，比如，行为人停止犯罪是否基于悔改、忏悔、同情、怜悯，这同样要借助于被告人的口供。我们是否因此就否定“限定主观说”的合理性呢？再者，批评者所主张的“规范主观说”同样存在“依赖被告人口供的缺陷”。尽管在批评者看来，仅凭“内心意思”的判断不足以认定“自动性”，但其也承认“内心意思”的判断，是“规范判断”的前提。也就是说，批评者所倡导的“规范主观说”同样离不开停止犯罪“内心意思”的判断。批评者是否因此就放弃“规范主观说”呢？

3. “能”与“不能”难以判断。批评者认为，“主观说”面临的问题是，如何判断“主观说”中的“能”与“不能”？在客观上“能”但在伦理上“不能”的，如何处理？例如，儿子原本想在黑夜里抢劫他人财物，但实施暴力后发现对方是自己父亲而放弃的，是“能达目的而不欲”，还是“欲达目的而不能”？

客观而言，上述问题的解决比较棘手，但并非无法解决。在本书看来，这里的“能”应当进行狭义的理解，即仅仅指客观上的“能”。这是因为“犯罪中止”与“犯罪未遂”是相对应的概念。既然“犯罪未遂”是属于客观上的“不能”，那么与之对应的“犯罪中止”就应该属于客观上的“能”，此为其一。其二，对于客观上“能”但在伦理上“不能”的行为，认定为“自动性”，符合法益保护主义。法益保护主义认为，刑法的任务是保护法益，犯罪被限定为对法益的加害行为；单纯违反伦理秩序的行为不得以犯罪论处。也就是说，伦理上的“能”与“不能”的行为，在刑法上并无“能”与“不能”的意义。

需要强调指出的是，在“自动性”的认定上，本书虽然倾向于“主观说”，但这并不意味着“主观说”不存在任何问题。比如，对客观上不能完成犯罪，但行为人自认为能够完成犯罪而停止犯罪的情形，“主观说”认为不影响“自动性”的成立。但在本书看来，上述认识是值得商榷的。如此理解并不符合对中止犯减免处罚的根据。

众所周知，我国《刑法》对中止犯予以减免处罚是有功利主义考量的。《刑法》之所以要对中止犯减免处罚，是基于在特定场合中犯罪分子完全控制着犯罪局面，公(私)救济力量无以发挥作用的这一基本事实。不难理解，当客观上犯罪无法完成，存在着制约犯罪完成的外在因素，《刑法》是不可能通过减免处罚的“优惠”，来鼓励犯罪分子中途放弃犯罪或者有效地防止犯罪结果发生的。因而，在本书看来，对客观上不能完成犯罪，但行为人自认为能够完成犯罪而停止犯罪的情形，不宜被认定为“自动性”，不得被认定为“中止犯”。

在“自动性”的认定上，值得研究的问题还有，当行为人自认为能够完成犯罪，且客观上也能够完成的犯罪的，是否一律认定为其具有“自动性”呢？对此应做否定的回答。在本书看来，至少在以下情形中不得认定行为具有“自动性”：

1. 行为人在实施犯罪的过程中，发现可以通过合法的替代行为来实现其预期收益，从而放弃犯罪的情形。[①] 在该情形中，刑法所保护的特定法益仍然处于危险之中，行为人并没有采取某种措施来防止危害结果的进一步发生。其行为在刑法上不值得鼓励，并不符合刑法对中止犯减免处罚的根据。是故，其行为便不具备“自动性”。

2. 行为人因犯罪欲望提前被满足，继续实行犯罪已变得没有任何意义，从而放弃犯罪的情形。[②] 在该情形中，“犯罪欲望提前被满足”这一事实的存在，导致刑法所要保护的法益已经处于安全状态，刑法就没有必要用减免刑罚处罚的方式来鼓励行为人停止犯罪。因而，在本书看来，行为人的行为不具有“自动性”。行为人在实施某一犯罪过程中另起犯意，为实施其他犯罪而放弃原本犯罪之情形。在该情形中，行为是否具有“自动性”关键是要比较两个犯罪法益的重要性程度。如果两个法益同等重要，或者原本犯罪法益的重要程度远不如另

① 比如，被告人基于性侵的意思对被害人实施暴力袭击。在袭击过程中，被害人许诺只要被告人停止性侵，她将自愿和被告人发生关系。被告人遂作罢。在二人“聊天”过程中，恰有两个路人经过此地，被害人于是大声叫喊而获救。毫无疑问，在本案中，行为人是能够完成犯罪的。但能否据此就认定其行为具有“自动性”呢？在本书看来，本案中的被告人并没有消除与被害人发生性关系的意念，当被告人发现真相后仍然会对被害人进行性侵害。

② 比如，甲曾承诺要将其房子遗赠其保姆。为能尽早得到遗产，该保姆便在给甲所开的药物加入慢性毒药，意图毒死甲。后来，甲提前将房子送给了该保姆，该保姆遂停止了投毒行为。根据“主观说”，行为人是在没有任何心理压力的情形之下而停止犯罪的，因而其行为就应具有“自动性”。可在本书看来，行为人之所以停止犯罪，是因为其提前得到了甲的房产。该事实的存在导致甲的生命已经处于安全状态，刑法就没有必要用减免刑罚处罚的方式来鼓励行为人停止犯罪。因而，在本书看来，行为人的行为不具有“自动性”。

一犯罪法益的重要程度，其行为便不具有“自动性”①。

三、几则典型疑难案件中的“自动性”分析

1. 附条件放弃犯罪的。附条件放弃犯罪是指行为人在实施犯罪的过程中，附加特定条件而停止现行犯罪的情况。例如，甲男欲对乙女实施强奸。乙女急中生智，许诺只要甲男现在对其不实施性侵，以后可做甲男的女朋友。甲男遂放弃了此次强奸行为。甲男的行为便属于“附条件放弃犯罪”。针对附条件放弃犯罪，有学者认为，应认定为犯罪未遂，不具有“自动性”。其理由是，行为人在形式上是出于自愿，但本质上是其受到“交换条件”因素的影响，行为人的反社会人格并没有发生实质变化，一旦条件消失，行为人继续实施犯罪是极有可能的。② 本书亦赞同将甲男的行为认定为犯罪未遂的观点。但是，这与甲男反社会人格的有无并无关联。本书之所以将甲男的行为认定为犯罪未遂而否认其“自动性”，这是因为基于乙女的“许诺”，甲男放弃了性侵害，这就使得乙女的性权益不再面临受到侵害的现实危险。既如此，刑法就没有必要给予其某种“优惠”“奖励”，承认其“自动性”，否则这将不符合对中止犯减免处罚的根据。

2. 基于特定惊恐而放弃犯罪的。基于特定惊恐放弃犯罪，是指行为人在实施犯罪的过程中出现了特殊异常情况，继而其产生恐惧、惊愕的心理并停止犯罪的情况。例如，甲基于杀人的犯罪故意对乙进行砍杀。第一刀砍下后，乙便被砍得血流不止且举止异常，甲因惊恐而停止继续砍杀。对这种情况，有学者认为应当认定为犯罪未遂，否认其“自动性”。其主要理由是，行为人放弃犯罪是因为特殊异常情况的出现，待异常情况消失后完全有可能进一步实施犯罪。③ 即在论者看来，在上述情形中，行为人的反社会人格并没有发生改变。本书虽然赞同对甲的行为应当以犯罪未遂论处的结论，但不能接受论者所持的上述理由。在本书看来，甲的行为之所以应被认定为犯罪未遂，不具有“自动性”，这是

---

① 比如，被告人为杀害其前妻及其新男友而埋伏在某一停车场。被告人先看见的是新男友，便用随身携带的凶器猛刺其小腹，这时其前妻也来到现场，被告便扔下新男友去追其前妻，于是新男友得以幸存下来。在本案中，被告人的行为是否具有“自动性”？根据“主观说”似乎可以得出肯定的结论来。但在本书看来，新男友的生命法益与前妻的生命法益具有等价性，前妻的生命法益并不值得刑法特别保护。因而，刑法并不鼓励被告人放弃对新男友的侵害，对被告人减免处罚并不能保护更重要的刑法法益。在此意义上，被告人的行为不具有“自动性”。顺便指出的是，行为人放弃重要的法益侵害而去实施轻微法益侵害的，其行为应当具有“自动性”。比如，行为人放弃对甲的杀害而对乙进行伤害的，其行为就具有“自动性”。

② 参见彭文华：《中止犯自动性的目的限缩》，载《法学家》2014 年第 5 期。

③ 参见彭文华：《中止犯自动性的目的限缩》，载《法学家》2014 年第 5 期。

因为行为人在实施犯罪的过程中出现了特殊异常情况或者说“意志以外的因素”,使得甲产生了心理障碍,最终致使其不能完成犯罪。

3. 基于厌恶、嫌弃而放弃犯罪的。基于厌恶、嫌弃放弃犯罪,是指行为人在实施犯罪的过程中,出现意外的因素,以致其对犯罪的继续实施产生了厌恶、嫌弃情绪,遂放弃犯罪的情况。例如,甲男发现走在其前面的乙女身材“窈窕”,遂冲上前去意图对乙女实施强奸,后发现乙女容貌“怪丑”而作罢。甲男的行为是否具有“自动性”? 这在学界有着较大的争议。有学者认为该种情况应当被认定为犯罪未遂,不具有“自动性”。其理由在于,引起行为人产生厌恶、嫌弃情绪的因素并非意料之中,故其停止犯罪并非己意,其反社会人格并没有出现质的变化。[①] 对此本书不予苟同。本书认为,犯罪过程中所出现的异常情况,使得甲男产生了厌恶、嫌弃情绪,该情绪相对于其完成犯罪的意志而言,无疑属于“意志以外的”因素。正是“意志以外的因素”阻断了其完成犯罪,故而对甲男的行为应当认定为犯罪未遂。这与甲男的反社会性人格是否发生变化没有关系。

在本案的定性上,还有一种较为普遍的看法,认为应当具体情况具体分析[②]:如果引起嫌恶之情的事实能够足以影响行为人继续实施犯罪行为,如强奸者看到行为对象正来月经而放弃奸淫行为,宜否认自动性;如果不影响行为人继续实施犯罪行为,如强奸者看到行为对象神情呆滞而放弃奸淫行为的,宜认定为自动性。本书不赞同该见解。这是因为无论什么样的厌恶、嫌弃情绪,只要它能促使行为人放弃犯行,就应该属于犯罪意志以外的因素,没有必要予以进一步的划分。

4. 因侵犯亲友、熟人而放弃犯罪的。因侵犯亲友、熟人等放弃犯罪,是指行为人实施犯罪的过程中,发现侵犯的对象是亲朋好友或者熟人而自动停止犯罪的情况。例如,丙于某晚对丁拦路抢劫。在抢劫的过程中竟发现丁是自己极其敬仰的大恩人,便停止了下一步的犯罪活动。再如,甲于某晚拦路抢劫乙,在抢劫过程中发现乙是自己见过的熟人,便停止抢劫逃走。有学者认为,对上述两类案件应当予以区别对待。即对丙、甲分别以犯罪中止、犯罪未遂论处。其理由是丙具有利他的情感,而甲没有。[③] 但在本书看来,上述看法是值得商榷的。这是因为将“利他的情感”的有无作为犯罪未遂与犯罪中止相区别的标志并无法律依据。再者,论者在认定“利他情感”的有无是以犯罪对象是否为被告人的

---

① 参见彭文华:《中止犯自动性的目的限缩》,载《法学家》2014 年第 5 期。

② 参见马克昌:《比较刑法原理》,武汉大学出版社 2002 年版,第 606 页。

③ 参见彭文华:《中止犯自动性的目的限缩》,载《法学家》2014 年第 5 期。

“恩人”为标准,其根据是什么? 我们不得而知。在本书看来,针对上述两种情形没有必要区别对待,都应当以犯罪中止论处。这是因为刑法不能因为被害人是被告人的亲友或者朋友,就放弃对其刑法法益的保护。也就是说,当其刑法法益面临现实的危险,无论法益的主体是什么,刑法都应鼓励被告人放弃犯罪。当被告人能够放弃犯罪行为的,就应当认定其行为具有“自动性”。

5. 担心被发觉而放弃犯罪的。对于担心被发觉(指担心当场被发觉,而不是指担心事后被发觉)而放弃犯罪活动是否具有“自动性”这一问题,在德日刑法理论中有不同的主张。[①] 有学者提出,对此需要具体分析:担心被当场发觉而放弃犯罪的,不具有自动性;担心被当场发觉而使自己名誉受到损害,而放弃犯罪的,则具有自动性;担心被当场逮捕而放弃犯罪的,不具有自动性;担心将来被告发、拘捕与受惩罚而放弃犯行的,则具有自动性。[②] 笔者赞同该学者分析。但其分析是“例举”式的分析,难免存在不够严密的问题。本书则进一步认为,担心被发觉而停止犯罪活动的是否具有“自动性”,其关键在于担心被发觉后的事实是否足以及时阻止行为人继续实施犯罪。如果行为人担心有人走来将会对其犯罪行为予以及时阻止而停止犯罪的,不具有“自动性”;如果行为人只是担心有人走来但并不担心其会对犯罪予以及时阻止而停止犯罪的,则具有“自动性”。

6. 基于目的物的障碍而放弃犯罪的。这是指行为人在实施财产犯罪时,因为没有发现当初预想的目的物而放弃犯罪的情况。这又可以分为两种情形:情形之一,当行为人意图盗窃价值较高的财物,而对价值不高的财物不予窃取的。对此种情形,学者的意见不太统一。[③] 在笔者看来,“价值不高的财物”虽然不符合行为人的预期,但是当其达到值得刑法保护程度的,而行为人对其放弃盗窃的,其行为具有“自动性”。这样认定利于对刑法法益的保护。虽然对其则不应当以犯罪论处,但可依照“治安管理处罚法”予以行政处罚。情形之二,行为人意图窃取特定财物,但不存在特定财物的。比如,行为人以窃取现金的意图进入女性宿舍,发现宿舍内只有女性衣物没有现金,就没有窃取财物。对此种情形,有学者认为应当以犯罪中止论处。[④] 但在笔者看来,对此种情形也应当具体情况具体分析:当宿舍内的女性衣物达到“数额较大”值得刑法保护的,应当

① 参见马克昌:《比较刑法原理》,武汉大学出版社 2002 年版,第 606 页。
② 参见张明楷:《刑法学》(第 5 版),法律出版社 2016 年版,第 368 页。
③ 参见张明楷:《刑法学》(第 5 版),法律出版社 2016 年版,第 368 页。
④ 参见张明楷:《刑法学》(第 5 版),法律出版社 2016 年版,第 368 页。

以犯罪中止论处。否则，应当以无罪论处，但对其可依照“治安管理处罚法”予以行政处罚。

7. 基于被害人不符合行为计划而放弃犯罪的。这是指行为人在实施侵害个人专属法益的犯罪时，因为发现对方不是自己所要侵害的对象而放弃犯罪活动的情况。例如，甲想杀害仇人乙，在瞄准对方正要扣动扳机时发现对方不是乙而是他人，从而放弃了犯罪活动。对此种情形如何定性？有学者认为，甲的行为应当以犯罪未遂论处，不具有“自动性”。其根据在于，在这种情况下行为人放弃犯罪活动并不能表明甲已经回到合法性的轨道，对其仍然有特殊预防的必要性。但在本书看来，对甲虽然应当按照犯罪未遂处理，不具有“自动性”。但其理由在于犯罪过程中出现了“意志以外”的原因（犯罪对象错误），使得行为人没有必要去追求既遂意义上的危害结果，从而导致其完成犯罪没有必要。这与“特殊预防”并无关系。

8. 担心、害怕事后被告发而放弃犯罪的。有学者认为，是否具有自动性，需要根据情况而定：对于公然实施的暴力犯罪而言，具有自动性；对于秘密进行的犯罪而言，则不具有自动性。为此论者还作了如下分析：行为人如实施的是抢劫、强奸、绑架、公然杀人、伤害等暴力性犯罪，其在犯罪过程中遭到被害人的斥责、警告而放弃犯罪的，应当具有“自动性”。其理由是，此类犯罪的实施具有公然性，对被害人的斥责、警告并不避讳；行为人如实施的是盗窃、诈骗、贪污、受贿等非暴力犯罪，其在犯罪过程中遭到被害人的斥责、警告而放弃犯罪的，应当不具备“自动性”。其理由是，此类犯罪大都是秘密进行的，一旦发现，行为人便会遭受较大的不利后果。[①] 但在本书看来，对上述犯罪进行区别对待的分析是值得商榷的：如此处理会出现对抢劫，强奸等性质严重犯罪之处罚“过宽”，而对盗窃、诈骗等性质不够严重犯罪之处罚“过严”的现象，这不符合宽严相济刑事政策的基本要求。事实上，诸如“斥责、警告”之类的因素均属于阻止犯罪活动继续实施的轻微障碍，它并不足以阻止犯罪活动的继续进行。是故，当行为人基于“斥责、警告”之类因素的出现而选择放弃犯罪活动时，对其不应当区分犯罪性质的轻重，均应认定该行为具有“自动性”。

---

① 参见黎宏：《刑法学》，法律出版社 2012 年版，第 255 页。

第九章 “犯罪着手”问题研究

“犯罪着手”是我国刑法理论中的重要概念,其具有区别预备犯和未遂犯的基本功能,对其进行科学的界定对我国司法实践具有很强的实践意义。因而,其也就成为犯罪停止形态理论研究中无法回避的问题之一。然而,在本书看来,我国刑法理论对“犯罪着手”的研究还不尽如人意,存在着不少认识上的误区,亟须进一步的研究。

一、“犯罪着手”的判断标准研究

在“犯罪着手”判断标准这一问题上,德日刑法理论中历来意见纷呈,有“主观说”“形式客观说”“实质客观说”“折中说”之争。[①] 众所周知,我国刑法理论历来强调“主客观相统一”是认定犯罪的基本原则,我国刑法理论在犯罪着手的问题上自会贯彻这一原则,是不可能将主观方面或者客观方面予以绝对化的,而是会充分考虑到犯罪的各个方面,不会存在“抓住一点,不计其余”的弊端。因而,我国刑法学在“犯罪着手”问题上,并不存在主观说和形式客观说的理论土壤,由此也就不会存在德日刑法理论中的上述争议。

从笔者所搜集的文献材料来看,我国刑法理论就“犯罪着手”的争论主要涉及以下三个方面:

其一,在犯罪着手的判断中,是客观要素(行为的构成要件定型性、法益危险性)占主导地位,还是主观要素(犯罪的意图、犯罪的计划)占主导地位?在此问题上,有学者认为主观要素只是据以确定行为所威胁法益的性质进而确定行为属于哪个罪名着手的主观素材。有学者则认为主观要素具有独立的意义,而不仅仅是判断客观危险的材料。按照后一种意见,“犯罪着手”应能够反映行为人的主观犯意。如果一个行为不能直接反映行为人的主观故意,则不能认定为

---

① 参见张明楷:《未遂犯论》,法律出版社、成文堂1997年版,第50页以下。

犯罪的着手。[①]

其二,行为对法益的危险达到何种程度才能够认定为犯罪的着手,是抽象的危险即可,还是危险必须达到现实、紧迫的程度?[②]

其三,“形式客观说”“实质客观说”之间是什么关系?我国传统观点被认为是“形式客观说”。传统观点认为,犯罪着手是指行为人开始实施刑法分则具体犯罪构成要件中的犯罪行为。但该观点遭到了“实质客观说”的激烈批判。认为其存在不少问题:难以将犯罪未遂与犯罪预备区别开来;会扩大或者缩小未遂犯的处罚范围;忽视了行为人的主观意图;等等。[③] 据此,“实质客观说”认为在发生侵害法益的具体危险的事后,才是实行的着手。[④] 该观点已经成为学界有力的观点。

第一个方面的问题,涉及的是对“犯罪着手”的判断,要不要考虑行为人的主观要素的问题。对此,我国学者较为一致地认为,判断实行行为的危险性不能摆脱行为的主观内容而仅凭客观情况予以判断。对此笔者是赞同的。即对“犯罪着手”的判断应当充分考虑行为人的主观要素。这是因为,实行行为是受主观意图、计划支配的行为,犯罪人的主观意图、计划决定着客观行为的发展方向和侵害目标,从而决定行为的基本性质。完全离开行为的主观意图、计划,而试图能够确定实行行为的性质,是无法想象的。因此,在犯罪着手的认定上,当然也应当考虑成立犯罪所必要的主观要素。如“为了盗窃枪支而伸手接近枪支的行为”。该行为相对于盗窃枪支罪而言,是具有导致枪支被盗的现实危险的行为,但是相对于意图取得枪支后再进行抢劫的犯罪而言,该行为就不具有引起财物被抢的现实危险性。所以,在判断犯罪着手时,应当考虑行为人的主观要素。在此需要强调指出的是,在“犯罪着手”判断中,主观要素的作用是,通过主观要素和客观行为的结合,来判断实行行为的基本性质,而不是如“主观说”所认为的那样,将犯罪的“着手”理解为主观意图的外化,以客观行为为辅助材料来判断主观犯罪意图的存在与否。一言以蔽之,同样的客观行为在不同的主观意图支配下实施可能具有不同的性质。这就决定了我们在犯罪着手判断的问题上,首先要考察行为人的主观意图究竟是什么?当然,对超出主观意图之外的因素,诸如行为人的主观恶性、犯罪计划等,则不必也不应当在考虑的范围

---

① 参见孙国祥:《刑法基本问题》,法律出版社 2007 年版,第 315 页。

② 具体争论请参见后文部分。

③ 参见张明楷:《刑法学》(第 5 版),法律出版社 2016 年版,第 205 页。

④ 参见张明楷:《刑法学》(第 5 版),法律出版社 2016 年版,第 206 页。

之内。

相对于第一个方面的问题而言,第二个方面的问题就显得更为复杂,成为"犯罪着手"理论争议中最为集中的问题。从大的方面来说,有"形式客观说"与"实质客观说"之争。在"形式客观说"内部又有"构成要件定型说"与"密接相关行为说"之分;在"实质客观说"内部又有"具体危险说"与"抽象危险说"之别。

从笔者掌握的资料看,我国学者关于这一问题主要有两种观点:

一是具体的危险说。该说认为,构成犯罪着手应当是行为开始对刑法保护的法益造成"紧迫、具体、现实、直接"的危险或威胁。如有的学者指出,"实行行为只能是具有法益侵害的紧迫危险性的行为;行为人开始实施这种行为时,就是实行行为的着手"。① "所谓实行的着手,就是开始实施行为人所追求的、具有引起某种犯罪构成结果的现实危险的行为。"②"既然刑法规范的任务是保护社会生活中的重要利益,故对法益只有抽象危险性的行为没有必要处罚,当法益受到具体的危险之威胁是直接而又紧迫时,才应认定实行的着手。"③

二是抽象的危险说。该说认为,认定犯罪着手行为不必达到紧迫、具体危险的程度,只要对保护法益形成抽象的危险即可。如有的学者指出"只要行为人所实施的客观行为给刑法的保护客体造成抽象的危险,在客观上就能够认定为着手实行,而不需要必须对刑法保护客体造成具体危险。"④实行行为作为犯罪进入未遂阶段的重要标志,它所具有的不是所谓的侵害法益的紧迫危险性,而是从一般人的角度来看抽象的危险性。⑤

在本书看来,将"犯罪着手"理解为具有急迫现实危险的行为并不可取。依据如此的理解,并不是行为具有法益的危险性就是着手,而是当危险达到了一定程度的才是着手。从逻辑上看,"具体危险说"对犯罪着手的把握肯定会稍晚于"抽象危险说"。然而,如此理解就会面临这样的问题:一方面承认犯罪着手是犯罪实行的起点,另一方面又认为"危险达到一定程度",即当实行行为实施到一定程度时才是犯罪的着手。其理论前后显然是矛盾的。再者,其主张"只有危险达到了一定的程度"的行为才是犯罪的着手,方具有刑事可罚性。这就

① 参见张明楷:《刑法学》(第 2 版),法律出版社 2003 年版,第 292 页。
② 黎宏:《刑法总论问题思考》,中国人民大学出版社 2007 年版,第 430 页。
③ 郑泽善:《刑法总论争议问题比较研究》,人民出版社 2008 年版,第 392 页。
④ 郑军男:《不能未遂犯研究》,中国检察出版社 2005 年版,第 79 页。
⑤ 参见陈家林:《不能犯初论》,中国人民公安大学出版社 2005 年版,第 204 页。

意味着未达到一定程度的“实行行为”将不具有刑事可罚性。然而,这是不够合理的:对法益威胁具有间接性的预备行为尚具有刑事可罚性,较之预备行为对法益更具有威胁性的实行行为岂有不具有刑事可罚性之理?再者,将“犯罪着手”理解为具有急迫现实危险的行为有违于犯罪着手理论的初衷。犯罪着手理论旨在解决预备犯与未遂犯如何区分的问题,而不在于解决“可罚的未遂犯”“不可罚的未遂犯”“不能犯”之间如何区分的问题。后者的区分应依据其他理论(不能犯理论、实质的构成要件理论、可罚的违法性等理论)去解决。换言之,将“犯罪着手”理解为具有急迫现实危险的行为,这是在赋予犯罪着手理论不必要的研究课题。在此意义上,确定犯罪着手,其意义就在于给未遂犯的成立寻找标准。一旦离开了“未遂犯成立界限”的实质内容,犯罪着手就不再具有任何实际的实践意义。将犯罪着手理解为具有急迫现实危险的行为,容易将构成要件的行为(实行行为)一分为二,将前半段的实行行为划入预备行为。这是因为在其看来尽管某行为在性质上是属于构成要件行为但只要它还没有产生急迫现实危险性就应当属于预备犯的范畴。这不禁会让人怀疑:将“犯罪着手”理解为具有急迫现实危险性的行为,这到底是在寻找未遂犯的着手时间还是在寻找危险结果的出现时间?

在刑法理论上,刑法分则所规定的构成要件行为被认为是实行行为的定型,符合构成要件的行为具有法定的抽象危险性。因而,在犯罪着手的认定上,本书赞同抽象危险说。只是该说的问题在于,它并没有进一步解释某行为在什么情况下会具有“抽象危险”。这就成为该说的诟病之所在。在本书看来,当行为人所实施的行为与危害结果之间存在着刑法上的因果关系时,即可认为具有“抽象危险”。换言之,当行为人所实施的行为具有包含着危害结果发生的根据和内容,具有引起危害结果发生的内在属性,能够合乎规律地引起危害结果发生的,其行为就属于犯罪着手了。

需要进一步指出的是,如果将“犯罪着手”理解为具有急迫现实危险的行为,那么在解释“隔离犯”“间接正犯”的着手时将存在一些问题。所谓“隔离犯”,是指行为与结果的发生之间在时间、场所上存在间隔的犯罪。例如,行为人以毒杀的意图,将下了毒药的白酒,邮寄到被害人住宅,被害人因饮酒而死亡的情形。在上述情形中,行为与结果的发生之间有着时间上、场所上的间隔,在理论上就被称为“隔离犯”。在“隔离犯”着手的认定上,理论上历来就有“寄送主义”“达到主义”之争。前者认为其着手时间是被邮寄的毒药发送时,后者则认为只有达到毒酒被对方饮用或者对方可能饮用的状态时,才是犯罪着手。

“达到主义”无疑是将“犯罪着手”理解为具有急迫现实危险的行为。可是，如此理解会存在这样的问题，即“隔离犯”是否着手将取决于第三人的行为，不再取决于行为人的行为。这显然是不可思议的。比如，在毒药寄送的过程中，邮局人员不小心将其毁坏，则其行为将不具有急迫现实的危险性，不成立犯罪着手；相反则成立犯罪着手。如此结论，难以为人们所接受。

“间接正犯”也存在类似的问题。所谓“间接正犯”，就是利用他人实施犯罪的情况。例如，甲让没有刑事责任能力的乙窃取了他人的财物。如果坚持将“犯罪着手”理解为具有急迫现实危险的行为，那么“间接正犯”的着手就应当是被利用者的行为具有引起结果发生的现实危险或者紧迫的危险。利用者开始实施被利用者的行为，以及被利用者开始实施犯罪行为时，都不能认为“间接正犯”的着手。可是，上述理解带来的问题是，使得“间接正犯”着手完全依附于被利用实施的行为是否已经“着手”。这样会使得“间接正犯”着手的判断完全失去了独立性。

需要强调的是，将犯罪着手仅仅理解为“犯罪实行行为”的一部分，并不可取。有学者认为，犯罪着手是实行的起点，但不是预备的终点，“犯罪着手是实行具体犯罪构成客观行为要件的起点。它不是介于犯罪预备阶段和实行阶段之间的一个独立的阶段或点，而是实行阶段和实行行为本身的起点”①。该论者还进一步明确了以下几点：(1)犯罪着手是实行行为的一部分，而不是与实行行为紧密连接几乎不可分割的行为。(2)犯罪着手不是属于预备阶段的预备行为的终了行为，而是实行阶段实行行为的开始。犯罪着手的出现既是确定犯罪已开始实行的标志，也是宣告预备阶段和预备行为已经终了的标志。对此，本书不敢苟同，这是因为在一般情况之下，预备行为与实行行为固然是相互衔接的，预备行为与实行行为之间并不存在中间地带。但也有例外，即存在预备行为完成后，并未马上进入实行的情况，如对被害人进行的“尾随行为”“守候行为”。需要指出的是，本书将犯罪着手理解为不限于实施符合构成要件的行为，而是将其扩展至与符合构成要件的行为紧密相接的行为，这是否会存在“形式客观说”的弊端？在“形式客观说”内部，有学者主张不仅实施符合构成要件的行为是犯罪着手，而且实施与符合构成要件的行为“有密接关系的行为”也认为是犯罪着手。② 但对此认识，学界不乏批判的声音：“扩张着手的范围到实施与实行行为密接的行为时，很容易使得概念不适当地变得暧昧，恐怕要招来预备、阴谋

① 高铭暄：《刑法专论》（上编），高等教育出版社2002年版，第310页。

② 参见［日］植松正：《刑法概论Ⅰ总论》（再订版），劲草书屋1974年版，第315页。

与未遂区别的困难吧！因为毕竟要进一步明确到何处才是与实行行为密接的行为。这样，就应该彻底根据实行行为的开始是否存在来决定着手的有无”①。但在本书看来，上述疑虑显然是因为在理论上没有能够揭示出“有密接关系的行为”的真正内涵。但这不足以否定其合理性。这是因为犯罪的预备行为都具有刑事可罚性，以犯罪论处。而较之更进一步，社会危害性更为严重的行为却不能以犯罪论处。这显然具有极大的不合理性。再者，将犯罪着手限定符合构成要件的行为，将会出现对刑法法益的保护不够周延的问题。例如，甲以故意杀人的意图，用手枪已经瞄准被害人的行为，将直接立即破坏相关的刑法法益，该行为很显然是一个应受刑罚处罚的行为。再如，在抢劫罪中，如果被告人已经手持武器尾随到受害人身后，倘若没有其他因素介入（如警察的干预）便可以立即实施抢劫行为，该行为很显然也是一个应受刑罚处罚的行为。

基于上述分析，本书认为，犯罪着手行为应当包括两部分内容：介于实行行为与预备行为之间的“犯罪着手”、作为犯罪实行行为组成部分的“犯罪着手”。换言之，开始实施构成要件的行为固然是“犯罪着手”行为，与构成要件行为紧密相接的行为，同样也应当被理解为犯罪着手。

随之而来的问题在于，何种性质的行为是“与构成要件行为紧密相接的行为”或者说该种性质行为的基本特征是什么？对此本书认为，该行为的基本特征是：与构成要件行为之间存在时间上、地点上的接近性；在成功实施该行为的场合，对于实行行为的实施，便不存在其他可成为障碍的情形，或者说，该行为的实施可以使得行为人排除各种干扰去进一步实施构成要件行为。为了进一步明确该观点，下文结合几个具体案例予以阐释：

案例1：甲因不满邻居乙将车子停在其门前，双手持菜刀一把及铁管一支到乙的住家门前想要和乙理论。乙不予理睬，甲即持铁管击破玻璃门上之玻璃，并扬言要杀害乙。乙于是跑上二楼打电话报警，并跑出家中。甲于是在后追赶约三四百米时，即被警察查获。

在本案中，甲对乙进行追赶的行为本身并不属于构成要件行为（故意杀人罪的实行行为），也不属于故意杀人罪的预备行为。但是该行为与符合构成要件的故意杀人罪的实行行为在时间与空间上关系紧密。其相对于故意杀人罪的预备行为而言则更具有严重的社会危害性，因而也就更具有刑事可罚性。在此意义上，该性质的行为应该理解为犯罪着手。

---

① ［日］日本刑法学会编：《刑法讲座》（4），有斐阁1973年版，第5页。

案例 2:甲与乙是邻居关系,但相处的并不和谐。某日,二人因为琐事发生了争执。甲遂产生与乙全家同归于尽的念头,便用汽油泼在自己的身上及乙的房屋墙壁上,并试图用打火机点燃汽油。但是因为打火机受潮未能点着,又从身上取出另一个打火机试图对汽油进行引燃。这时其父亲赶来将甲拖到马路上。当地警察也闻讯赶来,并将其扭送到公安机关予以处理。

在本案中,甲所实施的行为并没有达到让目的物引燃的程度。故而,其行为并不属于构成要件行为(放火罪的实行行为),也明显不属于放火罪的预备行为。但是,一旦打着打火机,将有一发不可收拾的后果。因而,甲第一次试图点火的行为与放火罪的实行行为便具有时空关系上的紧密性。其相对于放火罪的预备行为而言则具有更为严重的社会危害性,因而更具有刑事可罚性,具有很强的刑事惩罚性。在此意义上,该性质的行为应当被理解为犯罪着手。

案例 3:甲决意对一家银行进行抢劫。某一天,甲持枪走进银行内,发现柜台仍有些顾客,甲等了几分钟后便在取款单上写上马上交钱的恐吓语,计划稍后递给柜台内的银行职员。只是写完后,其发现又有些顾客陆续走进来。甲于是放弃了该次抢劫行为。

在本案例中,甲的行为是否已经达到“犯罪着手”的程度?在本书看来,当甲在取款单上写完恐吓语后,可以确定其已经具有抢劫的犯罪意图。虽然,该恐吓语需要等待适当时机才能交给职员,但是此时甲已经进入被害人领域空间内,只要一有适当时机,甲即交出写有恐吓内容的取款单威胁职员。因此,甲的行为应当理解为犯罪着手。

案例 4:甲强行将妇女乙拖到车上,意图到某一僻静之处对该妇女实施性侵害行为。但在路上,该妇女侥幸逃脱。

本案中甲的行为是否属于强奸罪的预备行为,还是属于强奸罪的着手?在本书看来,基于行为人拟到特定地点,才对被害人实施性侵害。所以,在其尚未到达犯罪地点之前的行为与性侵害行为之间欠缺空间与时间上的紧密关联性,且行为人对实现性侵害行为仍需要介入重要的行为。也就是说,虽然行为人对被害人的人身自由进行了一定程度的实际控制,但这种控制是为了稍后的性侵害行为而为的控制,因而不应将甲的行为理解为犯罪着手,而应当理解为犯罪的预备行为。如果行为人在性侵害之间所实施的强制方法足以令被害人丧失意识而无法抗拒,例如下迷药,那么即使行为人尚未找到特定地点进行性侵害,其行为也应当被理解为犯罪着手。因为该强制行为通常可以持续到实质的性侵害之实行,无须行为人再实施其他重要的行为。

案例5：甲发现他人停放在屋外的小客车内有某些珍贵物品，遂产生窃取的意图。其便用万能钥匙插入该车右前门的锁内，试图打开车门。恰在此时，被小区的保安人员发现便将其扭送到公安机关。

甲的行为是否属于盗窃罪的预备行为，还是属于盗窃罪的着手行为？在本书看来，甲的行为应该属于盗窃罪的着手行为。这是因为在本案中行为人只要将车门一打开，车内的财物即可以被任意拿走。换言之，该行为与“窃取财物”的行为具有紧密关联性，无须行为人实施其他重要的行为即可“水到渠成”地去实施“窃取财物”的行为。

根据本书对“与构成要件行为紧密相接”的上述理解，下列行为均可理解为犯罪着手：

1.“部分开始使用犯罪工具的行为”。开始使用犯罪工具的行为，一般来说是实行行为，不宜理解为“与构成要件行为紧密相接的行为”，比如在故意杀人案件中使用犯罪工具的行为，就应当属于实行行为的一部分。但是对此也不能绝对化，犯罪工具的使用在不同案件中所起的作用并不相同。例如，行为人驾驶盗窃而来的车辆去某地抢劫或者杀人，途中被截捕。这里对汽车这个犯罪工具的驾驶，就应当理解为“与构成要件行为紧密相接的行为”；但是如果行为人是准备用车辆撞死被害人而驾车向被害人冲去，这里对犯罪工具的使用则是故意杀人罪的实行行为。所以，“部分开始使用犯罪工具的行为”应当被理解为“与构成要件行为紧密相接”的行为。

2.接近犯罪对象的行为。此类行为又包括两类：一类是对犯罪对象进行“尾随”的行为。该行为是指在故意杀人、抢劫、强奸等犯罪案件中，行为人对被害人紧跟其后，准备伺机进行加害的行为。另一类是对犯罪对象进行“守候”的行为。该行为是指行为人埋伏或等候在预定地点准备实施故意杀人、抢劫等犯罪的行为。

3.寻找犯罪对象的行为。该行为人是指在故意杀人、抢劫或者盗窃犯罪案件中，行为人公开或者秘密查找被害人或者财物的行为。

在第三个方面的问题上，本书认为，“实质客观说”忽视了“形式客观说”的积极方面，这是不可取的。“形式客观说”在犯罪着手的认定上坚持犯罪构成的客观要件，这与罪刑法定原则的基本精神是一致的。换言之，“形式客观说”虽然抽象空洞，但它是唯一符合犯罪构成理论、符合罪刑法定原则的。再者，该说对“形式客观说”所作的批判也存在不少可疑之处：其一，“形式客观说”将着手理解为开始实施构成要件的行为，已经指明了犯罪未遂与犯罪预备的界限：符合构成要件的行为才是犯罪未遂行为,否则是犯罪预备行为。这并非如某些批判者所言的那样,它“什么也没说”或者“割裂了主观与客观的联系”。至于说什么样的行为才是构成要件的行为,则是另外一个问题。由于各种犯罪的构成要件各不相同,当然不可能对其一一加以描述,而只能提出一个总的标准。具体的认定理应借助于其他刑法理论去解释。我们不能因为实践中仍需具体认定某种行为是不是构成要件的行为,就否认“形式客观说”的合理性。其二,批判者以“形式客观说”会扩大或者缩小未遂犯的处罚范围来否定其合理性,也是值得商榷的。很明显,批判者在这里是先入为主地将自己所确立的“处罚范围”理解为恰当的。可其“恰当”性在什么地方,我们是不得而知的。其三,“形式客观说”不可能忽视行为人的主观意图。“形式客观说”是我国刑法学的传统观点。而“犯罪是主、客观的统一”是传统刑法学的基本认识。这种认识,自然会一以贯之地体现在对犯罪着手的认定上。

本书虽然赞同“形式客观说”的基本立场,但并不意味着本书就排斥“实质的客观说”。事实上,二者的关系应该表述为,“实质的客观说”是对“形式客观说”的补充,是对“形式客观说”的修正与发展。换言之,我们一方面应当肯定“形式客观说”的基础地位,承认“犯罪着手是以开始实施构成要件行为为标志”这一命题的科学性。另一方面在如何判断“某种行为是否属于构成要件行为的开始”这一问题上,我们应当借鉴“实质客观说”中的合理内容。在司法实践中,我们要借助于“实质客观说”才能对某行为是否对法益具有侵害性作出具体的判断,才能最终确定该行为是否属于“构成要件行为”。

二、几种犯罪形态着手的认定

(一)复行为犯着手的认定

复行为犯的着手问题,国内刑法学界有着不同认识。有学者认为,在复行为犯中,应当以行为人开始实施第一个要素行为为犯罪着手:“在这类犯罪中,犯罪构成客观方面所要求的实行行为,是由于手段行为和目的行为两部分构成的。而两种行为都具有实行行为的性质,因此,只要开始实行手段行为,就应当视为该种犯罪的着手。而不能以是否开始实行目的行为为标准,来判断犯罪的着手与否。”①该认识居于通说地位。但也有学者提出自己的看法,认为在复行为犯内部有着不同的类型,即“紧密型复行为犯”“松散型复行为犯”,这两种复

① 马克昌:《犯罪通论》,武汉大学出版社 1999 年版,第 445 页。

行为犯的着手有着不同的着手标准。第一种类型的复行为犯，其着手的标准是行为人开始实施第二个要素行为；第二种类型的复行为犯，其着手的标准则是行为人开始实施第一个要素行为。为此，论者有以下论述：“紧密型复行为犯的特点是复数行为之间结合得比较紧密，如果行为人只实施了第一个行为，而没有实施第二个行为，其对于刑法所保护的客体还不会造成紧迫的危险，其社会危害性还不会达到动用刑罚加以惩罚的程度。只有行为人开始实施第二个行为后，才能够具有侵害法益的紧迫危害性，才能根据犯罪行为的种类、行为的具体表现从实质和形式相结合的角度认定着手的成立。所以，按照本书对于着手所采取的实质客观标准，对于紧密型复行为犯来说，只有开始实施两种行为时，才能认为是整个犯罪实行行为的着手。”[①]“与紧密型复行为犯相比，松散型复行为犯的复数行为之间结合程度较弱，这主要是由于松散型复行为犯本身的犯罪性质一般都较为严重，以及复数行为各自都具备相当程度的社会危害性的缘故，所以在修正形态的犯罪考察中，对于复数行为不一定进行整体性考虑。一般来讲，复数行为中的第一个行为本身就具有侵害特定法益的紧迫的现实危险，因此只要行为人开始实施第一个行为就已经成立实行着手。”[②]

论者将复行为犯分为两种不同的类型有一定的道理，但是在犯罪着手问题上赋予其不同的认定标准，则是值得商榷的。这是因为，论者一方面认为构成复行为犯中的要素行为都是实行行为，而另一方面又否认在“紧密型复行为犯”中实行行为开始并非犯罪着手，这显然是矛盾的，有违于犯罪着手理论的基本认知。在刑法理论上，犯罪着手被认为是实行行为的开始。况且，如果犯罪着手不是实行行为的开始，那么理论上还必须说明如何判断实行行为的起点，这无疑徒增了理论的负担。

笔者也注意到，在学界有否认“紧密型复行为犯”的见解，否认其第一个要素行为的实施确实具有法益侵害的现实、紧迫危险性，进而维护通说的见解：“对于诸如诬告陷害罪、损害商业信誉、商品声誉罪、诽谤罪等预备行为与实行行为并列规定在同一罪状中的犯罪，经常被人误作复行为犯，即认为这些犯罪的实行行为是由捏造行为和散布、诬告、诽谤行为组合而成的，因而引发应以开始实施哪一个行为为着手的激烈争论。其实，这些犯罪中的捏造行为只是一种预备性质的行为，根本不能与告发或者散布虚假事实等直接侵害法益的实行行为相提并论，自然应以开始实施告发或者散布虚假事实的行为为着手，因此，应

① 王明辉：《复行为犯研究》，中国人民公安大学出版社2008年版，第110页。
② 王明辉：《复行为犯研究》，中国人民公安大学出版社2008年版，第112页。

特别注意区分规定在同一罪状中的预备行为与实行行为。此外，在前文论述的为了诈骗保险金而杀人放火之例中，杀人放火显然属于保险诈骗罪的预备行为，并不因为出现在保险诈骗罪条文中就变成保险诈骗罪的实行行为，否则，实行行为就根本没有任何质的规定性可言了。”[①]笔者也赞同在“紧密型复行为犯”中，其第一个要素行为的实施确实不具有法益侵害的现实、紧迫危险性，但这不足以否认该要素行为的实施为犯罪着手的标准。这是因为将实行行为限定为对法益侵害具有现实、紧迫危险的行为也是值得商榷的，对此前文已有论述，此处不再赘述。另外，论者将“紧密型复行为犯”予以排除也难以为本书所赞同。这是因为“预备行为实行化”是具有法理依据的。承认该立法现象，这是罪刑法定原则的基本要求。

在本书看来，无论何种类型的复行为犯，其犯罪着手的标准都是应当以行为人开始实施第一个要素行为。不过，在此我们不能作机械的理解。如果行为人实施第一个要素行为就停顿下来，与第二个行为的实施在时间、地点上不具有密接性，就不宜认定为犯罪着手。这是因为只有数个“要素行为”之间具有密接性，前后衔接，才能结合成一个法律意义上、整体意义上的行为，才能成立复行为犯。这是复行为犯的应有之义。这还因为复行为犯是“构成要件的行为单数”。复行为犯的构成要件虽然是由数个要素行为融合而成的，但其实质是一个有机构成要件。该构成要件具有独立完整的结构，但是这种融合绝不是随意的而是遵循一定规则的。事实上，凡是属于“构成要件的行为单数”（接续犯、结合犯）的犯罪形态无不要求行为之间具有时间、地点上的密接性。比如，成立接续犯，要求行为人必须在同一个机会以性质相同的数个举动接连不断地完成一个犯罪行为；成立结合犯，不仅要求行为人所实施的基础犯罪和相结合之罪在犯罪场所上应当具有同一性，还要求二者能相继在同一时间实施。也就是说，只有当第一个要素行为能够与第二个要素行为具有时间、地点上的密接性时，其第一个要素行为的实施才是犯罪的“着手”。这一点既适用于“紧密型复行为犯”，也适用于“松散型复行为犯”。

需要说明的是，无论是“紧密型复行为犯”，还是“松散型复行为犯”，其第一个“要素行为”在自然意义上都具有预备性质，但在规范意义上是具有实行性质的。在此意义上，第一个“要素行为”就不宜被理解为规范意义上的预备行为。因而，当行为人开始实施第一个要素行为，且该行为与第二个要素行为的

① 周铭川：《论实行的着手》，载《中国刑事法杂志》2009年第4期。

实施在时间、地点上具有密接性时,就可以理解为犯罪着手。

（二）原因自由行为的着手

所谓原因自由行为,是指行为人因故意或过失而使自己陷入无责任能力或者限制责任能力的状态实施了符合构成要件的行为。如何认定原因自由行为的犯罪着手,在刑法理论上历来有着三种观点。其一,“原因设定行为说”。该说认为原因自由行为的着手是行为人开始实施使其陷入无责任能力或者限定责任能力状态的原因设定行为之时。[①] 其二,“结果行为说”。该说认为原因自由行为的着手开始于行为人开始实施结果行为之时。[②] 其三,“个别化说”。该说认为,在原因自由行为着手的认定上,应当分不同情况予以考察:在不作为犯及过失犯场合。因为原因行为本身具有结果发生之现实危险性,故而应当以原因行为的开始为着手;在故意的作为场合则将结果行为的开始视为犯罪的着手[③]。需要指出的是,第三种观点并无多少独立的价值,其在实质上仍然是“结果行为说”。这是因为,其之所以认为,在不作为犯及过失犯场合,原因自由行为的着手开始于原因行为,无非是原因行为本身就具有“结果行为”的属性。

在上述三种学说中,对我国刑法理论产生了重大影响的当属“结果行为说”。比如,有学者就认为,“在原因自由行为的场合,应当以行为人实施结果行为、造成了危险结果时为着手,而不是开始实施原因行为(如醉酒)时为着手。”[④]当然也有学者对此持有不同的看法,认为如果将结果行为的实施认定为犯罪着手,被非难的罪过就是经结果行为事后追认到原因行为之上而被非难的,如此理解并不符合“责任与行为同在”原则的要求以及罪过认定的基本原理,因而“在原因自由行为发生法益侵害时,使自己陷入无责任能力状态,为原因自由行为着手比较合理”[⑤]。

上述观点孰是孰非?在笔者看来,没有必要将着手问题与责任能力问题捆绑在一起,不能说行为人只有存在责任能力时,才能承认其行为存在犯罪着手的可能。“责任能力与实行行为同在”只是认定犯罪所应遵循的一般原则,在原因自由行为中,并不要求结果行为与责任能力同在。这正是创制原因自由行为

① 参见[日]木村龟二:《刑法总论》(增补版),有斐阁1984年版,第348页。
② 参见[日]西原春夫:《刑法总论》(改订准备版)(下卷),成文堂1995年版,第463页。
③ 参见[日]大谷实:《刑法讲义总论》(第4版),成文堂1994年版,第378页。
④ 张明楷:《刑法学》(第2版),法律出版社2003年版,第343页。
⑤ 林亚刚:《刑法学教义(总论)》,北京大学出版社2014年版,第412页。

理论的意义之所在。正如有学者所指出的那样,之所以确立责任能力与实行行为同在原则,是为了防止客观归罪,从而坚持责任主义的立场。但有原则必有例外,只要这种例外并不违背设立原则的初衷,就是合理的,就应当承认这种例外。[①] 也就是说,应当将“犯罪着手”问题与“责任能力”问题分开而论,二者完全属于两个不同的论域。前者解决的何为实行行为开始的问题,后者则解决的是主观罪过的前提问题,此为其一。其二,犯罪着手本身就是实行行为的着手。无论如何,“原因设定行为”并不属于实行行为的范畴,也不符合实行行为本质的要求。而原因自由行为的原因设定行为(如醉酒行为)不具有产生危害结果的基本属性。既如此,又怎能将“原因设定行为”的开始实施理解为犯罪着手呢?事实上,原因自由行为中的“结果行为”,与通常意义的实行行为并无什么不同。原因自由行为中的杀人行为、盗窃行为与故意杀人罪中的杀人行为、盗窃罪中的盗窃行为在犯罪着手的基本属性上应当是同一的,其着手不可能是其之前的饮酒行为之类的原因行为。

进一步分析,如果将原因自由行为的犯罪着手理解为“行为人开始实施使其陷入无责任能力或者限定责任能力状态的原因设定行为”,难以合乎情理:按照“原因设定行为说”的理解,当行为人仅仅实施了原因设定行为而没有实施结果行为,其所实施的原因设定行为也应当被认定为着手。然而,这难以为人们所接受。例如,甲具有故意杀害他人的意念,遂大量饮酒以便“借酒壮胆”。但是醉酒后,甲自动放弃杀害他人的意图,没有进一步实施故意杀人的行为。根据“原因设定行为说”的理解,甲的行为已经属于犯罪着手。然而,在司法实践中,没有任何一位法官会认定甲的行为是故意杀人罪。

最后需要说明的是,否定“原因设定行为说”对犯罪着手的认定,也不会放纵对“原因设定行为”的惩治。我们并不否认“原因设定行为”的可罚性。这是因为“原因设定行为”对“结果行为”的实施的是具有支配力的,具有“预备行为”的性质。据此对仅仅实施“原因设定行为”的,可以按照预备犯的规定处罚。当然,我们也可以考虑,将“原因设定行为”予以犯罪化。

(三)不作为犯罪的着手

“不作为犯罪”是指负有特定的作为义务,能够作为而不作为的犯罪,即“应为能为而不为”。不作为犯在理论上通常分为纯正不作为犯与不纯正不作为

---

① 参见陈兴良:《本体刑法学》,商务印书馆2001年版,第331页。

犯。因而,刑法理论对“不作为犯”着手的理论探讨是分别进行的。

刑法理论通常认为,基于纯正不作为犯的成立并不以法律规定的特定结果的发生为条件。因而其在能够履行而故意不履行该义务时,不作为行为即属于完成,法益侵害已经发生。换言之,在纯正不作为犯中,其着手开始于作为义务形成之时。

对于上述认识,本书并不予以认同。其一,“纯正不作为犯的成立不以法律规定的特定结果的发生为条件”,这一命题本身是存在疑问的。比如,“逃税罪”在刑法理论上被认为是纯正不作为犯,但不能说该罪的成立就不要求出现“国家税款流失”的特定结果。根据我国《刑法》规定,“逃避缴纳税款数额较大并且占应纳税额百分之十以上”是逃税罪成立的要素之一。我们怎能说,“纯正不作为犯的成立不以法律规定的特定结果的发生为条件”呢?其二,即便“纯正不作为犯的成立不以法律规定的特定结果的发生为条件”这一命题是成立的,也不意味着其着手就开始于作为义务形成之时。这是因为行为人“作为义务形成之时”并非其真正不履行或者说已到该履行的时候而表示不履行之时。

在不纯正不作为犯的着手问题上,德国刑法理论有着较为深入的探讨,有着不同的主张。有学者认为,不纯正不作为犯的着手应在于不作为得以实现构成要件之最初时刻,即因不作为而使得第一个救助可能性丧失时为着手。[①] 有学者则主张,在已经实现构成要件的最后时刻,即使得最后一个救助可能性丧失时为着手。[②] 还有学者主张,在不作为破坏保证人义务之时为着手。[③] 而在日本较多的学者主张,应当从法益侵害的现实危险性上去考虑着手,“不作为犯并不具有像作为犯那样自然的、物理的实行行为,但是可以说,开始实施包含了实现构成要件现实危险的、作为行为人人格的主体现实化的、具有社会意义的身体态度的违反作为义务的不作为时,就是实行的着手”[④]。

我国刑法理论对不纯正不作为犯的着手问题关注较少。有的学者认为,不履行作为义务的行为导致法益发生了紧迫危险(危险结果)时,是不纯正不作为犯的着手。[⑤] 还有学者赞同该观点,并作了进一步的分析:“不纯正不作为犯罪不履行作为义务时,并不意味着特定的危害结果必然同时发生,如果不作为行

---

① 参见林亚刚:《刑法学教义(总论)》,北京大学出版社 2014 年版,第 410 页。
② 参见林亚刚:《刑法学教义(总论)》,北京大学出版社 2014 年版,第 410 页。
③ 参见林亚刚:《刑法学教义(总论)》,北京大学出版社 2014 年版,第 410 页。
④ [日]大冢仁:《刑法概说(总论)》,有斐阁 1986 年版,第 157 页。
⑤ 参见张明楷:《刑法学》(第 4 版),法律出版社 2011 年版,第 320 页。

为对于法益不具有现实的危险性,这种情形下,仅仅从不履行义务的形式上考察,很难说其不作为行为就属于必须由刑法予以评价的犯罪行为。例如,即便母亲企图将婴儿饿死,但首次不给婴儿喂奶,不宜认为是杀人的着手。不应仅考察不履行特定作为义务的形式,更应当从实质上考察其不履行特定义务是否对法益构成现实的危险。”①

在本书看来,对不纯正不作为犯着手的考察还应当遵循认定犯罪着手的一般原理,即根据当时的情形,行为人如果不实施某种积极的行为,就会发生特定的危害结果时,就可认定为犯罪的着手,无须强调犯罪着手行为必须是“对法益构成现实的危险”的行为。其道理前文已有论述,此处不赘。

需要强调指出的是,不纯正不作为犯的不作为,其实是防止特定危害结果发生的行为,这与作为犯中的作为是制造危害结果,存在着根本的区别。所以,我们在认定不作为的着手时,必须结合具体案件,具体考察案件中是否存在导致危害结果发生的事实。只有当不履行义务将会导致刑法所保护的法益受到威胁时,方可认定为犯罪着手,换言之,只有当上述意义的“事实”存在时,不作为才是防止危害结果发生的行为,才是作为义务的形成之时。根据这样理解,企图将婴儿饿死的母亲,即便首次不给婴儿喂奶,也有可能被认定为故意杀人的着手。能否认定为杀人的着手,取决于婴儿当时的饥饿程度、身体状况。如果婴儿当时处于极端饥饿状态、身体状况“岌岌可危”,首次不给婴儿喂奶的行为即可成立犯罪的着手。

① 林亚刚:《刑法学教义(总论)》,北京大学出版社 2014 年版,第 411 页。

第十章　中止犯刑事责任的特别情况研究

我国《刑法》第 24 条规定,“在犯罪过程中,自动放弃犯罪或者自动有效地防止犯罪结果发生的,是犯罪中止。对于中止犯,没有造成损害的,应当免除处罚;造成损害的,应当减轻处罚。”根据该规定,“没有造成损害”的中止犯,可能会涉及“A 罪中止犯”与“B 罪未遂犯”的竞合问题,而“造成损害”的中止犯,则可能会涉及“A 罪中止犯”与“B 罪既遂犯”的竞合问题。假如被认定为 A 罪的中止犯,则必须免除或者减轻处罚;如果被认定为 B 罪的既遂犯、未遂犯,则可能得不到从宽处罚。在解决上述两个问题同时,我们无疑还应正视中止犯中的“损害”如何理解的问题。再者,“中止犯”中的减轻处罚,其比照对象是什么,这在学界也是一个悬而未决的问题。

上述四个方面的问题直接关系对“中止犯”追究轻重不同的刑事责任。鉴于我国刑法学界对上述问题聚讼纷纭,有必要对该问题进行专门的研究。

一、关于“中止犯与既遂犯竞合”的问题

所谓“中止犯与既遂犯竞合”,是指犯罪人出于特定的犯罪故意,实施预谋的犯罪行为,后来自动中止了业已实施的预备行为或者实行行为,或者自动有效地防止了预期危害结果的发生,构成所预谋犯罪的中止犯,但是同时又构成另一犯罪的既遂犯。根据上述界定,“中止犯与既遂犯竞合”又可分为两种情形:

情形之一:犯罪人自动中止业已实施的行为,或者自动有效地防止了预期危害结果的发生,但是其预备行为又构成另一犯罪的既遂犯。比如,行为人甲基于故意杀人的目的而盗窃枪支,但在着手实行杀害行为之前,或者实行过程中自动停止了杀人行为。在该情形中,甲的行为涉嫌两个犯罪行为:盗窃枪支罪(既遂)、故意杀人罪(中止犯)。

情形之二:犯罪人为了中止犯罪,而实施了某种手段行为,然而该手段行为又构成另一犯罪的既遂犯。比如,在投毒后,行为人乙见被害人极端痛苦而生

悔意,为将其送往医院不得不将其汽车撬开驾驶。在该情形中,乙的行为涉嫌两个犯罪行为:故意毁坏财物罪(既遂)、故意杀人罪(中止犯)。

下文即对上述两种情形,分别进行讨论。

1. 对“中止犯与既遂犯竞合”中的第一种情形如何处理:

在上述第一种情形中,对行为人是以“A 罪中止犯”论处,还是以“B 罪既遂犯”论处,抑或是进行数罪并罚?对此我国刑法学界有着不同的认识与理解。

有学者认为,针对该种情形,应以 B 罪的既遂犯论处,而不应当追究 A 罪中止犯的刑事责任。还有学者认为,应当根据重罪吸收轻罪的原则予以处理。[①]还有学者认为,“中止的效果不能及于其他犯罪,也不能被中止之罪所吸收,例如,为了诈骗而伪造公文,虽中止诈骗行为,但仅就诈骗罪是中止,伪造公文仍然是既遂”[②]。但其对最终处理的意见没有明确表态。当然,也有相关学者进一步明确了处理问题的路径:对其应当分不同情况予以处理:在预备行为单独可以构成犯罪的情况下,如果没有实施预定之罪的实行行为,应当按照想象竞合犯“从一重罪处断”;预备后进入实行过程中的,则可以按照牵连犯从一重罪论处,实施数罪并罚也未尝不可。[③]

应该说,认识到“中止犯与既遂犯竞合”的复杂情形,并进行了较为精致的分析是值得肯定的。然而,在笔者看来,其认识还是存在一些值得商榷的地方。

其一,“在预备行为单独可以构成犯罪的情况下,如果没有实施预定之罪的实行行为,可以成立想象竞合犯”的认识,恐怕是值得商榷的。根据通说,想象竞合犯是指一个行为同时触犯数个罪名的犯罪形态。例如,一次开枪射击造成一人死亡一人重伤的情形;违章驾驶机动车辆肇事造成乘客重伤,又撞毁路边通信适配箱,造成数千户通信、电信中断的情形,这在刑法理论上均被理解为想象竞合犯。然而,行为人所实施预备行为(比如,为故意杀人而盗窃枪支的行为)并不能同时构成故意杀人罪(中止犯)。这是因为只有当行为人盗窃枪支之后,基于自动性而没有进一步实施故意杀人行为时,才成立故意杀人罪(中止犯)。而“为故意杀人而盗窃枪支”的行为无法同时被评价为“基于自动性而没有进一步实施故意杀人行为”。

本书认为,当行为人已经完成犯罪的预备行为,而基于自动性没有进一步实施犯罪的,这应属于刑法理论上的吸收犯,即对行为人应当按照吸收之罪予

---

① 参见马克昌:《犯罪通论》,武汉大学出版社 1999 年版,第 482 页。

② 黎宏:《刑法学》,法律出版社 2012 年版,第 258 页。

③ 参见林亚刚:《刑法学教义(总论)》,北京大学出版社 2014 年版,第 438 页。

以追究刑事责任。进言之,由于行为人完成犯罪的预备行为之后并没有进一步实施犯罪行为,是不可能造成“损害”的,因而其成立的中止犯是“被免除处罚的中止犯”,自然应当属于“被吸收之罪”。因此,对行为人应当按照预备犯罪(吸收之罪)定罪处罚。

其二,“预备后进入实行过程后,则可以按照牵连犯从一重罪论处,实施数罪并罚也未尝不可”也存在可以商榷的余地。首先,有学者将“预备行为”与“实行行为”理解为牵连犯中的“手段行为”与“目的行为”,认为二者之间存在牵连关系,这是存在不少疑问的。这是因为,牵连关系不是逻辑推理中的各种思维联系而是客观实在中的联系,并不以行为人主观认识为转移。即在牵连关系的认定上,应当坚持客观判断的标准,不能采取“主观说”。而在牵连关系的认定上采用的则是“主观说”。该说认为,数个犯罪行为之间有无牵连关系应以行为人的主观意思为标准,即行为人的行为应由一个犯罪意思统一起来。[①]毋庸讳言,在牵连关系的认定上是一个仁智互见的问题。但无论如何,“主观说”,已经受到了我国学者的普遍抨击。[②]“主观说”在我国仅仅是批评的靶子,仅仅具有知识论的意义。

理论上一般认为,在牵连关系的认定上应当采用“通常方法结果说”,“只有当某种手段通常用于实施某种犯罪,或者某种原因行为通常导致某种结果行为时,才宜认定为牵连犯。例如,非法侵入住宅杀人的,宜认定为牵连犯;但非法盗窃枪支后杀人的,不宜认定为牵连犯”[③]。但是该说被认为缺乏一个明确的判断资料和判断基准,会导致认定的难题。比如,什么是“通常的方法”?什么是“通常的结果”?“犯罪构成要件说”则应运而生,在学界产生了广泛的影响。该说认为,只有行为人的方法行为与目的行为或者原因行为与结果行为在法律上包含于一个犯罪构成客观要件之中,才能作为认定牵连关系客观的标准。[④]本书赞成“犯罪构成要件说”的基本立场。它完全克服了“通常方法结果说”的固有缺陷。

其次,有学者认为对“牵连犯”的处罚,既可以从一重罪处断,也可以数罪并

---

① 参见韩忠谟:《刑法原理》,中国政法大学出版社 2002 年版,第 248 页。

② 参见马克昌主编:《犯罪通论》,武汉大学出版社 1999 年版,第 683 页;陈兴良:《本体刑法学》,商务印书馆 2001 年版,第 615 页;刘树德:《牵连犯辨正》,中国人民公安大学出版社 2005 年版,第 46 页;吴振兴:《罪数形态论》,中国检察出版社 1996 年版,第 279 ~ 281 页;姜伟:《犯罪形态通论》,法律出版社 1994 年版,第 446 ~ 447 页。

③ 张明楷:《刑法学》(第 2 版),法律出版社 2003 年版,第 373 ~ 374 页。

④ 参见刘宪权:《我国刑法理论上的牵连犯问题研究》,载《政法论坛》2001 年第 1 期。

罚,这也存在商榷的余地。这是因为对同一种犯罪形态主张采取不同标准的做法,不具有科学性。从法理上来讲,对同一犯罪形态,应当适用统一的原则来处断。否则,会违背罪刑平等的刑法思想,会使刑法失去必要的协调性。再者,刑法学上创制“牵连犯”,其目的就在于哪些数罪可以不予数罪并罚。如果对某些“牵连犯”进行数罪并罚,其本身就无多少意义了。诚如学者所言:“它(牵连犯——笔者注)完全是与数罪并罚相对应的一组罪数形态概念中的一个,也即从根本上讲,既然是牵连犯,就不应该有数罪并罚的问题,如果实行数罪并罚,也就不是牵连犯。如果说对牵连犯也可以实行数罪并罚的话,那么,理论上还有牵连犯存在的必要性吗?显然,认为对牵连犯可以进行数罪并罚的观点,是从根本上对传统刑法理论提出挑战,但是这种挑战本身实际上是建筑在否定牵连犯存在必要性的基础上的,既然如此,也就没有必要对其处罚问题进行研究的必要性了。”①

本书认为,上述情形同样应当被认定为“吸收犯”,其属于实行阶段的中止犯吸收预备犯的情形。不过受“重罪吸收轻罪”这一基本原则的制约,当实际发生的实行阶段的中止犯轻于预备犯,造成吸收不能的状态时,则应当是预备犯吸收实行阶段的中止犯,以此作为实行阶段的中止犯吸收预备犯的一种例外。

2. 对“中止犯与既遂犯竞合”中的第二种情形如何处理:

此处的第二种情形是指,犯罪人为了中止犯罪,而实施了某种手段行为,然而该手段行为又构成另一犯罪的既遂犯。对此种情形如何处理?在我国刑法学界也有着不同的理解。

第一种观点认为,如果通过损害A法益才能避免B法益受到侵害因果关系的进程时,必须将A法益的结果归属于其行为,如故意设定情况,就要承担对A法益侵害的故意责任。例如,甲将被害人锁在屋内并打开天然气后,离开现场。但后来又产生中止之意,在室外将被害人家的门窗砸碎,挽救了被害人的生命,却给被害人造成价值近万元的损失。甲的行为构成两个犯罪,一是故意杀人罪的中止犯,二是故意毁坏财物罪。②

第二种观点认为,“在一般情况下,应当以一罪的中止犯论处,对构成既遂犯的另外一罪可不予追究。但由于被告人的行为又触犯另一罪名并构成独立犯罪,因此它与单纯地中止预谋之罪,并未构成其他犯罪的情况,毕竟有所不同。如一概以一罪的中止犯论处,亦有不妥之处。在特定案件中(如中止杀人

① 刘宪权:《我国刑法理论上的牵连犯问题研究》,载《政法论坛》2001年第1期。

② 参见张明楷:《刑法学》(第5版),法律出版社2016年版,第377页。

罪又构成其他重罪），对被告人以中止犯处理，可能会轻纵，有悖于罪刑相适应原则时，也可以不考虑中止犯的情况，直接按另一罪的既遂犯定罪量刑”①。

第三种观点认为，对此种情况应按照吸收犯的“重行为吸收轻行为”的原则处理，“上述情况符合吸收犯条件，即在特定情况下为中止犯罪，不得不有此行为时，符合‘前行为吸收后行为发展的所经阶段’，成立吸收关系”②。

在本书看来，如果对“为了中止犯罪，而实施的某种手段行为又构成犯罪”的情形，不加分析而一律按照数罪并罚原则处理，这是不利于鼓励犯罪人中止犯罪的。因而，第一种观点并不可取。

第二种观点提出对上述情形应当具体情况具体分析，有一定道理。但该观点也存有可疑之处：为什么构成既遂犯的另外一罪在一般情况下可不予追究，而在特定情况下应当追究？我们须知，“有罪必究”这是罪刑法定原则的应有之意。

第三种观点将此种情形认定为吸收犯，不符合“吸收关系”的基本要求。在理论上，判断数个犯罪行为之间是否存在吸收关系，必须以一个犯罪构成依附于另一犯罪构成的法定性作为判断标准。换言之，构成吸收犯的数个犯罪行为在犯罪构成的关系上，要么是同一性质的基本犯罪构成与修正犯罪构成的关系，要么是此修正犯罪构成与彼修正犯罪构成之间的关系。③ 然而，“为了中止犯罪，而实施的某种手段行为而构成的犯罪”与中止犯罪是两种不同性质的犯罪，在犯罪构成的关系上并不具有上述意义上的依附性。因而，本书对第三种观点并不赞同。

基于上文的分析，本书认为，对“犯罪人为了中止犯罪，而实施了某种手段行为，然而该手段行为又构成另一犯罪的既遂犯”这一情形的处理，应当具体情况具体分析。具体来说就是，“实施某种手段行为”而构成的“既遂犯”如果符合紧急避险条件的，则对其不以犯罪论处。也就是说，对行为人只是按照中止犯定罪，并予以减轻处罚；如果不符合紧急避险条件的，则对行为人进行数罪并罚。即对行为人既要追究中止犯的刑事责任，也要追究避险过当的刑事责任。该处理意见能较好克服上述三种观点的不足：既能鼓励犯罪人中止犯罪，也不会放纵犯罪分子，也不会将其认定为吸收犯。需要强调说明的是，该种情况不能被解释为牵连犯。这是因为，此处的“手段行为”是出于避免危害结果的目的

---

① 马克昌：《犯罪通论》，武汉大学出版社 1999 年版，第 483 页。

② 林亚刚：《刑法学教义（总论）》，北京大学出版社 2014 年版，第 439 页。

③ 参见高铭暄主编：《刑法专论》（上编），高等教育出版社 2002 年版，第 417 页。

而实施的中止犯罪的“手段行为”，并非基于某种犯罪目的而实施的“手段行为（方法行为）”。一言以蔽之，此处的“手段行为”并非牵连犯意义上的“手段行为（方法行为）”。

二、关于“中止犯与未遂犯竞合”的问题

“中止犯与未遂犯竞合”是指已经着手犯罪的实行行为，由于手段错误或者工具错误（含对象错误）致使所实施的犯罪本身不可能达到既遂，但行为人基于自己的意志放弃了继续犯罪，或者采取了防止危害结果发生的措施的情形。对于这种犯罪形态的竞合如何处理，从目前来看有两种不同的观点：

第一种观点认为，该种情况下的未遂与中止的竞合，应当以犯罪中止论处。其理由是，既然没有发生危害结果，行为人主观上也具备了中止的主观条件，就应该对其主观上不希望危害结果的发生，并且对已经采取措施的积极一面予以肯定。① 有学者进一步指出，“有效防止犯罪结果发生”，表面上要求中止行为与危害结果没有发生之间存在因果关系，事实上是要求采取有效措施、作出防止犯罪结果发生的真挚努力，并不是要求中止行为与危害结果之间必须存在因果关系。② 不难看出，该说对“中止犯与未遂犯竞合”处理，也是以犯罪中止予以认定的。

第二种观点认为，该种竞合应当视行为的发展进程来决定。论者认为，对于绝对不可能达到既遂的，在实行行为尚未终了的情况下，自动放弃犯罪意图，中止行为的，应当以犯罪中止认定；在实行终了的情况下，则构成犯罪未遂。对于相对不可能达到既遂的，无论其实行行为是否终了，自动放弃犯罪意图中止行为的，应当以犯罪中止认定。③

笔者认为，在“中止犯与未遂犯竞合”的情况下，无论如何不能以中止犯论处。这是因为根据我国《刑法》规定，成立中止犯要求行为人自动停止犯罪或者（采取措施）有效地防止危害结果的发生。换言之，危害结果的没有发生，必须与中止行为存在因果关系。然而，在“中止犯与未遂犯竞合”的情况下，由于手段错误或者工具错误（含对象错误），危害结果是不可能发生的。也就是说，在“中止犯与未遂犯竞合”的情况下，中止行为自无存在的必要，中止犯没有存在的可能，此为其一；其二，对中止犯之所以减免处罚，其根据就在于通过与犯罪

---

① 参见张宏：《犯罪未遂与犯罪中止竞合应以中止论处》，载《人民检察》1994 年第 7 期。

② 参见张明楷：《刑法学》（第 5 版），法律出版社 2016 年版，第 372 页。

③ 参见林亚刚：《刑法学教义（总论）》，北京大学出版社 2014 年版，第 441 页。

分子的“妥协”“让步”来减少“既遂结果”的量乃至避免“既遂结果”的发生。那么,当客观上犯罪无法完成,存在着制约犯罪完成的外在因素,我国《刑法》是不可能通过减免处罚的“优惠措施”,来鼓励犯罪分子中途放弃犯罪或者有效地防止犯罪结果发生的。因而,在本书看来,出现“中止犯与未遂犯竞合”,但行为人自认为能够完成犯罪而停止犯罪的情形,不得被认定为“中止犯”,否则这将与中止犯“减免处罚的根据”不符。

有学者认为,只要行为人存在避免危害结果发生的“真挚努力”即可构成中止犯,是值得商榷的。这是因为即便这种“真挚努力”能够成立中止犯,也是针对客观上能够出现犯罪结果的情形。该种意义上的中止犯在大陆法系国家刑法理论中被称为“准中止犯”。所谓“准中止犯”,是指当行为人在主观上真诚希望能够防止犯罪结果发生,客观上也作出了足以阻止犯罪结果发生的真挚努力,而且按照通常理念,这样的真挚努力按照因果流程能够避免犯罪结果发生,只是由于其他原因,使得中止行为与犯罪结果的没有发生之间不具有因果关系。不难看出,“准中止犯”并不适用于“中止犯与未遂犯竞合”的情况。需要指出的是,“准中止犯”在我国《刑法》中并没有得到认可,“在我国现行刑法框架内,准中止犯并没有妥善的解决方案。应建立对中止犯与中止犯同等评价的制度”①。由此看来,在既定的立法规范中,“有效性”是成立中止犯不可或缺的条件,如果将“真挚努力”认定为中止犯,这将与我国《刑法》规定相冲突。

本书同时认为,第二种观点也是值得商榷的。第二种观点提出在“实行终了”的情况下是犯罪未遂,在“实行未终了”的情况下是犯罪中止。该观点“具体情况具体分析”,从表面上看是公允的。可令人疑惑的是,在“实行未终了”的情况下,何以就认定为犯罪中止?难道说,在“实行未终了”的情况下,行为人就实施了“有效”的中止行为?在“实行终了”的情况下,行为人就没有实施“有效”的中止行为?对此,我们不得而知。在本书看来,无论是“实行终了”还是“实行未终了”,都无法改变“由于手段错误或者工具错误(含对象错误),危害结果是不可能发生的”这一基本事实。职是之故,在“中止犯与未遂犯竞合”的情况下,对行为人应当按照犯罪未遂处理为宜,并不存在成立犯罪中止的余地。

需要进一步明确的是,在“中止犯与未遂犯竞合”的情况下,对行为人应当按照犯罪未遂予以定罪处理,但应当考虑行为人“真挚努力”这一基本事实,应将其视为酌定从宽处罚的量刑情节。

---

① 张平:《中止犯与未遂犯的竞合形态研究》,载《法学评论》2007 年第 3 期。

三、关于中止犯中的“损害”问题

我国《刑法》第 24 条第 2 款规定:“对于中止犯,没有造成损害的,应当免除处罚;造成损害的,应当减轻处罚。”不难看出,认定中止犯是否造成了“损害”,这对于中止犯的刑事责任具有重要意义。为此,本书拟研究如下两个方面的问题:“损害”的范围、“损害”的原因。

(一)“损害”的范围

“损害”仅限于行为所造成的实害,并不包括行为所造成的危险。如将与之对应的“危险”也归入“损害”的范围之中,这将意味着对中止犯没有免除处罚的余地。这样的认识在刑法学界恐怕不存在任何质疑。但是在如下问题上,有值得进一步思考的余地。

1.“损害”是否必须为刑法规范所禁止的侵害结果?对此有学者持肯定的态度,认为“如果某种结果并不表现为对刑法所保护的法益的侵害,就不能说明刑法意义上的违法性程度,不能成为中止犯中的‘造成损害’”①。其基本理由在于,不进行如此的限定将导致刑法规范并不禁止的结果成为处罚的对象,导致犯罪构成丧失了罪刑法定主义的机能。②

上述观点有一定道理。它将“损害”限定为刑法规范禁止的侵害结果,这的确有利于贯彻罪刑法定主义,是一种有利于被告人的刑法解释。但其问题在于,将“损害”限定于“构成要件”的侵害结果而忽视“非构成要件”的侵害结果,这并不能全面评价中止犯的社会危害性,将会忽视罪责刑相适应原则在中止犯领域的具体应用。我们知道,在刑法理论上,危害结果有“构成结果”与“非构成结果”之分。前者又被称为定罪结果,是指成立某种具体犯罪必须具备的危害结果;后者又被称为量刑结果,是指危害行为引起的某种具体构成要件危害结果以外的,对于该种犯罪的社会危害程度及其刑事责任大小具有一定评价意义的一切现实损害。事实上,在中止犯中,同样会造成“非构成要件”的侵害结果。比如,甲使用暴力强奸妇女,在奸淫之前实施了猥亵行为,后来放弃奸淫行为的。根据论者的理解,这里的“猥亵”行为是“损害”,因为我国刑法规定了“强制猥亵罪”。对此,本书并不持异议。不过,有另外一种情形也不能忽视。即甲在强奸的过程中,自动放弃了奸淫行为。其在强奸过程中,并没有对被害人实

① 张明楷:《中止犯中的“造成损害”》,载《中国法学》2013 年第 5 期。

② 参见张明楷:《中止犯中的“造成损害”》,载《中国法学》2013 年第 5 期。

施猥亵行为,但其强奸行为诱发了被害人自杀或者自残。我们能否认为该中止犯就没有“造成损害”呢？能否对其免除处罚呢？这显然是不能的。

基于上述分析,本书认为,将中止犯中的“损害”限定于刑法规范禁止的侵害结果是不够全面的,还应当包括“非构成要件”的侵害结果。

2.“损害”是否仅限于物质性结果？有学者认为,“刑法的目的是保护法益,对法益造成的现实侵害就是实害结果。但是,刑法并不只是保护物质性法益,也保护非物质性法益。所以,不管是造成了刑法所禁止的物质性结果,还是造成了刑法所禁止的非物质性结果,都属于造成了实害结果,因而都属于中止犯中的‘造成损害’”①。我们同样认为,刑法是要保护非物质性法益,非物质性危害结果是法益受到侵害的一种表现形式,但是“非物质性危害结果”是否就能归入中止犯中的“损害”的范畴？这恐怕存有商榷的余地。这是因为“非物质性危害结果”往往就是犯罪行为本身,具有抽象性,感官不可以直接感知,不具有可测量性,需要根据一定的社会价值观念进行判断。相比“非物质性危害结果”而言,“损害”则是犯罪行为所引发的外在的客观事实,是一定行为或事件使某人或者事物遭受到不利、不良后果或不良状态。因而,“非物质性危害结果”并不符合“损害”应有的基本特征。再者,按照该论者的逻辑,中止犯在犯罪过程中所构成的任何一种犯罪行为都有可能成为“损害”,这将大大缩小对中止犯免除处罚的范围,进而不利于鼓励行为人中止犯罪。在此意义上,我国《刑法》中犯罪中止中的“损害”应当理解为可以为刑法所评价的有形的、可以测量的物质损失。

本书也注意到论者的担心,即如果将中止犯中的“损害”理解为有形的、可以测量的物质损失,将会损害刑法的公平正义,“例如,单纯强制猥亵妇女的,要以强制猥亵妇女罪的既遂犯论处；而打算强奸妇女的行为人在强制猥亵妇女后中止奸淫行为的,反而免除处罚。这明显不均衡”②。但在本书看来,中止之前的行为能够成立另外一种犯罪行为,是存在疑问的。下面就以论者的举例而言。以强奸的故意对妇女进行强制猥亵的,本身就不能另行成立强制猥亵罪,仍然是强奸罪。这不会出现“明显不均衡”的问题。

3.“损害”的对象是否限于被害人本人？中止犯中的“损害”是否限于被害人本人？有论者认为不应当限于被害人。即除了对被害人自身造成的危害结果之外,对被害人亲属造成的结果、对无关的第三者或者一般人造成的结果,都

① 张明楷:《中止犯中的“造成损害”》,载《中国法学》2013 年第 5 期。

② 张明楷:《中止犯中的“造成损害”》,载《中国法学》2013 年第 5 期。

应当属于"损害"范围。[①]

但在本书看来，该种见解是存在疑问的。其一，如此理解违反刑法中的责任主义。责任主义是刑法的基本原则。如果行为人对结果没有犯罪故意与犯罪过失，其行为就不成立犯罪；行为人对其行为造成的结果没有犯罪故意或者犯罪过失，那么，该结果就不能作为量刑的根据。这是责任主义的基本要求。然而，不管是"对被害人亲属造成的结果"，还是"对无关的第三者或者一般人造成的结果"，行为人对此都可能不存在犯罪故意或者犯罪过失，是不存在责任的。其二，中止犯的"损害"，无疑应当是行为人在犯罪中止过程中所造成的。在犯罪中止过程中所造成的损害对象不可能包括被害人以外的人。

需要强调指出的是，将中止犯中的"损害"限于被害人本人，这是针对中止前的犯罪行为而言的。[②] 如果中止犯中的"损害"是由中止行为造成的，则应当另当别论。

（二）"损害"的原因

在此需要讨论的问题是，中止犯中的"造成损害"是仅限于中止前的犯罪行为所造成的损害，还是包括中止行为（中止过程中的行为）所造成的损害？在我国，有论者认为，中止犯中的"造成损害"的行为只能是中止之前的犯罪行为。其理由主要有以下几个方面：

首先，从我国《刑法》第 24 条第 1 款的规定来看。论者指出，中止行为表现为"自动放弃犯罪"或者"自动有效地防止犯罪结果发生"。这便意味着中止行为本身并不是造成法益侵害结果的行为，而是避免法益侵害结果的行为。[③] 但对此本书是不赞同的。从该条规定来看，犯罪中止应该包括两个类型：一是自动停止犯罪的犯罪中止。二是自动有效地防止犯罪结果发生的犯罪中止。第一种类型的犯罪中止无疑有可能造成损害，这自不待言。而在第二种类型的犯罪中止中，行为人为了有效地防止犯罪结果（既遂结果）的发生，而实施的某行为同样也会造成某种损害，因而有可能构成另外一个犯罪。比如，甲将被害人锁在屋内并打开天然气后，离开现场。但后来又产生中止之意，在室外将被害人家的门窗砸破，挽救了被害人的生命，却给被害人造成价值近万元的财产损失。在本案中，甲为了中止犯罪，避免被害人死亡这一犯罪结果的发生，而实施

---

① 参见张明楷：《中止犯中的"造成损害"》，载《中国法学》2013 年第 5 期。

② 中止犯中的"损害"不限于被害人本人，是针对中止前的犯罪行为而言的。

③ 参见张明楷：《中止犯中的"造成损害"》，载《中国法学》2013 年第 5 期。

了故意毁坏公私财物的行为。此处的故意毁坏公私财物的行为,便是中止犯中的“损害”。怎能说中止犯中的“造成损害”是仅限于中止前的犯罪行为造成的损害呢?

其次,采取“否定说”有利于实现罪责刑相适应。[①] 对此,论者指出行为人在实施较轻的犯罪,其中止行为造成了损害,虽然避免了轻罪结果的发生,却造成了更严重的损害结果。在这种场合,只有采取否定说,才能符合罪责刑相适应原则,“例如,赵某黑夜进入某仓库盗窃时,已经将价值 3000 余元的金属工具扛在肩上,正要搬出仓库时顿生悔悟,在将金属工具还回原处时,不小心导致金属工具砸死了熟睡的管理人员。根据否定说,赵某的行为成立盗窃罪的中止与过失致人死亡罪,因而对赵某可以判处适当的刑罚。如果认为中止犯中的‘造成损害’包括中止行为,那么,对赵某就应按照盗窃罪‘造成损害’的中止犯减轻处罚,即低于‘三年以下有期徒刑、拘役或者管制’的法定刑裁量刑罚,这显然有损罪刑相适应原则”[②]。很显然,论者所指出的采取“否定说”有利于实现罪刑相适应,这只是适用于那些意图避免“轻罪结果”而出现了“重罪结果”的情形,但并不适用于其他的情形。这说明,“否定说”是存在片面性的。再者,对那些意图避免“轻罪结果”而出现了“重罪结果”的情形不采用“否定说”,承认损害的原因包括中止行为同样能够做到罪刑相适应。这是因为为避免“轻罪结果”而实施的行为,成立避险过当,应当对行为人进行数罪并罚。也就是说,对行为人既要追究中止犯的刑事责任,也要追究避险过当的刑事责任。就以论者所举的案例而言,不采用“否定说”,承认过失致人死亡行为(中止行为)是“造成损害”的原因,也同样能够做到罪责刑相适应。根据前文的论述,赵某的行为成立数罪,即盗窃罪(中止犯)与过失致人死亡罪,对其予以数罪并罚。

最后,采取“否定说”有利于处理第三者参与救助造成损害的案件。[③] 为此论者举例说,“钱某向被害人的食物投放了毒药,被害人疼痛难忍,钱某顿生悔意立即请邻居孙某帮忙开车将被害人送往医院,自己扶着被害人,但孙某过失将车撞在电线杆上,导致被害人身亡。在这种场合,如果采取否定说,就可以顺利解决本案的定罪与量刑问题,亦即钱某成立故意杀人罪的中止犯,孙某成立过失致人死亡罪(或交通肇事罪)。诚然,如果肯定中止犯中‘造成损害’的行为可以是中止行为,或许也能得出相同结论,但是,倘若如此,则与其对犯罪人

---

① 参见张明楷:《中止犯中的“造成损害”》,载《中国法学》2013 年第 5 期。

② 张明楷:《中止犯中的“造成损害”》,载《中国法学》2013 年第 5 期。

③ 参见张明楷:《中止犯中的“造成损害”》,载《中国法学》2013 年第 5 期。

本人在中止过程中造成损害所得出的结论明显不协调"[①]。对此本书不予苟同。钱某的行为并不能成立故意杀人罪的中止,这是因为其行为并没有有效避免乙的死亡这一犯罪结果的发生,并不具备成立犯罪中止的"有效性"条件。也就是说,被害人的死亡仍然是钱某在中止过程中所造成的损害,不存在论者所说的"与其对犯罪人本人在中止过程中造成损害所得出的结论明显不协调"问题。至于孙某的行为,则应当成立过失致人死亡罪(或交通肇事罪)。

① 张明楷:《中止犯中的"造成损害"》,载《中国法学》2013 年第 5 期。

第十一章　犯罪未完成形态的处罚研究

根据我国《刑法》规定，犯罪未完成形态有三种：犯罪的预备形态（预备犯）、犯罪的未遂形态（未遂犯）、犯罪的中止形态（中止犯）。对上述三种不同形态的犯罪，我国《刑法》有各自不同的处罚规定。本章拟对该三种不同形态犯罪的处罚问题进行必要的研究。

一、预备犯的处罚问题研究

（一）对预备犯处罚原则的一点反思

众所周知，在预备犯的处罚原则这一问题上，世界各国刑法中存在以下三种立法例：(1)“同等主义”，即对预备犯处以与既遂犯相同的刑罚。(2)“必减主义”，即对预备犯比照同一犯罪的既遂犯从轻、减轻或者免除处罚。(3)“得减主义”，即对预备犯可以比照同一犯罪的既遂犯从轻处罚、减轻处罚或者免除处罚。从我国《刑法》第22条第2款的规定来看，“对于预备犯，可以比照既遂犯从轻、减轻处罚或者免除处罚”，我国《刑法》对于预备犯的处罚原则采用的是第三种立法例，即“得减主义”。

在上述三种立法例中，“同等主义”的理论基础是“刑法主观主义”。其之所以主张对预备犯要处以与既遂犯相同的刑罚，是因为在其看来，这两种不同犯罪形态的行为人为同一人，其在主观恶性、人身危险性上并没有什么实质上的区别。但是，“同等主义”完全忽视了“刑罚的轻重应当与行为在客观上所造成的危害结果相适应”这一基本认知，这显然是不可取的。也许正是因为这个原因，目前世界各国几乎没有采用该立法例的。

现在值得思考的问题是，在“必减主义”与“得减主义”中，哪一种立法例更为合理、妥当？对此，我国刑法理论通说是赞同“得减主义”这一立法例的，认为“它既能克服‘同等主义’过于严厉的弊端，又能克服‘必减主义’过于死板的缺陷，便于审判机关根据案件的具体情况，作出适当的判决，因而为大多数国家刑法所采用”[①]。但在本书看来,以此来支持对预备犯的处罚原则采取“得减主义”是存在不少疑问的。

其一,“得减主义”的理论基础是存在疑问的。在“得减主义”看来,之所以对预备犯实行“得减”,是因为“一方面,预备犯行为在客观上只是具有侵害的危险和威胁,这一点与既遂犯是不同的,具有应予以从轻处罚的情节;另一方面,其没有着手实行行为,由于是意志以外的原因,其主观恶性和人身危险性与既遂犯并没有什么区别,因而对预备犯不能一律从轻,应当以可以从轻为原则”[②]。即在论者看来,对预备犯实行“得减”,是因为预备犯的社会危害性不一定总是轻于既遂犯的社会危害性。可在本书看来,上述分析是存在疑问的。既然论者认识到“预备犯的主观恶性和人身危险性等同于既遂犯”,“其客观危害轻于既遂犯”,那么论者所得出的相应结论应当是预备犯的社会危害性轻于既遂犯的社会危害性。岂能得出预备犯的社会危害性不一定轻于既遂犯的社会危害性?由此看来,“得减主义”的理论基础并不牢固,依据其理论基础得出的结论应当是“必减主义”,绝非“得减主义”。

其二,对少数情节严重或者情节恶劣的预备犯与既遂犯进行“同等处罚”缺乏合理性。有论者认为,当行为人准备实行特别重大的犯罪,或者预备行为已经形成了重大危险时,则可以不予以从轻、减轻与免除处罚。[③] 在本书看来,此类预备犯相对于一般的预备犯而言,的确具有更为严重的社会危害性。但是,这并不能否定对其比照既遂犯予以从宽处罚的合理性。这是因为,对预备犯比照既遂犯从宽处罚,是比照在该预备行为向前发展可能形成的既遂犯从宽处罚。无论如何,预备犯是没有产生客观危害结果的犯罪形态,其社会危害性必然会轻于“该预备行为向前发展可能形成的既遂犯”的社会危害性。既如此,对预备犯就应当比照既遂犯从宽处罚。

有必要进一步展开论述的是,“可以型”量刑情节本身就是值得商榷的。在我国,刑罚裁量情节是一个多层面的复杂的体系。[④] 其中,“应当型情节和可以型量刑情节”是该复杂体系的重要组成部分。所谓“应当型情节”,是指刑法或司法解释明文规定在量刑时必须予以适用的情节,相关条文通常冠以“应当”二

---

① 马克昌主编:《犯罪通论》,武汉大学出版社 1999 年版,第 434 页。

② 林亚刚:《刑法学教义(总论)》,北京大学出版社 2014 年版,第 401 页。

③ 参见张明楷:《刑法学》(第 5 版),法律出版社 2016 年版,第 337 页。

④ 参见高铭暄、马克昌主编:《刑法学》(第 3 版),北京大学出版社、高等教育出版社 2007 年版,第 279 页。

字以表示硬性规定，对于具有这类情节的犯罪人必须适用；所谓“可以型”情节，是指刑法或司法解释明文规定在量刑时斟酌是否适用的情节，相关条文通常冠以“可以”一词表示柔性规定，含有既可以适用也可以不适用的意思，对于具有这类情节的犯罪人是否适用，授权法官根据具体案情决定。但是在本书看来，我国刑法将量刑情节类化为“应当型情节和可以型量刑情节”是不够妥当的。其理由在于：其一，既然“可以型”情节体现着犯罪行为社会危害性或者人身危险性的降低，那么其就必然要在刑法裁量活动中得以落实、执行。有学者认为，仅以一个“可以型”情节的存在就对犯罪人从宽处罚，会带来放纵犯罪人的后果，这是对罪刑相适应原则的违背。本书不同意这种看法。这是因为一个犯罪案件中的刑罚裁量情节往往不只一个，其他情节的客观存在会减弱甚至冲销授权性情节的影响。即便只有这么一个授权性裁量情节，如果犯罪本身的社会危害性相当严重，也会减弱甚至冲销授权性情节的影响，不会带来放纵罪犯的必然后果。退言之，即便犯罪案件只有一个授权性刑罚裁量情节，犯罪本身的社会危害性并非相当严重，也可以对犯罪人进行从宽处罚乃至免除处罚。这是罪刑相适应原则的应有之意，岂有放纵罪犯之嫌？概言之，将所有刑罚裁量情节设置为命令性裁量情节，这只是还刑罚裁量情节之客观真相；这只是意味着其在刑罚裁量中的作用得以真正发挥，并不意味着刑罚裁量的最后结局便是放纵犯罪。其二，既然刑法将对被告人不利的情节均设置为命令性刑罚裁量情节，那么刑法就没有理由将对被告人有利的情节设置为授权性刑罚裁量情节。否则，这是立法不公的典型表现，是对被告人权利保障的忽视。

（二）预备犯中“从轻、减轻、免除处罚”

根据我国《刑法》的规定，对于预备犯，可以比照既遂犯从轻、减轻处罚或者免除处罚。值得探讨的问题是，对预备犯从轻处罚、减轻处罚、免除处罚，其各自的适用条件是什么？对此，学界通常回答是对犯罪预备的整个案件进行综合考察后来决定。很显然，如此回答是非常笼统的，无助于实际问题的解决。

众所周知，决定犯罪行为之社会危害性大小的基本因素是犯罪的性质、犯罪的情节。其他因素诸如，犯罪人的人身危险性、犯罪的“次数”“未能着手实施犯罪的具体原因”则是非基本因素。同样决定预备犯的社会危害性大小的基本因素也是两个：一是预备实施的犯罪性质；二是预备犯罪的情节。这里的情节其实是指预备行为的准备情况，表现为是否已经接近于犯罪的实行、犯罪后果的发生。其他非基本因素（如“犯罪人的人身危险”、犯罪的“次数”“未能着手实施犯罪的具体原因")则是在"从轻处罚"的范围内发挥作用。基于上述因素的考量,下文拟对预备犯中"从轻、减轻、免除处罚"的具体适用作些比较肤浅的探讨。

1."从轻处罚"的适用。对以下预备犯应当从轻处罚:预备实施的犯罪性质严重,该性质的犯罪是指法定最低刑为 3 年有期徒刑以上刑罚的犯罪;或者预备行为准备非常充分、周密,已经十分接近于犯罪的实行。

2."减轻处罚"的适用。对以下预备犯应当减轻处罚:预备实施的犯罪性质不够严重,该性质的犯罪是指法定最高刑为 3 年有期徒刑以下刑罚的犯罪;或者预备行为准备尚不够充分、周密,尚未接近于犯罪的实行。

3."免除处罚"的适用。对以下预备犯应当免除处罚:预备实施的犯罪性质不够严重且预备行为准备尚不够充分、周密,尚未接近于犯罪的实行。

二、未遂犯的处罚问题研究

(一)对未遂犯处罚原则的一点反思

未遂犯的处罚原则与预备犯的处罚原则非常相似,即在各国刑法中也存在三种不同的立法例:(1)"同等主义",即对未遂犯处以与既遂犯相同的刑罚。(2)"必减主义",即对未遂犯比照同一犯罪的既遂犯从轻、减轻。(3)得减主义,即对未遂犯可以比照同一犯罪的既遂犯从轻处罚、减轻处罚。根据我国《刑法》第 23 条第 2 款的规定,"对于未遂犯,可以比照既遂犯从轻、减轻处罚",我国《刑法》对于未遂犯的处罚采用的显然是第三种立法例。

在上述三种立法例中,"同等主义"的理论基础是刑法主观主义。其之所以主张,对未遂犯处以与既遂犯相同的刑罚,是认为其二者在主观恶性、人身危险性上并没有什么区别。在本书看来,"同等主义"如此理解,则完全忽视了"刑罚的轻重应当与行为在客观上所造成的危害结果相适应"这一基本认知,这显然是不可取的。也许正是这个原因,目前世界各国刑法采用"同等主义"的并不多见。

值得思考的问题倒是,在"必减主义"与"得减主义"这两种立法例中,哪一种立法例更为可取?对此,我国不少学者是赞同"得减主义"的:"得减主义能够比较全面地考虑到主客观因素,能够灵活地适用于不同情况的犯罪未遂,既可以比照既遂犯减轻处罚,也可以与既遂同罚,故比较适当"①。但在本书看来,对

---

① 林亚刚:《刑法学教义(总论)》,北京大学出版社 2014 年版,第 424 页。

未遂犯采取“得减主义”并不可取。

其一,“得减主义”的理论基础是存在疑问的。在“得减主义”看来,之所以对未遂犯实行“得减”,是因为“未遂犯同既遂犯相比,其行为的客观危害相对来说较小,因此应予减轻处罚;但是,由于犯罪人主观恶性及犯罪未遂的实际情况不同,如果一概减轻处罚,恐有轻纵犯罪之嫌。因此,对未遂犯应否减轻处罚,应当由审判机关自由裁量,而不宜在法律上作硬性规定”①。即在论者看来,对未遂犯实行“得减”,是因为在犯罪未遂中,犯罪人的主观恶性及犯罪未遂的实际情况不同,因而未遂犯的社会危害性不一定总是轻于既遂犯的社会危害性。可在本书看来,上述分析是存在疑问的。既然论者认识到“未遂犯的主观恶性有可能等同于既遂犯”,“未遂犯同既遂犯相比,其行为的客观危害相对来说较小”,那么论者所得出的相应结论应当是未遂犯的社会危害性必然轻于既遂犯的社会危害性。岂能得出未遂犯的社会危害性不一定轻于既遂犯的社会危害性结论?再者,即便犯罪未遂的实际情况不尽相同,但这也无法改变“未遂犯同既遂犯相比,其行为的客观危害相对来说较小”这一基本事实。由此看来,“得减主义”的理论基础并不牢固,依据其理论基础得出的结论应当是“必减主义”,绝非“得减主义”。

其二,对少数特定情形的未遂犯与既遂犯进行“同等处罚”缺乏合理性。有论者认为,当未遂犯是累犯、共同犯罪的主犯,或者犯罪行为性质特别恶劣、犯罪手段特别残忍的,对其可以与既遂犯适用同等的刑罚。② 可在本书看来,当“未遂犯”是累犯、共同犯罪的主犯时,这是“同一案件中多种量刑情节并存的刑罚裁量”问题,这并不能否定对未遂行为本身应比照既遂犯予以从宽处罚的合理性。这是因为对未遂犯比照既遂犯从宽处罚,是比照该未遂行为向前发展可能形成的既遂犯予以从宽处罚。无论如何,作为并没有产生客观危害结果的未遂犯,其社会危害性必然会轻于“该未遂行为向前发展可能形成的既遂犯”的社会危害性。既如此,对未遂犯就应当比照既遂犯从宽处罚。再者,即便犯罪未遂行为性质特别恶劣、犯罪手段特别残忍,对其也不可适用既遂犯同等的刑罚。这是因为“性质特别恶劣、犯罪手段特别残忍”的未遂犯,其社会危害性总是轻于“性质特别恶劣、犯罪手段特别残忍”的既遂犯的。换言之,对此类未遂犯的处罚仍应比照相应的既遂犯予以从宽处罚。

---

① 马克昌主编:《犯罪通论》,武汉大学出版社 1999 年版,第 462 页。

② 参见马克昌主编:《犯罪通论》,武汉大学出版社 1999 年版,第 463 页。

（二）未遂犯中的“从轻、减轻处罚”

根据我国《刑法》的规定，对于未遂犯，可以比照既遂犯从轻、减轻处罚。在此值得探讨的问题是，对未遂犯从轻处罚、减轻处罚，其各自的适用条件是什么？对此，学界通常的回答是必须从案件的具体情况出发，全面分析，慎重决定。很显然，如此回答同样是非常笼统的，无助于实际问题的解决。

如前所述，决定犯罪行为社会危害性大小的基本因素是犯罪的性质、犯罪的情节。其他因素诸如犯罪人的人身危险性、犯罪的“次数”等则是非基本考虑因素。同样决定未遂犯的社会危害性大小的基本因素也是两个：一是未遂行为犯罪性质；二是未遂犯罪的情节。这里的“情节”其实是指未遂行为的实施情况，表现为未遂行为距离犯罪既遂的程度。其他非基本因素（如“犯罪人的人身危险”“犯罪未遂的具体类型”）则是在“从轻处罚”的范围内发挥作用。基于上述因素的考量，下文拟对未遂犯中的“从轻、减轻处罚”的具体适用作些比较肤浅的探讨。

1.“从轻处罚”的适用。对以下未遂犯应当从轻处罚：未遂行为的犯罪性质严重，即法定最低刑为 3 年有期徒刑以上刑罚的犯罪；或者未遂犯罪的情节严重，已经十分接近既遂结果的发生。

2.“减轻处罚”的适用。对以下未遂犯应当减轻处罚：未遂行为的犯罪性质不够严重，即法定最高刑为 3 年有期徒刑以下刑罚的犯罪；或者未遂犯罪的情节不够恶劣，尚未十分接近既遂结果的发生。需要强调指出的是，当犯罪未遂行为同时符合以上两个因素时，也不能免除处罚，否则有违刑法规定。

三、中止犯的“比照处罚对象”研究

根据我国《刑法》第 24 条的规定，对于造成损害的中止犯，应当减轻处罚。可是，对这里的“减轻处罚”，是比照既遂犯“减轻处罚”，还是比照“未遂犯”“预备犯”减轻处罚？对此有学者认为，对中止犯的处罚应当以“未遂犯”“预备犯”作为比较对象，“将未遂犯与预备犯作为中止犯的比较对象，有利于实现对中止犯的合理量刑，即为了诱导行为人自我否定，对于中止犯的处罚应当轻于同类型的未遂、预备案件，这样才能表明减免处罚是对行为人的奖励”①。可是，论者所提及的比照对象于法无据。我国《刑法》第 63 条第 1 款对“减轻处罚”有明确

---

① 李立众：《中止犯减免处罚根据及其意义》，载《法学研究》2008 年第 4 期。

规定:“犯罪分子具有本法规定的减轻处罚情节的,应当在法定刑以下判处刑罚;本法规定有数个量刑幅度的,应当在法定刑幅度的下一个量刑幅度内判处刑罚。”不难理解,根据刑法的规定,“减轻处罚”的比照对象应当是既遂犯而不应是论者所言的“未遂犯”“预备犯”。

再者,对中止犯比照同类型的“未遂犯、预备犯”减轻处罚在学理上并无充分的根据。这是因为在某些刑事案件中,中止犯的社会危害性并不一定总是轻于“未遂犯、预备犯”的。比如,在未遂犯、预备犯没有造成任何损害,而中止犯造成损害的刑事案件中即适例。

在此需要强调说明的是,将“减轻处罚”的比照对象理解为“既遂犯”,也同样能够做到“处罚的均衡”,同样能够使得同类型的中止犯的处罚轻于同类型的预备犯、未遂犯。这是因为,“减轻处罚”的幅度是具有弹性空间的。在司法实践中,做到对中止犯“减轻处罚”的幅度大,而对预备犯、未遂犯“减轻处罚”的幅度小,这就能够体现“处罚的均衡”。

后　记

本书是我在出版《结合犯研究》(科学出版社2009年版)后,完成的又一部学术著作。

本书的写作端赖于2006年5月左右的一次博士生学术沙龙,其间我正在武汉大学法学院攻读博士学位。在那次学术沙龙上,几位博士生同学围绕着“我国刑法分则规范的模式究竟是什么”展开了激烈的讨论。时间虽然已经过去了十几年,但我现在依然清晰地记得同学们唇枪舌剑,争论得面红耳赤的场景。一向不善言辞的我当时并没有表示自己的见解,只是做了一位忠实的旁观者和记录者。不过,这次学术沙龙使我意识到:“我国刑法分则规范的模式究竟是什么”这一问题,尽管研究难度不小,但确确实实是一个值得研究的真问题。随后,我便带着对这个问题的思考搜集了不少文献资料,试图围绕这一问题撰写1篇小的学术论文。但由于当时临近博士毕业,撰写博士学位论文、工作调动才是当务之急,故而撰写论文的事情就被搁置下来了。

在我重拾相关文献资料搜集时,有关研究犯罪既遂的学术专著相继问世。比如,徐光华博士的《犯罪既遂问题研究》(中国人民公安大学出版社2009年版)、王志祥教授的《犯罪既遂新论》(北京师范大学出版社2010年版)。研读这些专著使我受益匪浅,它不仅使我开拓了眼界,而且也带动了我对相关问题的深入思考。于是,我就产生了围绕犯罪停顿形态理论中的若干疑难问题撰写学术专著的想法。为此,我很快就拟定了需要研究的问题清单,也在较短的时间内为学术专著敲定了书名。

但真正着手本书的写作,应当是2012年之后的事情了。那一年,我获评教授职称。获评教授职称后,我既兴奋又深感迷茫。兴奋的是多年的努力终于有了回报,也可以就此歇歇脚了。但在兴奋之余,又时感迷茫。令我茫然的是,接下来是心无旁骛地沿着学术之路一直走下去还是“改弦更张”,换个“新活法”。这是因为,我深知学术研究的艰辛与不易。可是,多年形成的惯性思维又很难使我痛下决心与其来个了断。纠结中,我便走到书橱前看看“老朋友”。此时我在书橱里发现了一大包尘封已久的资料。仔细一看,这些资料是我多年前为了研究犯罪既遂问题而搜集的文献资料。我就禁不住问自己,既然已有相关研究资料且有明确的研究方向,为何要止步不前呢?

在写作的过程中难免会遇到各种各样的困难,如外文资料的翻译问题、教学任务的加重问题、年度考核任务的完成问题等。但我本着“一张蓝图绘到底”的决心,该书稿虽历时多年最终还是得以完成。当然,这数年的写作是时断时续的,不是“一气呵成”的。这既有其他科研任务突然“加塞”的原因,也有莫名其妙的厌倦情绪不时袭来之故。

尽管我对本书的写作是极其负责的,但是由于本人的学术水平有限,本书肯定会存在这样或那样的问题。在此,我殷切期盼您的宝贵意见。

本书的顺利出版得益于烟台大学和烟台大学法学院的鼎力支持,也得益于法律出版社许睿女士的辛勤付出,在此表示深深的谢忱!

最后,我的希望是:但愿这部学术著作的出版不是我学术研究的终点,而是我“聚力新征程,扬帆再出发”的起点。

是为后记

陆诗忠

2021 年 11 月 16 日